南湖
法学文库

本书系2024年度湖北省社科基金一般项目（后期资助项目）
立项号HBSKJJ20243149

生物遗传资源惠益分享中的利益平衡法律机制研究

牟桐 著

法律出版社
LAW PRESS·CHINA
北京

图书在版编目（CIP）数据

生物遗传资源惠益分享中的利益平衡法律机制研究 / 牟桐著. -- 北京 : 法律出版社, 2025. -- ISBN 978 - 7 - 5197 - 9940 - 3

Ⅰ. D922.604

中国国家版本馆 CIP 数据核字第 2025Z9S591 号

生物遗传资源惠益分享中的利益平衡法律机制研究
SHENGWU YICHUAN ZIYUAN HUIYI FENXIANG ZHONG DE LIYI PINGHENG FALÜ JIZHI YANJIU

牟 桐 著

责任编辑 郑怡萍
装帧设计 贾丹丹

出版发行 法律出版社
编辑统筹 法律教育出版分社
责任校对 王 丰 李景美
责任印制 刘晓伟
经　　销 新华书店

开本 A5
印张 8.375 **字数** 217 千
版本 2025 年 3 月第 1 版
印次 2025 年 3 月第 1 次印刷
印刷 北京建宏印刷有限公司

地址:北京市丰台区莲花池西里 7 号(100073)
网址:www.lawpress.com.cn
投稿邮箱:info@lawpress.com.cn
举报盗版邮箱:jbwq@lawpress.com.cn
销售电话:010 - 83938349
客服电话:010 - 83938350
咨询电话:010 - 63939796

书号:ISBN 978 - 7 - 5197 - 9940 - 3
定价:38.00 元

凡购买本社图书,如有印装错误,我社负责退换。电话:010 - 83938349

南湖法学文库编辑委员会

主　　任　吴汉东

副主任　陈柏峰　张　宝

委　　员（按姓氏笔画排序）

石晓波　向在胜　江　河

张忠民　张德淼　胡开忠

胡弘弘　黄美玲　黎江虹

总　序

历经几回寒暑，走过数载春秋，南湖畔的中南法学在不断精心酿造中步步成长。中南法学的影响与日俱增，这离不开长江边上这座历史悠久、通衢九州的名城武汉，更离不开中南法律人辛勤耕耘、励精图治的学术精神。中南学子源于各地聚集于此，又再遍布大江南北传播法学精神，砥砺品格、守望正义的同时也在法学和司法实践部门坚持创新、止于至善，作出了卓越的贡献。

纵观中南法学的成长史，从 1949 年 12 月成立中原大学政治学院，到 1953 年 4 月合并中山大学、广西大学、湖南大学的政法系科，成立中南政法学院，后至 1958 年成为湖北大学法律系，1977 年演变为湖北财经学院法律系，转而于 1984 年恢复中南政法学院，又经 2000 年 5 月的中南财经大学与中南政法学院合并至今，中南财经政法大学法学院已然积淀了 70 余年的办学历史。2005 年 9 月，学校进入国家“211 工程”重点建设高校行列；2017 年 9 月、2022 年 2 月，法学学科相继入选首轮和第二轮国家“一流学科”建设名单。虽经几度分合，但“博学、韬奋、诚信、图治”的人文精神经过一代又一代中南学人的传承而日臻完善，笃志好学的研习氛围越发浓厚。中南法学经过几十年的积累，其学术成果屡见丰硕。“南湖法学文库”这套丛书的编辑出版，就是要逐步展示中南法学的学术积累，传播法学研究的中南学派之精神。

中南法学经过数十载耕耘，逐渐形成了自成一格的中南法学流派。中南法律人在“为学、为用、为效、为公”教育理念的引导下，历练出了自有特色的“创新、务实”的学术精神。在国际化与跨地区、跨领域交流日益频繁的今天，中南法学以多位中南法学大家为中心，秉承多元化的研究模式与多样性的学术理念，坚持善于批判的学术精神，勇于探讨、无惧成论。尤其是年轻的中南法学学子，更是敢于扎根基础理论的研习，甘于寂寞；同时也关注热点，忧心时事，活跃于网络论坛，驰骋于法学天地。

从历史上的政治学院到21世纪的法学院，前辈们的学术积淀影响深远，至今仍给中南法学学子甚至中国法学以启迪；师承他们的学术思想，沐浴其熠熠生辉的光泽，新一辈的中南法律人正在法学这片沃土上默默耕耘、坚忍不拔。中南财经政法大学法学院推出这套“南湖法学文库”，作为中南法学流派的窗口，就是要推出新人新作，推出名家精品，以求全面反映法学院的整体科研实力，并使更多的学者和学子得以深入了解中南法学。按照文库编委会的计划，每年文库将推出5~6本专著。相信在中南法律人的共同努力下，文库将成为法学领域学术传播与学术交流的媒介与平台，成为中南法律人在法学研习道路上的阶梯，成为传承中南法学精神的又一个载体，并为中国法学研究的理论与实践创新作出贡献。

晓南湖畔书声琅，希贤岭端佳话频。把握并坚守了中南法学的魂，中南法律人定当继续开拓进取，一如既往地迸发出中南法学的铿锵之声。

是为序。

吴汉东

2011年2月1日

2024年10月16日改定

序　言

生物遗传资源的获取与惠益分享对生物多样性保护具有重大而深远的影响。我国于2016年正式成为《生物多样性公约关于获取遗传资源和公正公平分享其利用所产生惠益的名古屋议定书》的缔约方,这对我国生物遗传资源相关立法和监督管理的完善、生物遗传资源惠益分享制度设计及运行机制的建立和健全提出了更高要求。然而,由于缺少专门的生物遗传资源立法,制度供给不足,使得我国即使长期作为遗传资源的提供国,在国际上也难以公平合理地获得相关惠益,同时在国内层面也无法很好地实现有关法律主体的生物遗传资源惠益分享。事实上,这也是造成我国生物遗传资源流失和丧失严重的重要原因之一。同时,生物遗传资源惠益分享涉及的各方利益主体与各类利益诉求呈现多元化状态,生物遗传资源提供者和利用者的目标定位差异以及利益调整方法的不当,导致在生物遗传资源惠益分享的过程中,遗传资源提供者的利益与利用者的利益之间、提供者利益与公共利益之间、利用者利益与公共利益之间和提供者内部各方利益之间都存在冲突。这些问题的存在,使得生物遗传资源获取与惠益分享成为生物多样性法治领域最前沿的研究主题之一。综观现有研究,侧重实证层面的探讨居多,而从法理层面出发展开深入探索并基于此开展全面、系统研究的作品并不多见。

牟桐博士的这本书以生物遗传资源惠益分享的利益平衡机制为

主题,从利益平衡的视角出发,对生物遗传资源惠益分享机制展开深入研究,从理论依循、原则建构、类型分析、模式选择、制度架构等方面,系统地提出生物遗传资源惠益分享利益平衡机制,在诸多方面填补了这一领域的研究空白。书中创造性地提出了生物遗传资源惠益分享利益平衡的价值体系,并基于此构建原则体系,将其与利益平衡的制度设计有机结合,这是本书最大的亮点。此外,本书还分析了域外生物遗传资源惠益分享利益平衡的相关经验以及我国立法现状,提出了推动生物遗传资源惠益分享利益平衡机制优化的建议,这为进一步完善生物遗传资源惠益分享制度、健全生物遗传资源保护法律体系提供了有益的学术支撑。

牟桐博士是我指导的博士研究生。毕业工作之后,她行而不辍,以自己的博士学位论文为基础,在生物遗传资源保护法治领域继续探索钻研,终成本书。这既是她此前研究成果的总结、凝练和升华,相信也将成为进一步探索的新的起点。在本书即将付梓之际,我非常高兴作此序篇。愿牟桐博士在今后的学术生涯中继续勇毅前行,硕果盈枝!

谨此为序。

于文轩

2025 年 2 月 26 日

于中国政法大学海淀校区

目　录

第一章　引　　论

第一节　研究背景及意义

一、研究背景

1993年正式实施的《生物多样性公约》，其中明确提及，将生物遗传资源所创造的惠益进行公平的分享。为了实现这一目标，1998年召开的第四次缔约方大会中针对《生物多样性公约》进行了重新修订，并提出围绕惠益分享设置专门的工作小组，即“生物遗传资源获取与惠益分享工作组”，同时，会议针对惠益分享进行了深层次的研究与探索。历经十多年的发展，2010年召开的第十次缔约会议正式下发了《〈生物多样性公约〉关于获取遗传资源和公正公平分享其利用所产生惠益的名古屋议定书》，下文将其简称为《名古屋议定书》。发展至2014年，以《生物多样性公约》为核心召开的十二次缔约会议中规定《名古屋议定书》正式落实于实际实践中，自此，生物遗传资源拥有了规范化和标准化的惠益分享目标。2016年我国正式签署了《名古屋议定书》，并成为生物遗传资源惠益目标实现的缔约方，这意味着在生物遗传资源利用上，我国正式开启了惠益共享模式。

根据《名古屋议定书》的相关规定，此议定书主要适用于传统知识领域，例如，生物遗传资源及其衍生物等。就《名古屋议定书》而言，对于生物遗传资源，世界各国均有权享受这项资源的分享权利，是否能发挥出生物遗传资源最大的价值,其根本在于各缔约方;正常情况下,在获取生物遗传资源的时候,需要按照资源国制定的《生物多样性公约》规定或者是要求,并取得其事先知情同意(prior informed consent,PIC),同时以共同商定条件(mutually agreed terms,MAT)作为核心,对生物遗传资源惠益进行公平公正地分享。

质言之,无论是《生物多样性公约》,还是《名古屋议定书》,在对生物遗传资源或者是传统知识等进行获取时已制定了明文规定,并且这些规定均能满足生物遗传资源大国提出的各项要求。具体有以下几点:第一,必须实施"事先知情同意"程序,关于此程序资源大国提出了强制性的要求,即在获取相关生物遗传资源前,必须获得提供国政府给予的授权和批准,另外,在获取传统知识时,还需向土著或者地方社区等提交相关申请;第二,在惠益分享上有着强制性的要求。在生物遗传资源利用方面,提供方根据使用方提供的使用途径制定详细的惠益分享规定,使用方在使用途中所产生的所有惠益应根据相关规定,公平分享于提供方。然而,现行《名古屋议定书》中制定的惠益分享规定由于过度注重原则,忽略了对分享主体和分享程序制定的重视度,久而久之,导致惠益分享环节出现了诸多问题。

无论是惠益分享,还是实施获取,缔约方大会中明确提及各缔约方均有制定分享和获取的相关权利。另外,各缔约方在制定分享规定或者是获取规定时,可以结合自身现行的法律政策来进行,换言之,以法律作为核心所制定的各项规则应具备一定的可操作性和时效性。

为了切实履行好惠益分享涉及的国际义务,提高对我国现有生物遗传资源与传统知识的保护力度,早在2016年,我国便正式签署了《名古屋议定书》,自此,我国成为国际社会公认的缔约方。目前,《名古屋议定书》由于在我国正处于刚刚起步实施阶段,无论是惠益分享有关的立法工作,还是获取政策等尚未得到完善与健全,同时,相关规范和实施机制等也存在较为明显的滞后性。此外,生物遗传资源由于在惠益分享环节涉及的利益主体众多,基于此,如若使用者和提供者两者在目标定位上出现了差异，则在惠益分享环节，利益相关者必然会发生严重的冲突与矛盾。为了规避这种现象，提高惠益分享应有的公平性，可参考域外的有益经验，结合我国当前的国情发展情况，探索出一套适用于我国的生物遗传惠益分享机制，以确保生物遗传资源在进行惠益分享时的公平性和公正性。

二、研究意义

（一）在学术价值方面

关于生物遗传资源有关的惠益分享机制研究，本书主要以利益平衡理论作为核心，从原则构建和制度制定等方面着手，结合我国国情，为我国生物遗传资源制定具有可行性的惠益分享利益平衡机制提出合理化的意见和建议。一方面，有助于弥补我国现行法律和制度上出现的问题；另一方面，更能推动惠益分享有关理论和制度的健全与完善。

（二）在实践应用价值方面

本书所提出的意见对于我国建立健全生物遗传资源有关的保护制度和法律体系等有一定程度的参考价值。研究过程中，汇总梳理并合理参考生物遗传资源有关惠益分享利益平衡模式在域外国家中的发展经验，结合我国现存的问题，为国家健全和完善现行制度提出合理化的意见。本书在选题方面主要侧重点在于生物遗传资源有关的惠益分享制度，具备一定的针对性，能够为推动我国生物遗传资源法制的完善和健全作出一定的贡献。

（三）在社会意义方面

本书的相关研究和结论有利于保障我国的生态安全。生物遗传资源惠益分享利益平衡法律机制的逐步健全和完善，对提高生态安全不仅有着非常大的实际意义，更具有一定的社会意义。通过法律规定来明确各方主体应当承担的责任，实现风险和利益两者的科学分配。一方面，有助于减少各利益主体因利益而产生的冲突现象；另一方面，更能提高现有生物遗传资源总体的利用价值和利用效率。

第二节 国内外研究现状

笔者借助 CNKI 数据库检索了以“生物遗传资源”为核心的关键词,经检索后发现,截至 2021 年年初,数据库中累计记录有关研究内容和文献成果共计包含 816 篇。检索“生物遗传资源保护”共搜索到我国现有研究内容和文献成果共计包含 293 篇。同时,在生物遗传资源的利益平衡、惠益分享等关键词的检索上共收集到的数据信息分别有 221 篇和 11608 篇。此外,在收集和汇总国外现有的文献成果和研究内容时,通过 HeinOnline 数据库检索关键词获得到的研究成果和文献内容总数量大约有 47754 篇。经对国内和国外现有的文献内容进行分析后发现,在生物遗传资源研究上,侧重点放在惠益分享利益平衡机制上的研究内容非常少;国外学术界尤其是美日英等国家的学术界在研究时侧重点放在了资源上,少有研究涉及法律层面。同样,在立法保护上,我国学术界现有的研究成果也是极其稀少。而这些研究者在以立法保护为视角开展内容研究时,主要的研究侧重点放在了两方面上,具体情况如下所述:

一、关于生物遗传资源保护与惠益分享法制现状研究

在新时代背景下,生物遗传资源随着社会经济的高速发展,利用效率日益提升,这种情况下,如若不对生物遗传资源加以合理的保护,那么所导致的严重后果不言而喻,应引起我国国家和政府的高度重视。关于法律层面上的研究,目前我国学术界的研究成果虽然非常少,但是也有一定的参考和借鉴价值,譬如,于文轩等(2020)[1]在研究时以生物遗传资源安全作为核心,以法律保障作为导向,经研究

---

〔1〕 于文轩、牟桐:《论生物遗传资源安全的法律保障》,载《新疆师范大学学报(哲学社会科学版)》2020 年第 4 期。

后表示，在生物安全方面，生物遗传资源安全所起到的作用与效果不容小觑，而在资源保护和生态保护上，国家和现行法律提供的保障作用与保障效果同样不容忽视。在价值选择层面，生物遗传资源立法应当将侧重点放在如何调整和优化由价值体系所引起的一系列内在冲突上。基于此，围绕着生物遗传资源制定合理的惠益分享机制，健全各项入侵防范机制，能够最大限度地为生物遗传资源提供保护。秦天宝(2008)〔1〕在研究后表示，关于生物遗传资源获取及其有关的惠益分享，我国应当以法律为核心，利用法律来提高管控力度，并制定出行之有效的综合管理模式，通过政策引导和法律规制，进而提高对其保护能力；此外，针对一切破坏或者是窃取生物遗传资源的行为必须采取严厉的方式进行打击，所引起的一系列不良后果和负面影响，要求行为主体承担相应的法律后果。与此同时，在生物遗传资源有关的惠益分享或者是价值获取方面，无论是商业性行为，还是学术性行为，应当围绕着事前知情同意制度来取得资源国相关部门的授权和审批。此外，一些研究者在研究时以生物技术作为核心切入点进行了深入的研究与探索。例如，王镥权(2019)〔2〕在研究时以法律移植作为核心切入点，以我国当前的生物资源获取情况和惠益分享情况作为基础，围绕着《生物遗传资源获取与惠益分享管理条例(草案)》开展了系统性的研究与分析。经研究后表示，在生物遗传资源上，我国应当为之专门设立相应的立法文本，并让全球法律实现地方化，确保立法与现有生物资源法律制度之间有着较高的衔接性，通过这种方式来提高此项资源的保护力度。王镥权、赵富伟(2016)〔3〕在研究后表示，我国地广物博，生物资源有着非常显著的多样性特性；

〔1〕 秦天宝:《生物遗传资源法律保护的多元路径》，载《江汉论坛》2014 年第 6 期；秦天宝:《论遗传资源获取与惠益分享中的事先知情同意制度》，载《现代法学》2008 年第 3 期。

〔2〕 王镥权:《法律移植视角下的生物遗传资源专门立法》，载《嘉兴学院学报》2019 年第 1 期。

〔3〕 王镥权、赵富伟:《我国生物遗传资源立法模式路径选择》，载《东北农业大学学报(社会科学版)》2016 年第 4 期。

然而,受到这种特性的影响,无论是生物遗传资源有关的保护方式,还是传统知识的维护方式等均有待提升。目前,国内围绕这些方面开展立法活动时,不但要注重立法工作是否能够完成国际公约履行提出的要求,而且更要重视各项资源在获取或者是惠益分享上的实践情况。我国现行立法尚未得到完善,各项制度还存在一些问题,且立法进程相对缓慢,在解决这些问题时,可以参考发达国家的立法情况,主要结合我国目前的国情建立出适合我国生物遗传资源发展的法律制度和法律体系。杨京彪、朴金丽等(2018)[1]以实践案例分析为核心,选取贵州省、云南省内的三个具有代表性的县、镇,通过梳理汇总我国生物遗传资源在民间的发展情况和资源获取机制呈现的特性等,来分析生物遗传资源在我国民间的发展现状。经研究后表示,本质上现行制度体系的建立与生物遗传资源虽然在民间的实践情况有着较大的差距,但是民间拥有的传统经验仍然值得引以借鉴和参考。

此外,关于生物遗传资源有关的国际法机制内容研究,诸多研究者侧重点主要放在解释和定义《名古屋议定书》文本上。我国早在2016年就已经签署了此议定书,在这之后,部分研究者将研究方向调整到了《专利法》等相关法律条文和产业链的分析上。总而言之,在生物遗传资源有关内容研究上,我国学术界无论是研究深度,还是研究广度均有待提升。虽然诸多研究者提出的意见比较笼统,但是能够为本次研究提供一定的借鉴。

二、关于生物遗传资源惠益分享具体问题研究

在生物遗传资源有关的惠益分享内容研究上,目前学术界的研究侧重点主要围绕着三方面来进行:第一,生物遗传资源在获取上和惠益分享上呈现出的信息交换情况;第二,生物遗传资源现行的保护制度和法律体系;第三,生物遗传资源拥有的源数码序列信息具体保

---

〔1〕 杨京彪、朴金丽、薛达元:《遗传资源与相关传统知识获取与惠益分享民间实践案例分析》,载《中央民族大学学报(自然科学版)》2018年第4期。

护情况等。在上述几种研究内容中,研究频率较高的为生物遗传资源现行的保护制度和相关法律体系,这类研究目前已经拥有了较为成熟的理论体系,且研究内容也拥有非常显著的针对性;剩余两种内容的研究成果虽然比较少,但是现有理论成果依然有着一定的借鉴价值。关于生物遗传资源有关的惠益分享或者是价值获取等信息机制目前在我国依然未得到完善和健全,受到这方面的影响,导致学术界现有与之相符的研究成果也极其稀少。另外,诸多研究者在对此方面内容进行研究时,主要是建立在《生物多样性公约》以往召开的会议上。例如,刘燕、徐海根等(2010)〔1〕在研究时以生物遗传资源作为核心,以获取或者是惠益分享有关的信息机制作为导向,经研究后表示,信息机制的建立对于加快信息交换制度的健全和完善有着非常大的帮助。赵富伟等(2017)〔2〕在研究后表示,关注《名古屋议定书》涉及了各类热点话题,围绕着这些话题来为生物遗传资源建立健全获取机制和惠益分享制度。成功、王程等(2012)〔3〕在研究时以传统知识作为核心,以国际政府组织对其展现出的关注度作为导向,为我国进一步提高对传统知识的认知程度和态度提出了合理化的建议和意见。同时,认为传统知识建立完善的保护制度需要从三方面着手,即一是生态,二是社会,三是经济,只有将这三者融入制度建立环节,才能提高制度的完整性和可信性。薛达元、赵富伟等(2014)〔4〕在研究后表示,以传统知识为核心,国家为其建立完善的登记制度,并设立相关立法条例,利用这些方式明确知识持有者享有的合法权利,以此规避知识持有者受到不良因素侵害。与此同时,还

〔1〕 刘燕、徐海根、李蔚等:《中国生物安全信息交换机制的设计和建设》,载《生态与农村环境学报》2010年第4期。

〔2〕 赵富伟、蔡蕾、藏春鑫:《遗传资源获取与惠益分享相关国际制度新进展》,载《生物多样性》2017年第11期。

〔3〕 成功、王程、薛达元:《国际政府间组织对传统知识议题的态度以及中国的对策建议》,载《生物多样性》2012年第4期。

〔4〕 薛达元、赵富伟、武建勇:《遗传资源及相关传统知识的获取与惠益分享》,载《科学》2014年第2期。

需为传统知识搭建一套完整的补偿机制，通过层层机制和法律制度的建立，提高传统知识的保护能力和保护力度。赵富伟、武建勇等(2014)[1]在研究时以典型案例作为核心，经研究后表示，政府应当明确生物遗传资源或者是传统知识所有权，各方主体在尚未进入事先知情同意程序前，获取或者是惠益分享生物遗传资源及相关传统知识主要是利用合同制定来实现，显然这种方式存在一定的弊端，如若不能得到有效解决，那么造成的影响后果将不可估量。陈杨(2016)[2]在研究时以《生物多样性公约》体系作为核心，以传统知识采取的保护模式作为导向，利用客观评价的方式对此模式进行了深入研究与分析。经研究后表示，这种类型的保护模式只能为传统知识保护提供启示作用或者是建议作用。此外，无论是保护目标，还是获取机制等均需要得到进一步的完善和补充，只有提高各项保护措施间的衔接性，才能为传统知识搭建出高效率和可行性的保护体系。

在与利益平衡有关的问题方面，利益理论所起到的作用和效果不容小觑。现如今，我国学术界在对利益法学等问题进行研究时，已经逐渐从早期的利益理论研究转向立法问题研究。例如，罗豪才、沈岿(1996)[3]在研究后表示，正常情况下，无论是行政立法领域，还是司法解释领域都能将利益平衡灵活运用于其中，通过立法的方式来对行政机关应当承担的责任和义务等进行平衡分配，并调节各方利益主体在利益分配中的情况，规避其因利益问题引起矛盾和冲突。张新宝(2009)[4]在研究后表示，将平衡利益主体的方式融入侵权责任立法中，能进一步彰显法律拥有的公平性和正义性，且这种方式对

---

〔1〕 赵富伟、武建勇、王爱华等：《民族地区遗传资源及相关传统知识获取与惠益分享典型案例研究》，载《贵州社会科学》2014 年第 10 期。

〔2〕 陈杨：《CBD 体系下传统知识保护模式研究》，载《知识产权》2016 年第 10 期。

〔3〕 罗豪才、沈岿：《平衡论：对现代行政法的一种本质思考——再谈现代行政法的理论基础》，载《中外法学》1996 年第 4 期。

〔4〕 张新宝：《侵权责任法立法：功能定位、利益平衡与制度构建》，载《中国人民大学学报》2009 年第 3 期。

于解决利益争议问题有着一定的帮助。李一丁(2018)[1]在研究后表示,从本质上而言,利益平衡属于一种有效的工具,但是也能将其视为一项想要完成或者是实现的目标。以知识产权理论作为核心,以制度作为导向来解决利益平衡出现的各类问题,能发挥较为显著的效果。秦天宝(2012)[2]以利益平衡作为核心,以生物资源传统知识有关的保护问题作为导向,经研究后提出利用法律制度来实现对利益平衡的保护。

综上所述,目前学术界的诸多研究者在研究时将重心放在了生物遗传资源有关的获取实证和惠益分享实证等方面,围绕着立法来进行研究的内容非常少。以生物遗传资源有关的获取或者是惠益分享在我国的发展情况而言,诸多研究者在研究时主要将侧重点放在了以法论法上,少有研究者会考虑立法理论。基于此,针对生物遗传资源的获取或者是惠益分享进行研究,不但有助于健全现行法律制度体系,而且更有助于完善相关理论内容。

第三节　研究范围和主要内容

目前,在利益冲突有关的调和解决上,自然法学等诸多学派所提出的意见主要围绕着制度建立和制度实施来进行。然而,在权利制度内容研究上,应当以客观的方式来明晰权利范畴,例如,权利拥有的属性或者概念等。

具体而言,本书内容主要包括如下几个部分:

1. 以生物遗传资源作为核心,阐明其惠益分享有关的法律机制。关于此部分研究,本书主要从两个方面展开:一方面,明晰生物遗传

---

〔1〕 李一丁:《论遗传资源相关传统知识获取和惠益分享中的利益平衡》,武汉大学2018年博士学位论文。

〔2〕 秦天宝:《生物资源相关传统知识保护中的利益平衡》,载《河南财经政法大学学报》2012年第1期。

资源有关的解释和定义。首先,以学术界现有的研究结论和文献成果作为基础,了解生物遗传资源有关的解释和定义;其次,分析其拥有的价值和潜藏的特性;最后,以人类拥有的共同遗产作为核心,以国家拥有的永久主权作为导向来研究与分析法律中生物遗传资源现有的地位。另一方面,详细阐述生物遗传资源有关的惠益分享利益平衡法律体系。从整体上而言,生物遗传资源在进行惠益分享时所遵循的规则主要是以利益为核心而制定出的一种平衡制度。然而,实践中,这种制度并未发挥出最大的作用和价值,且服从性非常弱,与此同时,在提供者向获取利用者提供生物遗传资源后,其利用这项资源获得的一切成果出现了显著的垄断现象,而这种现象显然对社会公众非常不公。基于此,本部分将通过上述内容来着手分析生物遗传资源有关的惠益分享利益平衡法律机制。

2. 基于利益平衡理论,围绕着生物遗传资源惠益分享对各主体间的利益平衡予以分析。生物遗传资源惠益分享的利益平衡是一个动态的过程,需要利用客观的方式来反映出惠益分享各环节的具体利益结构形式,同时,通过利益平衡分析,还能了解各利益主体是如何因利益而产生冲突的。作为惠益分享的重要过程,动态利益平衡所起到的作用和效果不容小觑,整个环节中,其最大的目的是让整体利益实现平衡、实现最大化。具体主要从以下四个方面展开:一是惠益分享利益平衡拥有的基本价值。一般而言,这种基本价值涉及范围非常广,例如,正义价值或者效率价值,又如,秩序价值等。通过对这些基本价值进行分析,明晰各基本价值之间的联系,为惠益分享利益平衡搭建完善的价值体系奠定基础。二是惠益分享利益平衡拥有明显的公私法共治特性。从法律关系角度而言,由于惠益分享利益平衡有着明显的多样性等特性,所以,为其建立的法律体系会融合现行的公私法各要素。只有这样才能最大限度发挥出应有的共治效果。三是惠益分享利益平衡所需遵循的基本原则。所谓基本原则主要指的是,其在价值追求上需要遵循的标准或者规定等。其中,本书提出的生物遗传资源惠益分享利益平衡的基本原则包括比例原则、平等协商原则、正当程序原则、全过程监管原则、统筹兼顾与倾斜保护相结合原则等五项。四是惠益分享利益平衡拥有的权利结构。作为一种行之有效的动态有机体,利益平衡法律机制的核心构成在于多点,如法律主体的权益和义务等。生物遗传资源不同,则其惠益分享权利也会有着一定的差异。从法律角度而言,惠益分享利益平衡能够充分反映出法律体系中生物遗传资源主体拥有的权利。一般按照权益主体类型来划分,可将其分为三种类型,即提供者、获取利用者、监管者。

3. 从法治基础的角度来研究与分析生物遗传资源有关的惠益分享利益平衡。本部分研究主要分为四个方面:首先,以法制资源来研究与分析惠益分享利益平衡。按照法制资源类型来划分,可将我国现有的与之相符的法律资源分为五种类型,一是围绕着生物遗传资源制定的权属;二是围绕着生物遗传资源制定的获取;三是围绕着生物遗传资源制定的惠益分享;四是围绕着生物遗传资源制定的监管;五是围绕着生物遗传资源制定的知识产权保护,从全方位和多角度贯穿在生物遗传资源的全过程。其次,以合同式调整来研究与分析惠益分享利益平衡。实践中,由于生物遗传资源拥有的类型非常多,所以,不同类型的生物遗传资源惠益分享合同的内容存在非常明显的差异。从本质上而言,这种类型的合同自身便附带有一定特殊的属性。基于此,本书在对合同内容进行研究时,主要包括对合同双方享有的权利和承担的义务、惠益分享的具体规则以及争议解决等内容。再次,以现状评析和个案分析的方式对惠益分享利益平衡机制展开深入的研究与分析。目前,生物遗传资源在我国尚未形成完整的保护制度和法律体系,各项制度实施还存在诸多问题,这使得此项资源在惠益分享时出现了严重的利益失衡现象。最后,梳理分析惠益分享利益平衡目前在国际上现有的法律依据。例如,《生物多样性公约》及其《名古屋议定书》等一系列规定中关于惠益分享的相关规定;另外,在这些规定的帮助下,《粮食和农业植物遗传资源国际条约》(International Treaty on Plant Genetic Resources for Food and

Agriculture，ITPGR）（以下简称《粮农条约》）才得以落地执行。从国际规则角度而言，生物遗传资源有关的惠益分享需要遵循三项核心规则，即一是事先知情同意，二是共同商定，三是来源披露。正常情况下，缔约方在将《生物多样性公约》的一系列规定得到落实执行前，必须让国际法实现本国化发展，只有这样，才能发挥出国际法在国内的应有作用和效果。而这些亦为我国履行国际法义务和执行国际法规范的重要基础。

4. 为生物遗传资源制定完善且健全的惠益分享机制和利益平衡机制。综合上述几方面内容研究，根据惠益分享利益平衡目前在我国的发展情况，设计构建最适宜我国国情的利益平衡机制。另外，出于实际情况考虑，在制定此项机制时，本书建议应当从四方面着手：一是从优化法制理念来达到利益平衡；二是健全监管体制来达到利益平衡；三是完善合同机制来达到利益平衡；四是构建保障机制来达到利益平衡。其中，应明确生物遗传资源惠益分享利益平衡机制存在的必要性及核心价值；生物遗传资源归属国家，不会因为依附载体的不同而发生变更。从根本上注意这一点，需要在具体开发和利用的过程中，加大管理力度，规范生物遗传资源惠益分享活动。完善生物遗传资源惠益分享利益平衡监管机制、合同机制和保障机制，明确监管部门的相关职能作用，确定生物遗传资源提供者和获取利用者的权利和义务；同时建立和完善该项领域的补偿法律制度，对信息管理和基金分享方面进行详尽的规划，确保保障机制能够切实发挥作用。

第四节 研究方法和主要创新点

一、研究方法

（一）价值分析与逻辑分析相结合

关于本书理论基础的构建，研究主要围绕着价值分析法来进行。

现如今,在生物遗传资源有关的惠益分享内容研究中,大多数研究者侧重点放在了理论层面上,忽略了论证研究的重要性,久而久之,导致诸多理论成果失去了实践意义。基于此,本书在研究时将以法哲学等学科为核心,从多角度来对生物遗传资源有关的惠益分享立法理论进行深层次的研究与探索;同时,结合逻辑分析法等方式了解惠益分享利益平衡机制的具体目标和理论内容,以此为我国健全和完善生物遗传资源有关的惠益分享利益平衡机制提供有价值的参考意见和理论支撑。

(二)规范研究与实证研究相结合

由于我国地广物博,在生物资源上,我国拥有的丰富程度遥遥领先。近年来,为了提高对国内生物遗传资源的保护力度,国家相继下发了诸多政策条例,在各项政策的帮助下,生物遗传资源保护取得了诸多令人瞩目的成就,这为进一步推动生物遗传资源在我国的保护力度提供了非常大的帮助;另外,随着我国现行法律制度的日益健全和完善,在生物遗传资源上我国建立的相关法律制度也将在一定程度上得到完善,各项理论内容和体系建设等在未来同样会取得长足进步。因此,以法律机制作为核心,加大对国内生物遗传资源保护的研究力度,显然有着非常明显的实践意义和现实意义。基于此,本书将从全方位角度来深度分析生物遗传资源在国内现行的政策体系和法律体系,找出现行体系出现的问题,并针对问题分析提出合理化的意见和见解。

(三)经济分析与历史分析相结合

为了进一步提高本书研究内容的说服力,研究中借鉴和参考了学术界现有的研究内容和相关文献,考虑成本与效率因素来对生物遗传资源现有的惠益分享利益平衡机制进行合理化调整与优化;此外,研究中还借助了历史分析方法,收集整理生物遗传资源有关的惠益分享利益调整模式在国际和国内的历年发展情况,结合我国当前的国情,提出适用于新时代我国发展的利益平衡法律机制。

二、主要创新点

(一)生物遗传资源惠益分享利益平衡法律机制的理论基础

本书在利益平衡理论、行政监管理论与合同法基本原理的基础之上,剖析当前生物遗传资源惠益分享法律机制上存在的相关问题,从法哲学维度对该类问题进行分析,并界定生物遗传资源惠益分享法律的相关价值。通过全面阐述其价值的内生性和外生性相关问题,确定生物遗传资源惠益分享利益平衡的理念基础与基本原则,提出了该平衡机制的价值体系,从而对该体系平衡过程中存在的相关问题进行抽丝剥茧地解析。同时,该体系的构建解决了生物遗传资源惠益分享过程中存在的相关性问题,进而建构并完善我国的生物遗传资源惠益分享利益平衡法律机制。

(二)生物遗传资源惠益分享利益平衡的公法机制和私法机制共治

生物遗传资源惠益分享法律机制关涉众多主体和权益,要对其进行调整,就必须考虑到公法和私法的相关性要素需要。当前国内外对于该项领域的相关性研究还比较少,并且大多数研究学者的研究方向,都集中于立法层面。当下研究的研究重点,应当注重生物遗传资源惠益分享利益平衡法律机制在公法和私法不同层面的运用,以及其他效用。同时,对于其系统的、框架性的理论分析研究还较少。从另外一个维度来看,当前的该领域专项研究,主要集中于政策法律体系的完善方面,并主要集中于公法的立法机制方面,对于该项领域的私法研究较少。并且,为数不多的该项领域私法研究,也仅仅停留于条款的梳理、归纳与完善,鲜有对其所蕴含的理论展开研究的。本书的研究视角主要集中在该项领域公私法共治方面,二者相结合,从利益平衡的维度,细究其核心价值理论。以期通过这种方式,协调好公私法的具体指向性,将其梳理得更具规范性,发挥其各自的合同调整价值。

（三）生物遗传资源惠益分享利益主体的权利体系

利益平衡法律机制是一个能够协调好权利、规则及多个繁复环节的动态平衡机制。同理，生物遗传资源惠益分享的利益平衡也是这样。对其权利和义务相关性的各个环节以及利益主体进行详细的脉络梳理，找到存在的相关问题，并作出调整，是该机制存在的意义及价值。在生物遗传资源的使用和保护的过程中，个体的权利需要得到有效的保护。从法律层面来看，保护个体的分享权利，是该法律的重要职能之一。因此，本书将生物遗传资源惠益分享所关涉的利益主体分为国家、地区、组织和个人四个类别。具体情况具体对待，通过主体权利的确认，来确定利益归属的相关性，通过这种方式，实现对资源分享人的激励，并通过法律规范约束使用者和分享者享受的权利和应尽的义务。

（四）我国生物遗传资源惠益分享利益平衡机制完善路径的系统性和可操作性

在对我国生物遗传资源惠益分享利益平衡机制进行梳理和剖析的基础上，从法理、监管机制、合同和保障机制等方面，找到其中存在的相关问题，并对其提出具有针对性的相关建议，弥补我们在该项领域机制中存在的不足，为生物遗传资源惠益分享实践提供坚实的理论支撑。

第二章　生物遗传资源惠益分享法律机制概论

法学作为一门规范性学科，其研究范围包含诸多法学概念，而这些概念又与公众利益息息相关，不同概念对应的法律后果也不尽相同，由此界定出了主体的行为准则。此外，部分法律概念会增加具有公法意义的措施，且这些措施都具备强制性，约束并规制主体行为。为此分析和研究法律，应首先厘清相关法律概念，这也是研究问题的开端。[1] 针对纵向深入问题的研究，需要从相关概念定义、解释出发，结合概念基本结构，精准定位特定词语内涵、外延。[2]

为此，本书引入“生物遗传资源惠益分享利益平衡法律机制”这一综合性概念，通过分解其构成要素中的核心概念，将其分为四个部分：“生物遗传资源”“惠益分享”“利益”“机制”。根据语义解释，明晰四个部分的法律界定，由表及里，映射出概念的深层内涵，从而精准定位哪些部分应被纳入生物遗传资源惠益分享的制度框架中，得到科学全面的概论。

---

〔1〕［美］E. 博登海默：《法理学：法律哲学与法律方法》，邓正来译，中国政法大学出版社2017年版，第486页。

〔2〕［英］维特根斯坦：《维特根斯坦读本》，陈嘉映译，新世界出版社2010年版，“导言Ⅶ”。

第一节　生物遗传资源的基本内涵

一、生物遗传资源的概念界定

所谓生物遗传资源惠益分享,是指在生物遗传过程中,通过充分利用资源获得的惠益结果进行公平公正地分享。根据上述注解,可得出:其指向的对象是"生物遗传资源";行为方式是"生物遗传资源利用";目标定位是"生物遗传资源惠益分享"。

(一)生物遗传资源

《生物多样性公约》就"遗传资源"作出了一般性定义,该定义对生物遗传资源研究具有普遍的借鉴和参考价值。公约定义的遗传资源概念具有权威性,后来学者研究文献多引用该解释。此外,《粮农条约》同样对"粮食和农业植物遗传资源"的概念予以明确,其在概念表述方面基本延续和发展了《生物多样性公约》的表述内容,唯一不同的是,后者细化了《生物多样性公约》的宗旨与适用范围,局限在植物遗传材料需"对粮食和农业具有实际或潜在价值"。[1]

根据《生物多样性公约》的规定,生物遗传资源是存活于生态系统中,具备实际价值或潜在价值的遗传材料(genetic material)。例如,具有遗传性功能(functional units of heredity)的动植物、微生物等。[2] 上述内容可看出,生物遗传资源定义涉及两个关键点:第一,具有"遗传功能单位";第二,具有"实际或潜在价值"。但是对于"遗传功能单位"的定义,在公约中并没有进一步细化分析,仅仅是从生物学科宏观角度作出了总结,指代 DNA 和 RNA 的遗传物质,这里

〔1〕《粮农条约》第 2 条。

〔2〕《生物多样性公约》第 2 条。

并不包含具有生物技术和研究价值的分子材料,如蛋白质、合成物等。[1] 简言之,具有遗传功能的材料可大致等同于基因。但是在《生物多样性公约》措辞中又未直接使用"基因"这样的概念,而是选择了"遗传功能单位"的描述,赋予了这一解释一定的延伸与想象空间。[2] 此外,随着生物技术成熟发展,该解释亦为后面定义的补充、拓展预留了余地。除具有生物遗传功能外,生物遗传资源还必须满足价值条件,这给我们的启发是:并不是所有的遗传功能单位都可视为遗传资源,还必须具备实际价值或潜在价值。只有通过人类干预、介入,才能将自然存在转为可利用的资源。[3] 需要注意的是,这里采用了"实际或潜在价值"描述遗传资源,它是按照动静结合方式去描述资源价值,有可能是已经发现的价值;也有可能是还未发现的价值,随着技术应用的不断成熟,可释放出更多的价值。[4] 生物遗传资源影响最大的价值当属经济价值,它是界定经济资源本质的标准之一。但经济价值并非唯一价值,生物遗传资源还具有生态价值、科研价值以及文化价值等一系列复合性价值。综上分析可知,《生物多样性公约》定义的"遗传资源"构成主要有三个部分:第一,"资源具备遗传功能";第二,"资源具有实际或潜在价值";第三,"来自动植物、微生物等遗传材料"。

对于有关植物遗传资源的内涵研究,在《粮农条约》第 2 条中,"粮食和农业植物遗传资源"系"对粮食和农业具有实际或潜在价值的任何植物遗传材料"。"遗传材料"系"任何植物原材料,包括含有

---

〔1〕 Arianna Broggiato & Sophie Arnaud – Haond et al. ,*Fair and Equitable Sharing of Benefits from the Utilization of Marine Genetic Resources in Areas Beyond National Jurisdiction*: *Bridging the Gaps between Science and Policy*, Marine Policy, Vol. 49, p. 176 – 185 (2014).

〔2〕 张小勇:《遗传资源国际法问题研究》,知识产权出版社 2017 年版,第 40 页。

〔3〕 M. W. Tvedt & Tomme Young, *Beyond Access*: *Exploring Implementation of the Fair and Equitable Sharing Commitment in the CBD*,65 IUCN Environmental Policy and Law Paper 148 (2007).

〔4〕 Oberthür, S. & Rosendal, G. eds. ,*Global Governance of Genetic Resources*: *Access and Benefit Sharing after the Nagoya Protocol*,1st ed. ,Routledge, 2013,p. 20.

遗传功能单位的有性和无性繁殖材料”。通过上述描述可看出，针对植物遗传资源的定义表述，《粮农条约》借鉴了《生物多样性公约》的部分描述，它只不过是将“遗传资源”和“遗传材料”具体化到植物领域而已。《名古屋议定书》第2条提及遗传资源范围，除了公约规定的范围，还增加了一些“衍生物”，其具体指代基于生物、遗传资源通过遗传表达、新陈代谢或自然生成的生物化学产物。无论它们是否满足“遗传功能”，都视为遗传资源的衍生物范围。根据《生物多样性公约》和《粮农条约》的表述，遗传功能单位是经过核酸、遗传表达过程形成的蛋白质、酶物质。[1] 而《名古屋议定书》对遗传功能范围延伸至自然系统内产生的化合物，同时还解释了“利用遗传资源”的概念，它是指开发、研究并利用遗传资源和生物化学产物的过程，同时还增加了《生物多样性公约》提及的“生物技术”[2]内容。[3] 综上对比分析可得出，《名古屋议定书》对遗传资源的定义范围相对更大，将那些不具备遗传功能的衍生物也视为了遗传资源，并界定了何为“利用遗传资源”。

不难看出，生物遗传资源定义既有狭义之说，也有广义之说。传统上狭义的解释是：生物遗传资源是指培育、种植的植物品种、家养畜禽鱼的“种质资源”，具体可分为植物类种质资源和动物类种质资源两种。广义的解释是：具有经济价值、文化价值、环境价值等综合价值的动植物、微生物物种以及组分单位、遗传材料等所有生物遗传功能单位。如上文所述，生物遗传资源范畴包含了很多构成因素，例如，动物遗传资源、植物遗传资源以及微生物遗传资源。但是没有提及人类遗传资源，因为这一资源具有伦理道德的特殊性，与常规生物遗传资源相比具有特殊性，将由专门的法律去界定人类遗

---

[1] 徐靖、郑苗壮、刘岩等：《国家管辖范围外海域海洋遗传资源获取和惠益分享机制构建建议》，载《生物多样性》2016年第1期。

[2] 《生物多样性公约》第2条将“生物技术”定义为：使用生物系统、生物体或其衍生物的任何技术应用，以制作或改进特定用途的产品或工艺过程。

[3] 《名古屋议定书》第2条第c款。

传资源。为此,本书所讨论分析的生物遗传资源并不包含人类遗传资源。

因此,根据相关公约及国家法律的生物遗传资源解释,本书将生物遗传资源定义为:具备遗传功能、具有潜在或实际价值的生物材料、衍生物类以及与之相关的信息材料,突出"生物遗传信息"的特征,包含动物、植物、微生物及与之相关的器官、组织、基因及DNA片段,但不包括人类遗传资源的非常规自然资源。质言之,生物遗传资源是由有形的遗传材料与无形的遗传信息共同构成的复合体。

(二)与生物遗传资源相关的传统知识

生物资源体现了多样性、遗传性的特征,和传统知识紧密相关,且一些特殊的生物物种、生物遗传资源本身即为传统知识的载体。研究生物遗传资源相关的传统知识为生物遗传资源价值的挖掘、应用提供了很多参考依据。国际上,《生物多样性公约》和世界知识产权组织均定义了传统知识。但由于传统知识包含大量数据信息,加上知识本质、表达方式存在差异,在国际组织和各国的不同背景下,对传统知识的理解仍存在很多版本。例如,《生物多样性公约》和世界知识产权组织在定义传统知识时就有不同的侧重核心。质言之,传统知识是同一个主题的多种概念表达。常用概念又被细分为"传统资源"[1]、"土著知识"[2]、"传统和地方性的技术、知识、诀窍和实践"[3],等等。

《生物多样性公约》研究生物物种、生物遗传资源时,也尝试对与生物遗传资源保存、利用有关的传统知识,加以创新与推陈,增加一些习惯性做法,从而起到真正保护遗传资源的效果,进而对与保

---

〔1〕[美]达里尔·A.波塞、格雷厄姆·杜特费尔德:《超越知识产权——为原住民和当地社区争取传统资源权利》,许建初译,云南科技出版社2003年版,第7页。

〔2〕朱雪忠:《传统知识的法律初探》,载《华中师范大学学报(人文社会科学版)》2004年第3期。

〔3〕《挑战荒漠化公约》(1994年)第18条第2(b)款。

存、利用生物遗传资源的相关传统知识赋予财产权。《生物多样性公约》有关传统知识的相关描述，使用“土著和地方社区体现传统生活方式而与生物多样性的保护和可持续利用相关的知识、创新和实践”的概念，[1]并进一步将其界定为“传统知识是基于实践活动，经过数千年创造所得，适应了本土文化、环境以及生产规律的知识，经由口头从一代逐步传给下一代”。[2] 可以看出，《生物多样性公约》最早提出了“传统知识”的概念，为之后其他组织研究“传统知识”奠定了基础。质言之，《生物多样性公约》将传统知识的范围限定在本土居民或地方社区“与生物多样性保护、利用有关的”或者“与生物遗传资源保存、利用有关的”传统知识范畴。

世界知识产权组织也在不断探索、研究传统知识，形成了狭义解释和广义解释。最初对于“传统知识”概念的研究，世界知识产权组织界定的范围比较宏观，它包含了“文学、艺术或科学作品；表演；发明；科学发现；外观设计；标记、名称和符号等”[3]。2004 年 3 月，知识产权与遗传资源、传统知识及民间文学艺术政府间委员会（World Intellectual Property Organisation – Intergovernmental Committee on Intellectual Property and Genetic Resources, Taditional Knowledge and Folklore, WIPO – IGC）组织召开了第六次会议，会上通过了《传统知识政策与法律选择》（修订版），采取了狭义解释，从严格意义上明确了传统知识内涵。狭义的传统知识，是指用以生产、发展、传承以及表达的传统技术、技巧以及学问内容。[4] 后来发展至 2017 年，WIPO – IGC 组织编订了《传统知识法律保护条款草案》，其中就围绕传统知识作出解释，它是指与本土居民、民族、当地社区、社会文化、国

---

[1] 《生物多样性公约》第 8 条第 j 款。

[2] CBD, Article 8 (j): Traditional Knowledge, Innovations and Practices: Introduction.

[3] WIPO, *Intellectual Property Needs and Expectations of Traditional Knowledge Holders: WIPO Report on Fact – Finding Missions on Intellectual Property and Traditional Knowledge* (1998 – 1999), Geneva (2001).

[4] WIPO, *Access to Genetic Resources of The United States National Parks*, WIPO/GRTKF/IC/5/12 (2002).

家有紧密关系的文化遗产及其文化遗产构成部分，经过一代代传承发展，并按照书面或者口口传授传播其中的诀窍、技术或学问。[1]通过概念描述可看出，传统知识的整体概念构成包括主体、形成、条件以及存在形态等要素。相较于《生物多样性公约》对于传统知识的界定，世界知识产权组织的概念突破了“传统知识、本土居民、地方社区需具备关联性”的限制，其研究视角更为广泛。

（三）相关概念辨析

1. 生物遗传资源与天然产物

随着生物技术的快速发展，诸多现代生物技术的成熟应用，《生物多样性公约》中对生物遗传资源的概念界定，已经不能适应当前高速发展的生物技术时代，除定义提及的几种情形之外，还不断衍生出新情形。为此，有不少学者围绕“衍生物（derivatives）是否属于遗传资源”展开讨论与分析。天然产物（natural products）作为衍生物的其中一种类型，它是指动植物、微生物的组成或代谢物。[2] 这些产物中依然存在基因表达信息，保留了部分遗传功能，但仍有部分产物中缺失蛋白质的表达信息、细胞新陈代谢等具有遗传功能的信息。[3] 严格意义而言，标准化界定遗传资源内涵，主要考虑生物资源是否具备遗传功能，那些不具备遗传功能的天然产物则不可视为遗传资源。然而，虽然它们没有遗传信息，却与生物遗传具有天然紧密的关系，其为某一特性生物经过新陈代谢产生的。受到生物技术的推动影响，遗传资源除了满足提取基因之外，还经常被运用到生物

---

〔1〕 WIPO, *Access to Genetic Resources of the United States National Parks*, WIPO/GRTKF/IC/34/5, Annex, Article 2, Geneva (2002).

〔2〕 宋林生、石琼主编：《海洋生物功能基因开发与利用》，科学出版社2016年版，第54页。

〔3〕 Elisa Morgera, Elsa Tsioumani & Matthias Buck, *Unraveling the Nagoya Protocol: A Commentary on the Nagoya Protocol on Access and Benefit - sharing to the Convention on Biological Diversity*, Brill Press, 2014, p. 65 - 71.

资源信息研发活动中,[1]因此,对于传统生物遗传资源的定义需要延伸和补充。从技术角度看,不论是遗传资源还是天然产物,二者的关系研究早在《名古屋议定书》中即作出了较为确定的解释,在该议定书中将可以利用的遗传资源与衍生物解释得更加宏观,它涵盖了法律层面上的遗传资源定义,并在遗传资源定义中增加了天然产物的相关内容。

2. 生物遗传资源与数字序列信息

关于数字序列信息(digital sequence information/data)的定义,当前还没有统一界定,普遍比较认可的定义为:数字序列信息是指生物体的核苷酸序列携带的信息,也就是我们常说的 DNA 信息或 RNA 序列信息。[2] 前文也提及了,在《生物多样性公约》《粮农条约》等文本中对遗传资源定义描述时,都使用了"遗传材料"这样的措辞,但对于遗传材料所承载的遗传信息却没有具体解释与补充。换言之,法律层面上,对遗传资源概念的表述忽略了数字序列信息。随着生物技术的成熟发展,各种遗传信息被挖掘出来,且使其信息可脱离载体,被单独使用、利用,并呈现出遗传资源去物质化的发展。[3] 生物遗传信息是否属于遗传资源范畴逐渐呈现很多不同声

[1] A. Ansari et al., *A Review of the International Framework for Access and Benefit Sharing of Genetic Resources with Special References to the Nagoya Protocol*, 16 Asia Pacific Journal of Environmental Law 105 (2013).

[2] M. A. Bagley, *Digital DNA: The Nagoya Protocol, Intellectual Property Treaties, and Synthetic Biology*, Synthetic Biology Project, Wilson Center, 2015, p. 65; C. Lawson et al., *Open Access DNA, RNA and Amino Acid Sequences: The Consequences and Solutions for the International Regulation of Access and Benefit Sharing*, Griffith Law School Research Paper No. 16 – 12, 2016, p. 3.

[3] C. Correa, *Access to and Benefit Sharing of Marine Genetic Resources beyond National Jurisdiction: Developing a New Legally Binding Instrument*, South Center Research Paper, 2017, p. 12.

音,更多学者也开始争论《生物多样性公约》《粮农条约》给出的定义。[1] 从理论角度来看,数字序列信息包含生物遗传表达信息,它们都是抽象的、非具体的、非物质的。与有形的生物资源一样,亦具有遗传研究价值。由于在实践中,前期生物技术发展受限较多,很多人忽略了数字序列信息的利用和开发,认为它是脱离物质载体的抽象内容;加上当时技术尚未成熟,也很少知晓如何利用这些无形资源。因此,目前需要从法律层面进一步完善遗传资源的界定,适当延伸其定义范围,在必要的情况下,在概念描述上考虑“劳动附加值、生产利益关系”等内容。

3. 生物遗传资源与传统知识

在学术领域内,就生物遗传资源与传统知识的关系研究仍存在不同看法。有论者认为传统知识范围大于遗传资源范围[2],也有学者提出反向看法,认为生物遗传资源不应属于传统知识的内涵范围[3]。根据 WIPO – IGC 对传统知识作出的广义解释,生物遗传资源是动植物品种资源,在传统社区,传播、利用以及开发遗传资源都会受到传统知识的影响。它们都是建立在生产实践的基础上,社区居民通过劳动、实践活动积累了较多宝贵经验,形成传统知识,并延续给下一代。在代代传承中,这些资源得以保护。而生物遗传资源也是在知识积累与知识传承下形成的,影响着本土居民的生存、生产

---

[1] 2016 年《生物多样性公约》第十三届缔约方大会以及《名古屋议定书》第二次成员国会议正式将数字序列信息是否应纳入《生物多样性公约》列入议题,并决定成立临时专家技术组针对这一问题展开研究,See Decision adopted by the Conference of the Parties to the Convention on Biological Diversity, CBD/COP/DEC/XIII/16, https://www.cbd.int/doc/decisions/cop – 13/cop – 13 – dec – 16 – en.pdf,2021 – 8 – 3。2013 年《粮农条约》第五届大会上即提出对遗传资源的非物质价值给予更广泛的关注,See Report of the Secretary of the International Treaty on Plant Genetic Resources on Food and Agriculture, Appendix I in the Report of the Fifth Session of the Governing Body of the International Treaty on Plant Genetic Resources on Food and Agriculture, 2013, FAO Doc IT/GB – 5/13/Report, http://www.fao.org/3/a – be607e.pdf,2021 – 8 – 3。

[2] 杨明:《传统知识的法律保护:模式选择与制度设计》,载《法商研究》2006 年第 1 期。

[3] 刘银良:《传统知识保护的法律问题研究》,载《知识产权文丛》第 13 卷,中国方正出版社 2006 年版,第 74 页。

以及生活，它们对传统社区带来的影响不分伯仲，如印度苦楝案。对于种植苦楝树，当地居民有很多经验，并将其汇编成为传统知识。生产中人们发现苦楝树皮、树叶以及种子都具有杀虫效果。后来美国W. R. Grace化学公司从苦楝树中提出了Azadirachatin成分，并申请了专利保护，由此形成了宝贵的知识财富。[1] 很多跨国公司就是因某一传统知识，才进入本土投资建厂，他们具有成熟生物研发技术，对生物遗传资源有研究实力。同时，传统知识为他们推进生物技术研究提供了基础条件，如果脱离传统知识，他们在遗传资源研发中有可能会走弯路，甚至背离最初规律。由此可见，社区居民代代流传和保存下来的传统知识对生物遗传资源的开发利用具有重要影响。与生物遗传资源相呼应的传统知识对开发、利用生物遗传资源价值起到引导作用，根据传统知识提供的线索，可以找到开发方向，其蕴含着海量的生物遗传资源信息和数据，这些传统知识获取会比遗传材料本身信息获取功能快捷方便，且有据可循。[2] 综上分析，开发和利用生物遗传资源有必要结合传统知识。因此，就生物遗传资源与传统知识的关系而言，本书观点是前者范畴大于后者，生物遗传资源包含了相关的传统知识。

4. 生物遗传资源与生物剽窃

当前，生物剽窃（bio - piracy）还没有统一定义。普遍认同的解释是：现代生物研究企业或科研机构借助资金、技术等条件，在未取得遗传资源提供者同意、许可的前提下，以商业化利用为目的，自作主张地开发利用生物遗传资源，利用遗传资源信息创造产品，并将生物遗传资源及相关信息用作申请并获得知识产权，而未与遗传资源

---

〔1〕 John Lancer, *Indian: U. S. Giant, Peasants Battle for "Blessing Tree" Global Info*, Network, Oct. 12, 1993, available in 1993 WL 2534808 note 11.

〔2〕 Silke von Lewinski, *Editor in Chief, Indigenous Heritage and Intellectual Property: Genetic Resources, Traditional Knowledge and Folklore*, Kluwer Law International, 2004, p. 32, 73, 163.

信息提供者公平公正进行利益分享的行为。[1] 生物剽窃方式主要有两种:第一,生物科技研发组织具备技术优势和经济优势,研发过程中没有经过遗传资源提供者的同意许可,通过不正当方式获得遗传资源,并私自开发利用遗传资源。第二,通过开发利用遗传资源,获得遗传资源信息与巨额经济收益,但是并没有与遗传资源提供者互惠互利,且将遗传资源信息申报知识产权,故意向监管组织隐瞒遗传资源信息的来源。通常来说,生物剽窃会涉及两个主体:一是具备开发利用优势的技术公司、研发机构等,他们是专门致力于开发利用遗传资源的一方;二是提供遗传资源的拥有者,往往是生物遗传资源拥有国、土著和地方性社区。随着生物遗传资源获取、利用以及研究开发进程的推进,当其呈现商业化时,便不可避免地出现生物剽窃行为。

二、生物遗传资源的特征和价值

(一)生物遗传资源的特征

从自然资源属性分析,生物遗传资源是自然资源的一种非常规的类型,具有特异性、地域性以及复合性的特征。这些特征也在极大程度上影响着生物遗传资源惠益分享规则的建构情况。

首先,生物遗传资源具有特异性。它反映了生物遗传资源开发、研究以及商品转化中呈现的价值,满足了不同群体的需求。生物遗传资源特异性与生物遗传资源稀缺性不同,稀缺性表示单体资源之间具有同质性,但是总量却不多;而生物遗传资源特异性体现在细微层面。虽然在21世纪生物研发技术进步不少,但是距离真正技术目标还有很漫长的发展,加之生物遗传资源开发利用本身即为一个漫长探索的过程,需要循序渐进地推进。有些已知的生物遗传资源信息尽管可以被利用,仍有很多未知的生物遗传资源信息有待开发。

---

〔1〕 Graham Dutfield, *The Public and Private Domains: Intellectual Property Rights in Traditional Knowledge*, Science Communication, 2000(3), p. 278.

例如,改善基因性状,部分信息虽然已经确定,但还有其他相关信息需要通过新的技术手段去开发。此外,科学技术发展的不平衡,例如先前开发的生物遗传资源信息有待进一步确定,这可能导致部分已知的信息与生物遗传资源开发结果不一致,最终影响了项目收益和利益分配。

其次,生物遗传资源具有地域性。生物遗传资源的形成与自然地理环境紧密相关,人们活动轨迹遍布全球范围,不同地区的生物遗传资源呈现了不同特征。这一地域性特征可从两个方面解释:第一,古人常言"橘生淮南则为橘,生于淮北则为枳"[1]。同一类生物可以因地域环境的差异,呈现不同的生长特征,对于生物遗传资源而言也是如此。第二,生物遗传资源分布不均匀,世界各国或地区富有的生物遗传资源各具差异。例如,巴西、印度以及中国等国的部分地区刚好处于热带,这些国家拥有大比例的生物遗传资源。此外,除了澳大利亚,发展中国家掌握了丰富的生物遗传资源,这是先天优势;而发达国家所在地区拥有的生物遗传资源并不多,但是他们开发技术与资金优势却相当成熟。生物遗传资源此种不均匀的分布格局决定了发达国家的获取与开发角色,而发展中国家则是提供资源的重要一方。因生物遗传资源分布的不均匀、利用开发实力的不均等,也影响了生物遗传资源的惠益分享结果,由此引发了不少国家之间的利益纷争。

最后,生物遗传资源具有复合性。复合性,是指生物遗传资源是有形遗传材料与无形遗传信息的复合。一方面,生物遗传资源具有有形性。我们可以看到、触碰到的有形生物遗传资源,它们本身也蕴含了很多生物信息,如动物组织、植物组织等生命材料。另一方面,生物遗传资源具有无形性。抽象的生物遗传信息资源,虽然是不可看到和触碰的、脱离了物质载体,却可以通过信息数据展示出来。例如,遗传序列信息资源可以脱离其载体的生物遗传资源而独立存在,

---

〔1〕《晏子春秋·杂下之十》。

这些信息包含在实体生物遗传资源中,却发挥了重要的引导作用。另外还有一些经验做法、传统知识也是无形资源,为开发建设生物遗传资源提供了基础依据。此外,无形生物遗传资源信息也是判断生物遗传资源的关键因素,如果某一生化材料中没有相应的遗传信息,那么就可以判断该材料是自然资源,而非生物遗传资源。[1]

(二)生物遗传资源的价值

对于生物遗传资源的价值,需要从两个方面进行分析:第一,作为非常规的自然资源,生物遗传资源自身存在的价值,即天然的生态服务价值。例如,多元化的生物遗传资源可以保持生态系统的平衡发展,维护生态系统的和谐稳定。此即其作为生物遗传资源存在的意义,一旦系统中丧失了这一生物遗传资源,系统平衡则会被打破。[2] 第二,生物遗传资源的开发利用价值。一般都是通过经济指标衡量其开发价值。在世界各国的开发利用生物遗传资源的市场中,企图通过直接开发、利用更多的生物遗传资源,以此掌握生物资源以及经济的战略地位。在生态环境保护的过程中,更加关注生物遗传资源的间接利用与开发,这是服务整个人类社会的价值。一般研究生物遗传资源价值,大多从使用价值与非使用价值两个方面分析。其中,对于使用价值,一般分为直接价值和间接价值;对于非使用价值,又进一步分为选择价值和存在价值。

1. 使用价值

(1)直接价值

第一,显著实物型直接价值。它是指生物遗传资源能够给人们开发利用带来的显现的、实体的价值。根据生物遗传资源消耗的情况,该价值又被分为消耗型直接价值、生产型直接价值。其中,消耗型直接价值表示无市场开发利用,本土居民直接消耗的资源价值,例

---

〔1〕 秦天宝:《遗传资源获取与惠益分享的法律问题研究》,武汉大学出版社 2006 年版,第 11 页。

〔2〕 秦天宝:《生物多样性保护的法律与实践》,高等教育出版社 2013 年版,第 10 页。

如，野生木材直接被砍伐取暖。生产型直接价值表示经过市场开发、交易环节形成的商品价值，例如，野生植物被开发成为中药材、保健品等，而这些生物遗传资源直接价值影响着社会发展、经济发展以及居民生存。

第二，非显著实物型直接价值。它是指生物遗传资源为使用者提供的可直接消费、可见的服务。虽然它的表现形式是非显著的，但依然可以为使用者创造价值，满足其消费需求。例如，基于生物遗传资源开发的旅游产品、野生动物表演等，这些内容也为生物技术研究提供了丰富知识引导，通过参与活动也间接提高了参观者的知识水平。

(2)间接价值

间接价值是指生态系统的功能、环境服务价值。间接价值也称为"环境的功益效能"。生物遗传资源支撑着整个系统运转，并为其提供相关的生态服务。这里所提及的间接价值与生态功能效益紧密关联，且有些生物遗传资源的间接价值已经超过了直接价值。同时，间接价值产生了诸多直接价值。依靠自然生态环境，生物遗传资源繁衍发展，它们是生态系统的重要构成，对于那些无直接价值的生物遗传资源，并不意味着它们在系统中无作用，它们甚至有可能是直接使用或直接消费的服务物种。

2. 非使用价值

(1)选择价值。它是个体与社会组织根据生物遗传资源多种多样的用途，选择其中最佳的功能进行利用，从而形成的价值。选择价值还可以被分为直接选择价值、间接选择价值、选择利用价值以及潜在利用价值，实际上最后一种潜在利用也是机会价值。随着生物研究技术的成熟发展，很多尚未被开发利用的价值也逐渐会被揭开面纱，从而挖掘到新的价值。应当注意的是，一旦这些选择价值遭遇破坏或过度开发，就会影响后代的利用。[1]

---

〔1〕 于文轩:《生物多样性政策与立法研究》，知识产权出版社 2013 年版，第 8 页。

(2)存在价值。它是指人们为保障生物遗传资源继续传承、存在会支付的费用。存在价值也称为内在价值。生物遗传资源是自然系统中的重要构成,我们应尊重其自身携带的内在价值,实际上这些价值和人们行为没有任何关系,假设地球上没有了人类,那么生物遗传资源的存在价值依然存在。在《生物多样性公约》序言部分就承认且强调了生物遗传资源的内在价值,但是也提出了对于生物遗传资源内在价值评估起来会更加困难,因为评估、研发技术的有限,它们显现的价值仍以外部价值为主。[1]

三、生物遗传资源的法律地位

(一)人类共同遗产原则

国际法中提出了"人类共同遗产原则",这是一个极为重要的原则。早在1972年,联合国就开始关注人类的生存环境,但当时的国际法还没有关于生物遗传资源的归属原则,西方国家以及相关的研究组织代表,参考国际海洋法的"共同遗产制度"提出了生物遗传资源是人类社会共同享有的资源的主张。同时,还将生物遗传资源界定为"共同遗产",该主张的依据是生物遗传资源属性、传播普遍性、资源互惠性以及历史经验。[2] 1983年,联合国粮食及农业组织制定的《植物遗传资源的行动纲领》规定:"植物遗传资源是全人类社会的共同财产,在全球范围内无偿提供给各国研究人员研究使用。"自此之后,人们普遍地认同"生物遗传资源是人类共同财富"的观点,认为"人们可以不受到国界影响自由地使用生物遗传资源"。

人类共同遗产原则的提出,给发达国家无限制获取生物遗传资源提供了"合理"的借口,他们凭借技术优势与资金优势,不断开发、利用以及攫取发展中国家的生物遗传资源,甚至还鼓吹生物遗传资

---

〔1〕 秦天宝:《遗传资源获取与惠益分享的法律问题研究》,武汉大学出版社2006年版,第18页。

〔2〕 张海燕:《遗传资源知识产权保护法律问题研究》,法律出版社2012年版,第54页。

源是人类共同财富。但在1960年以后，所有开发研究的生物遗传资源获得的知识产权，发达国家并没有与发展中国家共有，而是将数据据为己有，导致发展中国家最终迫不得已承认产权归属。这一现状也引起了很多发展中国家的抗议，由此加剧了生物遗传资源提供者与开发利用者之间的矛盾。

有论者表示，"自由获取生物遗传资源的主张本身并无歧义，它是从善意角度出发，也可以帮助发展中国家逐步提高技术、资金，将发达国家的技术资源逐步引渡到发展中国家，借助其他国家的长板补充自身的短板，通过联合研究，开发专利，保护生物遗传材料。但是在实施过程中，发达国家将开发获取的生物遗传资源贴上价格，并让提供者出钱购买，这样的做法完全违背了最初设立自由获取资源的原则"〔1〕。仍有不少发达国家对此进行辩解，他们认为，"虽然发展中国家提供了生物遗传资源，但是开发智力、技术以及资金都是发达国家提供的，在开发中发达国家付出的代价远超发展中国家。为此才将'共同遗产'转为'所有权'"。〔2〕 很显然这样的解释透露出了西方霸权主义思想。如果没有发展中国家提供生物遗传资源，他们也就不可能改进、研发出新产品，正如其所言，他们付出了经济、技术以及精力去研发生物遗传资源，并提升了资源价值，但即便如此也不可掩盖发展中国家的生物遗传资源所有权的事实。〔3〕 因此，发达国家主张的看法并非站在人类社会整体利益考虑，更多的是考虑本国利益，从骨子里迸发出来的是霸权主义、私利主义。〔4〕

---

〔1〕 Greg K. Venbrux, *When Two Worlds Collide: Ownership of Genetic Resources under the Convention on Biological Diversity and the Agreement on Trade – Related Aspects of Intellectual Property Rights*, 6 Pittsburgh Journal of Technology Law and Policy 1 (2006).

〔2〕 Rosemary J. Coombe, *The Properties of Culture and the Politics of Possessing Identity: Native Claims in the Cultural Appropriation Controversy*, Canadian Journal of Law & Jurisprudence, Vol. 6:2, p. 257(1993).

〔3〕 Odek James, *Bio – piracy: Creating Proprietary Rights in Plant Genetic Resources*, 2 Georgia Journal of Intellectual Property Law 141 (1994).

〔4〕 Odek James, *Bio – piracy: Creating Proprietary Rights in Plant Genetic Resources*, 2 Georgia Journal of Intellectual Property Law 141 (1994).

发展中国家为保障自身利益,他们开始反对发达国家的做法,对“生物遗传资源是人类共同遗产”的说法表示反对,且呼声越来越强烈。这一立场之争得到了联合国的支持,并在1992年《生物多样性公约》中修改了人类共同遗产原则,将其界定为永久主权原则。

(二)国家主权原则

国家主权原则倡导国家领域范围内的生物遗传资源属本国所有,它具有专属性、排他性,其他国家未经本国允许不得肆意开发利用生物遗传资源。这一原则的确立可追溯至1992年《生物多样性公约》,该原则展示了发展中国家与发达国家的权益之争取得胜利。最早提及国家主权说法,是在1962年《关于自然资源永久主权宣言》中,《生物多样性公约》延续了其主张,确认各国对其自然资源拥有主权权利并明确提供生物遗传资源的国家对于该资源的利用享有事先知情同意的权利。同时,在联合开发研究中,应确保能公平公正分享因利用该资源所产生的利益,要求各成员方要采取适当措施实现以上目标。[1] 而在《生物多样性公约》序言部分也强调生物遗传资源丰富的国家对其自己的生物资源拥有主权权利,同时其也有责任、义务保护生物遗传资源多样性与持续性。以可持续的方式科学开发并保护好生物遗传资源。该公约第15条规定,各国对其自然资源拥有主权权利,可否取得遗传资源的决定权属于国家政府,并依照国家法律行使。实际上在发展中国家坚持“生物遗传资源国家主权”的斗争中,他们的最主要目的是希望可以与发达国家共享生物遗传资源开发价值,共同分享生物遗传资源带来的惠益。由于大多数生物遗传资源在地理上分布不均匀,相当一部分的生物遗传资源分布于发展中国家,分布在主权国领土范围内,他们看到了生物遗传资源开发价值的空间,对其实施有效控制也是有必要的。而“国家主权原则”恰好可以满足他们的利益主张。由此《生物多样性公约》提出了生物遗传资源的国家主权原则,并从国家法层面保障了发展

〔1〕《生物多样性公约》第1、15、19条。

中国家在生物遗传资源开发利用过程中能公平公正地进行惠益分享。

然而,国家主权原则的确立也存在矛盾之处,首先,《生物多样性公约》序言部分提到“各国对它自己的生物资源拥有主权权利”。其次,《生物多样性公约》条款内容也提及人类社会需要正视的共同问题是保护生物遗传资源多样性。由此看,发展中国家一方面享受生物遗传资源主权权利,另一方面也承担着管理与保护生物遗传资源多样性的责任。同时,《生物多样性公约》还强调要平衡好生物遗传资源主权本身以及生物遗传资源多样性保护。质言之,在《生物多样性公约》序言部分不仅确定了生物遗传资源多样性是人类社会共同关注的焦点,还提及了主权国具有生物遗传资源的主权权利。但就这一表达顺序就可看出国际组织更关注人类社会对生物资源的保护。当然各个国家也有保护生物遗传资源的义务、责任,需要结合实际情况设计保护措施与发展措施。通过上述分析可看出:国际组织承认了生物遗传资源主权,也强调了主权国具有不可推卸的保护责任。它试图在生物遗传资源主权与国际社会共同义务之间找到平衡点。[1]

基于国家主权原则的指导,主权国在本国范围内开发、利用、保护生物遗传资源,其他国家不得随意干涉。就“生物遗传资源所有权”相关事宜,并没有详细的规定。通常情况下,生物遗传资源是民法上的物,与之伴随的是获取的权利、使用的权利、收益的权利以及处分的权利等。各国围绕本国存储的生物遗传资源制定了国家所有权制度和私人所有权制度。一般而言,某一国家领土内的动植物为国家所有。例如,我国《民法典》第 251 条规定:“法律规定属于国家所有的野生动植物资源,属于国家所有。”而后天家养或驯养的生物

---

〔1〕 M. Mc Graw, *The Story of the Biodiversity Convention from Negotiation to Implementation*, in Philippe G. Le Prestre ed. , Governing Global Biodiversity: The Evolution and Implementation of the Convention on Biological Diversity, Ashgate Publishing Ltd. ,2002, p. 7 – 38.

资源则大多归私人所有。根据物权制度规定,拥有生物遗传资源的所有权人可以自行处理资源,非所有权主体不得擅自干预。虽然诸多立法制度有明确规定,实际中,很多拥有生物遗传资源的私人并不能保障可以无限制开发利用资源,他们在处理利用生物遗传资源的时候,通常会受到政府规制,为保障生物遗传资源的多样性,政府也会制定很多强制措施,这一做法也体现了《生物多样性公约》的国家主权原则。

第二节　生物遗传资源惠益分享法律机制

社会关系调节是通过法律实现的,法律的产生就是社会利益分化、社会关系复杂演变的结果。通过法律调节可以预防社会矛盾,有效缓解社会矛盾,从而实现社会系统的和谐与平衡。从根本看,法律是义务、权利构成的系统,它覆盖了不同利益主体,在追求利益与利益分享上进行博弈,保障社会公平分配。伴随经济成熟发展,法律机制和经济机制形成互补关系,法律的相关规定包含了各个利益主体,从客体到主体及其内部关系都囊括在内。同时,分配利益还需要完备的保障措施,从而化解冲突,实现资源增益的目标。

生物遗传资源惠益分享制度作为一项国际性的法律制度,立足人类社会,维护人类共同利益,这也是设立该制度的初衷。然而,立足于某一国家的视角,或立足于某单个利益主体的视角,这些制度又显得有些不公允,让人较难接受。从整体看,生物遗传资源惠益分享规则是利益相对平衡的制度设计,在实施过程中,部分国家对其不够服从、尊重。通常表现为提供生物遗传资源的一方、使用开发生物遗传资源的一方,因信息不对称的影响,时常发生不公平的利益分配的结果。为保障两者之间的平衡,有必要构建生物遗传资源惠益分享利益平衡法律机制,促进合理公正的分配。

一、生物遗传资源惠益分享法律机制的内涵

(一)生物遗传资源惠益分享

近些年,国际法使用"惠益分享"(benefit - sharing)或"利益分享"(sharing of benefits)词汇的频率越来越高。它多用于描述条约目标、国际义务、保障措施。[1] 有关利益分享的表述并不少见,但是在生物遗传资源法律描述中还是以惠益分享居多。例如,20 世纪 90 年代国际组织制定的《生物多样性公约》就使用了"惠益分享"这样的词汇,之后《粮农条约》也使用了"惠益分享"这一词汇。因表达主体代表的利益立场不同,对生物遗传资源惠益分享的界定也存在区别。为了减少《生物多样性公约》和《粮农条约》之间的概念歧义,它们对惠益分享的定义给予比较开放、笼统的定义,直接将其描述为"公平公正分享生物遗传资源开发利用产生的惠益"[2]。

首先,厘清"利益"(interest)与"惠益"(benefit)的本质区别。惠益常常被解释为回报,是指通过付出或奉献获得回报,而主体获得回报的前提条件是主体付出某些代价。此外,惠益还可以被解释为主体给相对主体带来的好处,因此在生物遗传资源惠益分享所形成的关系中涉及两个主体。[3] 而利益是指基于个人关系或集团联合、血缘亲属关系,满足某一种需求或愿望。[4] 利益与内在驱动有直接关系,想要获得利益必须有驱动才可实现。在《生物多样性公约》中就提及了:想要获取生物遗传资源必须经过拥有者的允许,且开发利用生物遗传资源的惠益结果要共同分享。根据《生物多样性公约》给出的措辞表述,在讨论生物遗传资源惠益分享概念时,选择了"惠

---

[1] Elisa Morgera, *The Need for an International Legal Concept of Fair and Equitable Benefit Sharing*, The European Journal of International Law, Vol. 27:2, p. 353 - 383 (2016).

[2] 《生物多样性公约》第 1 条;《粮农条约》第 1 条。

[3] 马旭:《遗传资源获取与惠益分享国际规则研究》,吉林大学 2016 年博士学位论文,第 27 页。

[4] [美]E. 博登海默:《法理学:法律哲学与法律方法》,邓正来译,中国政法大学出版社 2017 年版,第 147 页。

益”这样的词汇，而非“利益”。

其次，明确“分享”的意涵，对理解惠益分享具有重要作用，应注意的是，惠益分享包含利益分享的部分。根据《生物多样性公约》的解释，惠益分享表示特定主体之间的利益流转，与简单利益交换不同的是，它并不是利益的单向流转。公约中的惠益分享是交换分享，因提供者为使用者提供了生物遗传资源，从而获得回报，它展现了正义性的交换。[1] 此外，在公约中也设立了惠益分享的目标，通过利用生物遗传资源、开发生物遗传资源获得收益结果，并将其向提供者回流，[2]向更深层延伸。通过惠益分享促进了生物遗传资源多样性保护，让两个主体的关系更加紧密，形成战略合作关系（partnership）。[3] 由此可看出，生物遗传资源惠益分享价值不单单是利益交换那么简单，它还会影响主体关系、增进惠益的分配。至于惠益内容除了利用开发资源的利益成果之外，还有彼此双方对维护资源、维护系统平衡的抽象利益。具体解释是：在生物遗传资源惠益分享机制中，除了利益流回之外，还有思想、意识的共同认知。《生物多样性公约》总结了生物遗传资源惠益分享的概念，后来这一概念又被《粮农条约》使用，但是两部国际条约对惠益的侧重有所不同。后一条约解释了惠益分享可促进粮食安全管理、农业可持续发展，并且还倡议发展中国家也重视惠益分享原则，不论是否为多边系统提供了生物遗传资源，在一定程度也可享受到惠益结果[4]，由此可看出《粮农条约》的惠益原则并非利益原则。

---

[1] D. Schroeder, *Benefit Sharing: It's Time for a Definition*, 33 Journal of Medical Ethics 208 (2007).

[2] L. Glowka & V. Normand, *The Nagoya Protocol on Access and Benefit – sharing: Innovations in International Environmental Law*, in E. Morgera eds., The 2010 Nagoya Protocol on Access and Benefit – sharing in Perspective, Martinus Nijhoff Publishers, 2013, p. 23.

[3] A. Ansari & Lekha Kunju Pillai Laxman, *A Review of the International Framework for Access and Benefit Sharing of Genetic Resources with Special References to the Nagoya Protocol*, 16 Asia Pacific Journal of Environmental Law 105 (2013).

[4] 《粮农条约》第 13.3 条。

最后,生物遗传资源惠益分享核心是"生物遗传资源利用"。对于生物遗传资源是否可以被利用,关系着资源最终能否成为商品化资源。与常规自然资源相比,生物遗传资源并不能直接转为商品,例如,常规的森林资源可直接转为木材商品;而非常规的生物遗传资源需要技术开发,之后才会挖潜出其价值,它的利用价值是建立在遗传功能基础上的,属于复合型价值。利用方式是从生物遗传资源内部提取遗传物质或新陈代谢物质,经过生物技术整合、开发、加工成为商品,且应用生物遗传资源并非当即使用,它需要一个开发的过程。大致可分为四个过程:第一,获取资源。发现了生物遗传资源之后,需要采集样本,对其分类并存储。第二,技术研发。就是对采集和预处理的样本,进行生物试验活动,如果幸运的话,一两年便可以出成果;不幸运的话,或许数十年都无法出成果。第三,产品研发。完成前两个步骤,进入了关键阶段,主要是根据样本研发相关产品,将生物遗传资源遗传功能与价值开发出来。第四,商业转化。通过向市场投放产品获得盈利。[1]

在学术研究与实证研究中,对于生物遗传资源利用常常冠以"生物勘探"(bioprospecting)的表述。这一说法最早产生于20世纪80年代,当时对生物勘探的研究并不多,应用还不普遍。而生物多样性百科全书(*Encyclopedia of Biodiversity*)对生物勘探作出解释:运用各种生物技术、方法以及手段对生物资源的基因、化合物、有机体组合等进行开发研究的综合活动。[2] 在2000年召开的《生物多样性公约》第五次缔约方大会中也讨论并确立了"生物勘探"的概念,它是指从生态环境与生物遗传资源中获取生物信息与资料,并开

---

〔1〕 H. Harden – Davies, *Deep – sea Genetic Resources: New Frontiers for Science and Stewardship in Area Beyond National Jurisdiction*, Deep Sea Research Part 2: Topical Studies in Oceanography, Vol. 137, p. 504 – 513(2017).

〔2〕 Simon A. Levin, *Encyclopedia of Biodiversity*, 2nd ed., Academic Press, 2013, p. 34 – 46.

发新商业产品的过程。[1] 综上分析，生物勘探具有商业性、过程性的特征，它与生物遗传资源利用的商业属性有共通之处。

作为非常规的自然资源，生物遗传资源除了具有商业价值之外，在维护生态安全和生物多样性方面也具有积极影响，对此值得我们予以重视。从宏观角度看，生物遗传资源科学研究、生物遗传资源利用内容交织重叠，而资源勘探又是科学研究的构成。为此，在生物遗传资源开发利用的规范要求上需要根据利用、研究的具体需要进行设计，并根据不同的价值取向进行制度安排。

综上可知，生物遗传资源的惠益分享是建立在主体合作的基础上，对惠益进行识别、分配，并达成共识的过程。从核心看，惠益分享需要主体参与，即在利用研究生物遗传资源的过程中，应保障主体的参与性，确保相关利益主体都可平等对话，即便对惠益结果无显著影响，也必须保障利益主体的参与。[2] 也许在不久的将来，生物遗传资源惠益分享会重新定位为"经济援助"抑或将分享的对象限于"惠益贡献最大者"，但无论如何都不会影响生物遗传资源惠益分享的本质。在实践中，惠益分享或许会更倾向于发展中国家等相对弱势的群体，但是从保护生物遗传资源的角度看，惠益"全人类"才是根本的应有之义。为此，实施生物遗传资源惠益分享机制并非强迫单方面的利益输送与配置，而是希望通过更高效的合作与公平公正分配，实现相关利益再分配的平衡和其他共同利益。

---

〔1〕 *Information on Marine and Coastal Genetic Resources including Bioprospecting*, UNEP/CBD/COP/5/INF/7, https://www. cbd. int/doc/meetings/cop/cop – 05/information/cop – 05 – inf – 07 – en. pdf.

〔2〕 William Schabas, *Study of the Right to Enjoy the Benefits of Scientific and Technological Progress and its Applications*, in Yvonne Donders and Vladimir Volod eds., Human Rights in Education, Science and Culture: Legal Developments and Challenges, 2007, p. 276.

（二）生物遗传资源惠益分享法律机制

法学将利益的核心表述分解为三大构成：权力、权利与义务。[1] 庞德提出，"法律秩序保护的是利益，并不是权利。法律是获取利益的手段，是保护社会关系的工具"。[2] 按照这样的说法，法学可以平衡利益冲突，减少利益矛盾的发生。回归到生物遗传资源惠益分享过程中，相关利益主体较多，那么利益分配容易出现矛盾，为此需要法律从中调和，从而保证真正的平衡。这就是我们常言的"利益平衡"。

前文就"生物遗传资源"、"惠益分享"以及"利益分享"等概念作了详细论述与分析，在此基础上本小节将重点讨论"机制"含义。《现代汉语词典》中将"机制"解释为四个方面：第一，机制是机器构造、工作的原理；第二，机制是自然系统中物化运行规律；第三，机制是集体构造及内部组织的关系；第四，机制是工作系统中组织与部门的关系、互动。[3] 有关机制的解释虽然有多重内容，但是都提及了部分和整体的关系。它是组织之间的权责、互动、配置等关系，同时解释中还强调了机制也富有制度的色彩。制度包含法律制度、内部规章等，随着措辞完善与补充，对于"机制"的应用也更加广泛。很多社会学科、自然学科都可看到机制的表达。它是部门与整体组织的互动关系，以实现高效运行。因此，构建机制需要明确的制度基础。

根据"生物遗传资源""惠益分享""利益""机制"的内涵界定，本书将生物遗传资源惠益分享利益平衡法律机制定义为：在生物遗传资源惠益分享中，遗传资源提供者、获取者以及管理者等主体采取

---

〔1〕 李启家：《环境法领域利益冲突的识别与衡平》，载《法学评论（双月刊）》2015 年第 6 期。

〔2〕 [美]罗斯科·庞德：《通过法律的社会控制——法律的任务》，沈宗灵、董世忠译，商务印书馆 1984 年版，第 19 ~ 34 页。

〔3〕 中国社会科学院语言研究词典编辑室编：《现代汉语词典》（第 7 版），商务印书馆 2016 年版，第 600 页。

的一系列程序性规制,以平衡生物技术研发、生物遗传资源利用所得利益的协调与分配机制。生物遗传资源惠益分享平衡法律机制是内外制度的协同结果,它以制度、规范、程序、方式及标准呈现,是一个完整的系统。长久以来,一旦出现利益,人们为保障利益分配,减少冲突矛盾,便会设定平衡机制。随着社会系统成熟,经济运行完善,这些平衡机制亦会不断被调整,从而满足利益平衡的需求。

当前,学术领域还没有统一界定何为生物遗传资源惠益分享利益平衡法律机制,现有的相关定义也存在很多不足之处。同样,法学领域也没有对其进行统一的释义,主要是因为该制度还没有完全法律化、规范化,还尚未得到国际组织的明确。作为一个合成词,生物遗传资源惠益分享利益平衡机制包含了生物遗传资源、惠益分享、利益、平衡机制多个关键词,要想准确总结其内涵、外延并非一件容易的事情。其中,需要保障法律定义、自然学科定义、哲学定义的统一性,且概念还必须体现事物本质、运行规律。因此,作为法律概念,想要明确“生物遗传资源惠益分享利益平衡机制”的定义,必须先确定其规则。概念外延部分是所有与之相关的指向对象的集合。通过参考已有研究,以及诸多合成词的解释,本书对生物遗传资源惠益分享利益平衡法律机制的定义进行了框定,其涉及四大核心构成:功能目标、受益主体、客体对象和利益分享模式。其中,功能目标反映了生物遗传资源惠益用在何处?如何使用?受益主体反映了生物遗传资源惠益分享结果向谁流向?对主体间利益关系有何影响?客体对象反映生物遗传资源惠益结果的评估如何等一系列影响平衡利益的内容。此外,利益分享模式反映了实施生物遗传资源惠益分享利益的手段、途径。生物遗传资源惠益分享利益平衡法律机制具有规则内容的独特性,调整对象的针对性,适用过程的有效性,以期保障惠益分享主体在利益平衡过程中的法律化、规范化、制度化。

二、生物遗传资源惠益分享法律机制的制度要素

(一)生物遗传资源惠益分享的功能目标

根据《生物多样性公约》给出的定义解析,惠益分享的功能目标可以从两个角度进行梳理:第一,通过生物遗传资源主权国提供相关资源,利用开发资源获得成果,主权国也应该享受其中回报,这样可以平衡提供者与利用者的利益关系;第二,基于利益驱动,获取利用者抑或提供者,都会有更多动力去保护生物遗传资源的多样性,不会盲目开发。[1] 若是按照《生物多样性公约》的规定,可确定生物遗传资源惠益分享利益平衡法律机制功能目标:平衡生物遗传资源提供者、获取者、管理者以及其他利益相关主体的利益关系,让他们自觉地保护生物资源多样性,保护生态系统安全,维护国家的利益。

该机制中最关键的目标是:保障生物遗传资源利用相关利益的合理分配,协同利益主体之间的关系,最大限度地减少利益矛盾发生。同时在该机制中还增加了很多实用性目标。《生物多样性公约》强制要求惠益分享主体承认、保护提供生物遗传资源的国家的主权权利,并且保护生物遗传资源及生态系统的多样性,满足可持续发展的目标。对于掌握生物遗传资源的国家,可以获得资源利用开发的回报,并且有义务做好资源多样性保护。[2]合作中经济实力、研发技术稍弱的一方,往往都是生物遗传资源提供国;对于技术资金优势突出的一方,往往都是利用国,公约保障了发展中国家的利益,避免了发达国家霸权主义。

除了上一个目标之外,该机制还有一个重要目标,即保障生态系统的多样化,维持生态系统的可持续发展,保障国家安全。生物遗传资源是非常规的自然资源,它具有特殊性,获取并利用生物遗传资源

---

〔1〕《生物多样性公约》第1条。

〔2〕M. W. Tvedt & Tomme Young, *Beyond Access: Exploring Implementation of the Fair and Equitable Sharing Commitment in the CBD*, 65 IUCN Environmental Policy and Law Paper 148 (2007).

能够创造极大价值;但是也需要保护好生物资源的多样性,不可过度消耗资源,以免影响后代使用,威胁国家安全。在开发利用生物遗传资源后所得利益,应回流到资源提供国,让其同样受益。该法律机制从资源平衡的角度平衡了各利益主体的关系,保障生物多样性,让生物遗传资源得以持续利用与开发,更为重要的是保障了国家安全。

(二)生物遗传资源惠益分享的主体

生物遗传资源惠益分享法律机制中主体呈现多元性。参与开发利用生物遗传资源的主体有提供者、开发者以及第三方主体。这里所谈及的第三方主体是指存在于提供国内部,并向生物遗传资源开发利用提供服务的主体。例如,生物研究所、高等院校。在哥斯达黎加专门针对生物遗传资源研究利用开设了多样性研究所,它就是典型的第三方主体。[1] 第三方享受到特殊利益,并提供相关的服务:采集分析生物遗传资源样本,运用生物技术提取样本遗传信息,汇总研究知识成果,并协助开发者进行产品研发等。根据相关规定,研究所得结果要符合提供国制定的获取与惠益分享的法律规定。

在惠益分享法律关系中还有内部法律关系、监管法律关系。其中,内部法律关系是指发生在生物遗传资源的提供国与生物遗传资源的利用国之间的,主要围绕着生物遗传资源的获取、利用确立法律关系。二者之间的法律地位都是平等的。但是实践中很容易发生这样的问题:当发达国家从发展中国家获取了生物遗传资源之后,发展中国家就失去了控制权,利用者会采取一切可行的手段剥夺更多的权利。为此在国际法规定中,会对提供生物遗传资源的一方倾斜保护,惠益分享规则要求利用者开发研究生物遗传资源必须经过提供者的同意,不得在对方不知情的情况下私自利用开发;同时还补充了"共同商定"等制度,以保障提供国的安全。

《生物多样性公约》第三次缔约方会议上,就惠益分享原则作出

---

[1] 秦天宝:《遗传资源获取与惠益分享的法律问题研究》,武汉大学出版社 2006 年版,第 407 页。

补充,既要符合《生物多样性公约》第 1 条陈述的功能目标,也要满足参与主体的需求。[1]《菲律宾实施细则》也对惠益分享作出解释:它是指委托方或采集方,与土著文化自然资源拥有方进行公平公正地分享勘探成果、资源开发成果。通过菲律宾对惠益分享的规定可看出,惠益分享的主体具有整体、广泛的特征。为此在利益分享的过程中需要关注惠益的平衡性和惠益的持续性,不要因为当代可得的惠益而影响下一代惠益。

在实践中,惠益主体多样化,其需求也是多样化的,主体之间的惠益分享能力也存在一定差距。在保障生物遗传资源持续利用和多样性的基础上,要尽可能地实现公平公正的惠益分享,但实施法律的过程中,过多关注了惠益分享主体的原则,他们地位平等并不代表主体惠益分享利益绝对平等。法律也会存在一定程度的倾斜,会向弱势主体给予更多的保护,这样才可减少主体惠益分享中的差距。比如,在生物遗传资源利用惠益分享中,发展中国家虽然是资源提供方,但是受限于技术、资金的短板,他们在与发达国家进行惠益分享时并不占优势,很多主导权仍被发达国家掌握,在这样的情况保持正义是立法必然目标。在大多数国际公约中,应当围绕发展中国家的特殊利益予以考量与顾及,比如,《生物多样性公约》确立了生物遗传资源的持有国是惠益分享主体之一,同时还制定了技术转让、科技合作、财政补贴等制度,从而维系发展中国家的惠益分享结果。[2]《粮农条约》也提出了技术转让、生物遗传资源获取的相关规定,以致力于保障公平分配,并为发展中国家提供更多有利条件。强化了合作者之间的建设能力提升,保障国家安全。[3]《海洋法公约》也规定了"区域"矿产资源开发中的惠益分享条款,提出了无歧视原则,

---

〔1〕 Executive Secretary of the Convention on Biological Diversity, *Access to Genetic Resources*, UNEP/CBD/COP/3/20, Para. 21 (1996).

〔2〕 《生物多样性公约》第 16、18、19、20 条。

〔3〕 《粮农条约》第 13.2 条。

适当倾斜了发展中国家,对其利益、需求会酌情考虑。[1]

(三)生物遗传资源惠益分享的客体对象

在利用开发生物遗传资源中,产生的惠益结果也是惠益分享机制的客体。

1. 货币性惠益

这种惠益是可通过有形货币判断的物质利益,它也是生物遗传资源利用开发后所得经济价值的突出表现。其中,《名古屋议定书》附件资料就罗列了一些货币性惠益类型,主要有三类:第一类是可以通过交付资金获得的惠益,如样本费、专利费等;第二类是特别费用,对生物资源多样性保护设立的基金账户;第三类是其他商业利益,如研究资助、合资企业以及共有知识产权等。根据《名古屋议定书》作出的规定,货币惠益具有补偿性功能,因为国家掌握了生物遗传资源,想要获取这些资源,就必须通过该主权国的同意、授权,在这一过程中彼此就会形成交换关系。而货币性惠益就是开发者向生物遗传资源主权国获取开发权支付的对价。对于货币惠益范围是多少,需要开发者与提供者协商确定。通常做法是,提供者会要求开发者先支付部分款项(up – front payment),这也是货币性惠益的构成,相当于我们常见的劳务费、设备费以及保护费等。完成了商业转化后赚取的利润,需要与提供者协商分配,这部分惠益被称为阶段性付款(milestone payment)和许可费(royalty)等,它更像是承诺惠益。[2]作为货币性惠益的代表,预先支付的费用更接近资源利用评估数据,

〔1〕《海洋法公约》第140条。

〔2〕如默克制药公司(Merck Pharmaceuticals)与哥斯达黎加国家生物多样性研究所(National Biodiversity Institute, INBio)的材料转让协议,肯尼亚自然保护中心与丹麦 Novozymes、美国 Diversa 两家生物公司的材料转让协议等。Greg K. Venbrux, *When Two Worlds Collide: Ownership of Genetic Resources under the Convention on Biological Diversity and the Agreement on Trade – Related Aspects of Intellectual Property Rights*, 6 Pittsburgh Journal of Technology Law and Policy 1 (2006); Sarah Laird & Rachel Wynberg, *Access and Benefit – Sharing in Practice: Trends in Partnerships Across Sectors*, Secretariat of the Convention on Biological Diversity, 2008, p. 54 – 64.

契合合作者的分享需求。即便开发后的生物遗传资源没有创造什么利润价值,而提供者依然可以获得稳定收入。这部分惠益就是前期开发者支付的预付费。

2. 非货币惠益

这种惠益是不通过货币形式表现出来的利益。它的类型比较多,除了开发利用生物遗传资源赢得的非商业利益、生态利益之外,还有很多无形的社会利益。可以看出这些惠益都是抽象的。为此在国际法中将非货币惠益笼统地概述为:参与生物遗传资源利用并分享成果的机会,如开发产品、教育培训、生物研究合作、数据库资料等。除了上述几种类型之外,非货币惠益还有技术转让的分类,开发者通过成熟生物技术开发研究了生物遗传资源,并由此获得收益成果;根据双方约定协商,开发生物遗传资源的一方将惠益反向流给提供生物遗传资源的一方,可以是技术转让,也可以是优惠减让等。能力建设是指管理、执行生物遗传资源惠益分享制度的能力:一方面具备保护生物遗传资源多样性的能力;另一方面具备生物遗传资源持续利用的能力。其他社会经济效益,如通过开发利用生物遗传资源,带动了本体经济发展,促进了配套公共设施的完善,带动了机构业务和谐关系,促进了地方就业及社会认同。[1]

开发、利用生物遗传资源时,非货币惠益所呈现的价值要远比货币性惠益价值更高。由于本身基于生物遗传资源开发进而获得价值就是复杂过程,它会经历漫长的周期。从采集分析生物遗传资源样本到最终研发成功商品,并将其投放到市场中去销售,在这样的漫长过程中充满着很多不确定因素,前期需要投入大量的人力、物力以及财力,有可能后期作出诸多努力,但开发的生物遗传资源商品不被市场认可,项目最终以失败告终。非货币惠益可以产生即时的社会经济效益,解决地区经济贫瘠,保护环境系统,促进公共事业的发展,这

---

〔1〕《关于获取遗传资源并公正和公平分享通过其利用所产生的惠益的波恩准则》(可简称《波恩准则》)附件二;《名古屋议定书》附件二。

都与全球公益(public goods)有关系。[1] 单就这样的角度看,生物遗传资源提供国获得非货币惠益是比较有保障的。

3. 与知识产权相关的惠益

知识产权凝结了劳动者的智慧、价值,并与生物遗传资源开发研究成果、商业产品有关系。知识产权是利用生物遗传资源的一个过程,也是转化商业产品之后的重要权利。在《名古屋议定书》中提出了开发利用生物遗传资源所获得知识产权归于提供国、利用国共同享有,并将其纳入惠益分享范围中。可以看出,该公约已经肯定了知识产权是惠益分享的方式;同时借助共享生物遗传资源知识产权,平衡提供者、利用者的关系,让他们之间可以保持平衡利益的关系。根据协议与知识产权共享人身份,他们可以获取货币惠益与非货币惠益,且在知识产权中还包含了诸多核心技术。[2] 从理论角度看,知识产权背后的惠益应该归属开发者所有,毕竟它是付出脑力劳动所得的,应该获得支付对价。这部分惠益应该归属于知识产权人。[3] 但是深入分析,发现生物遗传资源与知识产权是紧密关系的,如果没有提供国提供生物遗传资源,那么知识产权开发者也就无从入手。换言之,知识产权的惠益是建立在生物遗传资源基础上的,脱离了生物遗传资源基础,知识产权也就不会存在。为此,我们可以判断生物遗传资源开发利用中形成的知识产权理应也是可以被惠益分享的。根据惠益的表现形式,可将知识产权惠益分为货币类惠益和非货币类惠益。其中,货币类惠益包括专利许可费、专利产品营销费;非货币类惠益包括知识产权的转让和许可等。此外,与生物遗传资源有关的知识产权具有一定的特殊性和独立性,在共享知识产权的时候

---

〔1〕 John Bernhard Kleba, *Fair Biodiversity Politics with and beyond Rawls*, 9 Law, Environment and Development Journal 211(2013).

〔2〕 Jacques de Werra, *Fighting against Biopiracy: Does the Obligation to Disclose in Patent Applications Truly Help?*, 42 Vanderbilt Journal of Transnational Law 143(2009).

〔3〕 Huaiwen He, *Limitations on Patenting Inventions Based on Marine Genetic Resources of Area beyond National Jurisdiction*, 29 The International Journal of Marine and Coastal Law 521(2014).

有可能会因这些属性而受到不利影响。因此,需要在知识产权制度的框架下,打破原有知识产权人单一的利益平衡关系,将正义、秩序、效率等价值要素融入知识产权框架之下,平衡好生物遗传资源提供方、获取利用方等多元主体间的利益关系,从而为保护生物遗传资源的多样性提供积极支持。

三、生物遗传资源惠益分享法律机制的主要内容

生物遗传资源是多样性生物系统的构成。无论是在《生物多样性公约》,还是在《名古屋议定书》中,围绕生物遗传资源惠益分享制度都作出了明确规定与解释,它们基于动植物遗传资源开发了保护体系、利用体系,还形成了一套完善的管理机制。在《粮农条约》及国际粮农组织中,这一制度得以落实与执行。[1] 根据《生物多样性公约》规定,它将生物遗传资源获取、惠益分享视为利用生物遗传资源的功能目标。在该公约的第 8 条第 j 款、第 10 条第 c 款、第 15 条、第 16 条、第 18 条和第 19 条中均围绕惠益分享作出详细规定。后来《生物多样性公约》及其议定书、附属议定书也对其作出补充。要求成员方必须按照规定实施惠益分享管理,保持多样性生物遗传资源,让生物遗传资源可以持续利用。国际法要求经过内化后,为国内法提供了参考,在执行过程中也会考虑国际法规范是否适用本国开发生物遗传资源的情况。[2] 生物遗传资源惠益分享国际规则主要有:事先知情同意、共同商定条件、来源披露等。

早在 2005 年之前,我国立法部门就在研究编写《畜牧法》,并在 2005 年创新提出了资源获取与惠益分享机制,形成了一套完备的法律保护生物遗传资源多样性。发展至 2008 年,国务院印发了《畜禽遗传资源进出境和对外合作研究利用审批办法》。如今虽然形成了

---

〔1〕 John Bernhard Kleba, *Fair Biodiversity Politics with and beyond Rawls*, 9 Law, Environment and Development Journal 211(2013).

〔2〕 于文轩:《生物多样性治理的法治之维:以 2020 年联合国生物多样性大会为视角》,载《环境保护》2021 年第 21 期。

诸多资源立法,但其内容侧重资源管理、保护,关于生物遗传资源惠益分享的条款比较分散且稀少。而开发利用生物遗传资源是持续过程,技术发展也深化了开发范围,生物遗传资源在具体的惠益分享方面还有很多可优化提升的空间。国内普遍做法就是惠益主体相互协商,签订合同解决分享问题。

(一)事先知情同意规则

事先知情同意是指在生物遗传资源主权国同意允许的情况下,才可以开发利用生物遗传资源。[1] 这是获取生物遗传资源的根本条件,如果没有经过主权国允许,不得擅自获取并开发。这一条件也关系着生物遗传资源利用惠益的分享。最早提出“事先知情同意”说法是在医疗领域,医生在救治病患之前,会将所有可以预见的风险告知病人,也会为其提供详尽的说明,经过病患同意之后,才会实施救治方案。后来,国际环境法也引入了“事先知情同意”的概念,并论述了输入国家对于环境破坏情况的了解,以保障国家的环境安全。[2] 在《生物多样性公约》中对该规则作出解释:在开发、获取、利用生物遗传资源之前,必须得到生物遗传资源主权国政府的同意,并将获取权转让给开发者。而这里提到了“事先”,它是一个时间名词,要求在开展研究之前,利用者有必要将活动计划、证明资料等提供给主权国政府,让对方了解利用者的意图是什么。这样才可以征求对方的赞同,获得本土居民的认可。“知情”是指将开发利用生物遗传资源的活动规划,尽可能详细地告知生物遗传资源主权国,不能有隐瞒或虚假的信息,这样才可获得对方最大的理解。此外,还需要对获取生物遗传资源加上禁止违背公约目的的限制,要适当给予利用者一些便利。从另一角度看,它也是生物遗传资源主权国行使事先知情同意权的限制条件,从而平衡了提供国与利用国之间的

---

〔1〕 吴小敏、徐海根、朱成松:《遗传资源获取及利益分享与知识产权保护》,载《生物多样性》2002 年第 2 期。

〔2〕《控制危险废物越境及其处置巴塞尔公约》。

关系。

其中,《生物多样性公约》第15条、《波恩准则》第27条围绕"事先知情同意"都作了进一步阐释,为其设立了明确且清晰的法律地位,帮助研究者可以付出较低的代价,获得生物遗传资源利用研发的权利。若开发生物遗传资源活动是公开活动,则应根据相关法律程序、规制,征求主权国政府的许可,并根据实际情况,获得相关利益主体的允许。[1]《波恩准则》将"事先知情同意规则"的构成细分为六个部分,分别是:第一,要提前告知主管机构,让其了解情况。根据本国立法,主管部门有可能是中央政府,也有可能是地方政府或者同时有不同级别的政府。在提供生物遗传资源的国家中,主管部门协助社区共同监督管理生物遗传资源的开发。[2] 第二,明确时间节点。当利用者提出了申请文书之前,需要事先告知监管部门,并在规定时间内做出回复。[3] 第三,明确用途,它是对事先知情的一种补充,要向对方说明用途以及来意,必要情况下可以根据对方审核意见,对申请书进行修正。[4] 第四,获取事先知情同意程序。在启动程序后,利用者要将开发计划、利用计划等资料递交给生物遗传资源主权国,包括申请资料、活动规划、用途等,尽量做到细致化管理。[5] 第五,搭建与利益主体相关的协商机制。[6] 第六,公开程序。主管部门的批准应以书面文件方式反馈。[7]

还有学者提出有关事先知情同意不仅关乎生物遗传资源获取,还应该提前将惠益分享告知相关主体。从整个生物遗传资源利用过程看,获取生物遗传资源与结果惠益分享是两个环节,它们之间既有区别又有联系,前者是因,后者是果。获取并利用生物遗传资源,由

---

〔1〕《波恩准则》第27条。
〔2〕《波恩准则》第28~32条。
〔3〕《波恩准则》第33条。
〔4〕《波恩准则》第34条。
〔5〕《波恩准则》第36条。
〔6〕《波恩准则》第36条。
〔7〕《波恩准则》第38~40条。

此产生惠益结果,并将其分享给相关主体的这一过程就是惠益分享最终体现出来的。为此,事先知情同意规则同样适用于惠益分享。很多发展中国家在提供生物遗传资源的时候,也要求申请者告知惠益分享的信息,并由此作为批准条件。从这样的角度看,事先知情同意规则是保障获取生物遗传资源的根本,也是影响惠益分享的关键因素。

生物遗传资源获取和惠益分享如同一条链条上的两个端点,在《生物多样性公约》中为保障提供方与利用方的平衡利益,专门设计惠益分享机制。此外,《生物多样性公约》确立了事先知情同意规则,由此保护提供生物遗传资源一方的权益。同时,还规定了生物遗传资源获取、利用之前需要履行的责任、义务。经过事先知情同意制度让提供者享受资源开发利用的所有权、管理权。申请程序启动是为了获得提供国的同意允许,这也是对其尊重的体现。提供生物遗传资源的国家根据掌握的信息,充分掌握了知情信息,由此作出惠益分享的部署,并保障提供者、利用者的平衡关系。[1]

(二)共同商定条件规则

共同商定条件表示提供生物遗传资源的国家与利用开发生物遗传资源的国家共同商定、谈判,并根据法定最低标准进行协商处理,达成获取资源、惠益分享的共识。[2] 实际上,惠益分享生物遗传资源开发结果时,共同商定条件也是主体必须履行的责任。参考《生物多样性公约》第 15 条第 4 款内容,“取得经批准后,应按照共同商定的条件并遵照本条的规定进行”。第 7 款内容提及各缔约方应按照第 16 条和第 19 条,并于必要时利用第 20 条和第 21 条设立的财务机制,酌情采取立法、行政或政策性措施,以期与提供遗传资源的缔约方公平分享研究和开发此种资源的成果以及商业和其他方面利

〔1〕 秦天宝:《遗传资源获取与惠益分享的法律问题研究》,武汉大学出版社 2006 年版,第 135 页。

〔2〕 秦天宝:《遗传资源获取与惠益分享的法律问题研究》,武汉大学出版社 2006 年版,第 401 页。

用该资源所获的利益。对于具体的惠益分配份额是彼此协商确定的，法律并没有作出硬性规定。但是通过其规定内容我们可以解读：提供生物遗传资源的国家有义务且责任，为利用者提供便利条件，本着协商、互利的原则，让其在本国获取生物遗传资源，并开发生物遗传资源。所有的商定活动都建立在法律规范的基础上。与此同时，利用生物遗传资源的一方，也有义务且有责任履行提供国制定的法律规定、政策，从而保障提供国的资源安全。根据共同商定的内容，对生物遗传资源合理开发与利用还需要关注一点，即共同商定不是无限制的，它是有约束条件的。例如，第一，必须遵循《生物多样性公约》设计的原则框架，不可逾越公约的规定。如公约中提出的便利获取、公平分享等原则，不能违反这些原则。[1] 第二，在共同商定条件时，如遇到实质性问题，需要分析该问题是否合理、公平，确保了制度科学性才可实施。

前文提到的事先知情同意、共同商定条件都与提供生物遗传资源国家、利用生物遗传资源国家有直接关系，且还会影响二者的协商合作。两个原则有交叉重叠的部分，但又具有本质差异。从生物遗传资源开发步骤看，事先知情同意原则是发生在共同商定条件前面，其直接影响利用者能否顺利获得生物遗传资源，并进行开发活动。当提供生物遗传资源的国家同意了，才能再进行下一步的共同商定活动。为此可看出，利用者、提供者经过协商，确定开发条件，共同商定条件是后续形成的。可得知，事先知情同意是程序性的活动，共同商定条件是确定主体权利义务的活动，它们都关系着提供者与利用者的利益，也是分享惠益结果的条件，保障了公平交易、公平分配。

共同商定条件制度遵循的原则主要包括《波恩准则》总结的四个原则：第一，确定共同商定条件的法律框架，形成确定且清晰的体系。第二，减少成本及代价，制定协议框架需要保持扁平，减少重复

---

〔1〕 秦天宝：《遗传资源获取与惠益分享的法律问题研究》，武汉大学出版社 2006 年版，第 402～403 页。

步骤。第三,明确示范协定,因生物遗传资源类型不同、用途、功能也不同,为此需要具体情况具体分析。第四,选择高效方式,合理安排协商活动,尽快促成共同商定条件。[1]

在《波恩准则》中列举了共同商定条件的内容,主要包含以下几点:(1)明确生物遗传资源数量、类型、活动区域以及生态状态;(2)生物遗传材料用途以及限制;(3)认同生物遗传资源提供国的主权;(4)协定文件中明确各方能力建设;(5)条款表明在某些特殊情况下,可以对协定条件进行调整、修改;(6)明确生物遗传资源技术是否转让给第三方主体,并且要明确转让条件,例如,无明确保障的情况下,第三方主体已经签订协议,对此是否可转让生物遗传资源技术,与商业活动没有关系的生物遗传资源不在该限制条件内;(7)尊重维护生物遗传资源所在地的传统知识、经验做法以及习俗等;(8)妥善处理机密资料;(9)生物遗传资源以及衍生物的商业成果惠益分享。[2] 一般情况下,都是通过书面合同确定共同商定条件,明确惠益分享结果,确定主体的权利义务。常见的协定分类主要有介绍性条款、实用性条款、法律性条款三种。[3]

共同商定条件内容是协定主体确定下来的。从公法角度分析,共同商定制度的首要条件是法律框架、法律原则以及法定条件。由于各国国情不同,法律规定也不同,对共同商定条件的最低标准也不统一。共同商定条件作为公约的创新体现,它与事先知情同意规则共同保障了公平公正的惠益分享结果。

(三)来源披露规则

生物遗传资源来源披露规则是指在申请生物遗传资源专利过程中,披露生物遗传资源来源。若来源披露不当或者披露错误,监管部门可驳回生物遗传资源专利申请,宣布专利无效。申请者还需承担

---

〔1〕《波恩准则》第42条。

〔2〕《波恩准则》第44条。

〔3〕[美]沃尔特·A.里德等:《生物多样性的开发利用——将遗传资源用于可持续发展》,柯金良等译,中国环境科学出版社1995年版,第97~129、256~287页。

民事、行政以及司法制裁等责任。[1] 生物遗传资源来源披露是对事先知情同意的延伸、保障。从本质看，披露生物遗传资源的来源也是对资源的保护，一方面维护了提供生物遗传资源国家的合法权益，另一方面也推进了生物遗传资源的多样性、可持续性利用。

最早提出来源披露主张的是发展中国家，因为在生物遗传资源开发合作中，他们往往因信息不对称，无法掌握更多的主动权。根据知识产权制度及相关规定，发达国家会故意隐瞒知识技术，影响了最终的惠益分享结果。还有一些发达国家会故意侵犯发展中国家的利益，因此通过来源披露，可以及早预见生物遗传资源利用开发的风险，保障合理公正的惠益分享。通过实施来源披露可实现：第一，缓解了发达国家的信息"生物剽窃"行为，保障生物遗传资源合理利用；第二，有效监测了生物遗传资源后续惠益分享，保障了国家权益安全，也给利用者提前注入"遵循提供国法律政策"的思想，让其行为更加规范。[2] 具体披露生物遗传资源来源的模式主要有三类：第一类是强制披露模式，在作出专利申请的时候，需要将生物遗传资源依赖信息予以披露，如果申请者拒不披露，提供国政府完全可以驳回其申请，或者宣告其研发专利无效。在印度、哥斯达黎加、安第斯共同体中就采取了强制披露的模式。[3] 第二类是自愿披露来源，申请过程中，监管局鼓励申请者本着自愿原则进行信息披露，即便一些关键信息没有披露，其申请也不会被驳回，专利也不会失效。欧盟组织成员多数采取该模式。第三类是分离披露或单独披露。申请者需要履行强制披露，对于不遵循规定的申请者，不会随意被驳回申请或专

---

〔1〕 邓富国、曹俊、李珍萍：《我国基因资源地源披示制度的构建与完善——以各国立法规则模式为切入点》，载《政治与法律》2009年第2期。

〔2〕 张小勇：《遗传资源的获取和惠益分享与知识产权》，知识产权出版社2007年版，第314～315页。

〔3〕 牟萍：《论专利申请中生物遗传资源来源的披露》，载国家知识产权条法司编：《专利法研究2005》，知识产权出版社2006年版。

利失效;但是违反者需要承担罚款、刑事处罚。[1]

有关生物遗传资源信息披露多少?范围如何界定?对此学者给出不同结论。比较普遍认同的是,披露生物遗传资源的来源是在信息披露范围内,对此并没有争议。然而,对于进一步分析什么是生物遗传资源的来源,《生物多样性公约》并没有作出解释。一般生物遗传资源是主权国所富有的资源,也有部分非原产国提供某一生物遗传资源。如其他国家的基因库、研究所掌握了生物遗传资源,会将该资源提供给利用者。如果非要确定生物遗传资源产地并不容易,可操作性不大。主要原因如下:第一,生物遗传资源可能分布在多个国家,且它的分布不均匀。第二,培育某一物种,其特征与某一生物遗传资源相同,而两种物种所在国家不同,无法判断其唯一产地。于是,《生物多样性公约》采取了"提供遗传资源国家"这样的措辞描述原产国,并没有作出细致的界定。[2] 同时,提供生物遗传资源的来源与原产国提供的生物遗传资源也会存在差异。目前披露生物遗传资源信息来源的方式有五类:其一,直接按照规定与要求披露生物遗传资源来源地;其二,同步披露来源地与原产国;其三,必须标注生物遗传资源原产国,如果无法确定,可标注出来源地;其四,在直接来源地的基础上,根据资源特定特征预测原产国;其五,提供生物遗传资源的来源信息,明确原产国的则公开其信息,不明确原产国的,则作说明。[3]

还有一些提供国表示,除了提交生物遗传资源来源信息外,还应该补充关于事先知情同意、公平惠益分享的资料。他们给出的解释是:因为事先知情同意原则和惠益分享原则也是保护生物遗传资源

---

[1] 牟萍:《论专利申请中生物遗传资源来源的披露》,载国家知识产权条法司编:《专利法研究 2005》,知识产权出版社 2006 年版。

[2] 张小勇:《遗传资源的获取和惠益分享与知识产权》,知识产权出版社 2007 年版,第 317 页。

[3] 张清奎、孙广秀等:《遗传资源及其来源披露制度研究》,载国家知识产权条法司编:《专利法研究 2007》,知识产权出版社 2008 年版。

的措施，为此有必要在申请过程中，提交上述材料，以表示对提供国的尊重，且这也不会给申请人带来额外负担。还有一些国家不赞同上述主张。他们给出的理由是：国际上确立事先知情同意和惠益分享两个原则，并不一定非得体现在申请环节。提交信息披露是为专利申请提供事前监管，进而方便监管者作出科学判断与决策。然而，前两个原则是为保护获取生物遗传资源的利益，保障利益结果分配，与申请专利并无直接关系，为此在申请中增加上述两类资料显得有些画蛇添足。这一做法不仅增加了申请者成本，[1]还会增加审批部门的审批压力，浪费很多精力与人力。加上附加资料冗余，反而会占用主管机关审查专利的时间。

生物遗传资源来源披露适用条件也被称为“披露要求的启动”，[2]它是指生物遗传资源与所申请专利的关联程度，并由此履行信息披露的义务。在2005年，世界知识产权组织公开了关于披露要求的审查报告，其中围绕信息披露的情形作出几点总结：第一，当主体获得了生物遗传资源，并对其实施开发利用，形成发明结果，对此是认同且尊重的。获得生物遗传资源并实施发明技术，形成优选示例；在专利申请时，还需要与其他示例对比，对此内容也需要补充。第二，在发明生产中应用生物遗传资源，完成发明项目，确保其完整性。第三，利用生物遗传资源促进发明研究过程，发明灵感获取可以是偶然获得，推进发明项目的进度，根据发明提出专利申请，并在此过程中形成义务。第四，获取生物遗传资源，并在条件允许的情况下确定权利归属，明确要求及专利权归属等。[3] 上述报告内容揭示了生物遗传资源与专利的关系，二者存在必然联系，也具备偶然联系，

---

〔1〕 王兵、崔国斌、梅元红：《生物遗传资源来源的信息披露》，载国家知识产权条法司编：《〈专利法〉及〈专利法实施细则〉第三次修改专题研究报告》（中卷），知识产权出版社2006年版。

〔2〕 张小勇：《遗传资源的获取和惠益分享与知识产权》，知识产权出版社2007年版，第324页。

〔3〕 UNEP/CBD/COP/7/INF/17.

可以是直接关系，也可以是间接关系，需要根据具体情况作说明与补充。

四、生物遗传资源惠益分享法律机制中的利益失衡

生物遗传资源惠益分享法律机制还没有统一界定，是因其内部不确定因素较多，加上客体范围复杂，不断向外延伸，国际社会矛盾激发，引发了主体之间的利益争夺。在生物遗传资源惠益分享法律机制常见的非对抗性矛盾现状主要源自：第一，提供生物遗传资源的国家与接受生物遗传资源的国家是一对矛盾体；第二，提供生物遗传资源的国家与跨国生物技术研发公司是一对矛盾体；第三，提供生物遗传资源的国家与其他所有国是一对矛盾体。他们面对利益分配会有不同的诉求，处理协调方法不同，则会形成不同的分配结果。一方面要保障利益追求，另一方面还要保障公共利益平衡。

（一）生物遗传资源提供国与获取利用国之间的利益失衡

因经济、人文、地理等环境的影响，各个国家利用开发生物遗传资源的程度也不同。部分国家具有资金优势和技术优势，通过开发生物遗传资源可以转化为获利大的商品；[1]还有部分国家经济发展不足，没有更多的财政实力支撑生物遗传资源开发。这样就形成了巨大反差。往往发达国家的开发实力要优于发展中国家，但发展中国家掌握的生物遗传资源却优于发达国家。为此受到先天条件与后天条件的影响，发达国家往往是生物遗传资源输入者；发展中国家是生物遗传资源输出者。根据统计数据，全球大约 90% 的生物遗传资源分布在非洲、亚洲以及南美洲三大板块中，发达国家凭借生物技术优势，存储控制了全球 86% 的微生物、85% 的畜禽以及 68% 的种质材料。[2] 以国际多边种质资源交换机制为案例分析，国际农业研究

〔1〕 刘思竹：《论国家管辖范围外海洋遗传资源的惠益分享制度》，载《政法论丛》2020 年第 5 期。

〔2〕 Soussan. J, *Primary Resources and Energy in the Third World*, Routledge, 2004, p. 140.

中心建设很多资源数据库，虽然该研究中心常常美其名曰各国利益平等，收集国家生物遗传资源是为造福人类社会；但是现在却被发达国家掌握了很多信息权，他们利用技术、知识优势掌握了生物遗传资源信号，并为国家生物事业注入活力。这样看来国际组织建设的资源库也是满足发达国家获取生物遗传资源、利用生物遗传资源的工具而已。[1] 所以说，发达国家与发展中国家掌握的生物遗传资源信息是不对称的。

首先，发达国家对生物遗传资源利用需求较大，其凭借技术、人才以及经济优势，可以充分利用与开发资源，但其所在区域并无集中分布的生物遗传资源，这样就需要深入发展中国家，获取生物遗传资源去研发。而发展中国家限于落后条件，虽然拥有天然生物遗传资源库，但是没有办法将其开发到位，这些资源只能拱手让给发达国家，并与之分享利益成果。例如，中国农科品种资源研究所统计数据，短短 20 年的发展，官方渠道上生物遗传资源交换数据逐年提升，我国向国际机构输出生物遗传资源样本数目达每月 2.8 万个，样本质量稳定，输出的材料都是按照国际研究机构要求与标准采集、存储的，还有很多是地方优良品种。[2] 其次，很多发达国家获取了生物遗传资源后，开发利用形成专利技术，通过转化商品又获得巨额的价值，但提供国并无机会分享这一成果。试想，如果生物遗传资源提供国为利用国提供了资源，最终还要付出代价、无任何回报，这样的交换未免显得过于不公。

为此，这一交换机制也引发了发达国家与发展中国家的矛盾。发达国家贪心掠夺生物遗传资源，不顾发展中国家的资源多样性、持续性保护，引发了发展中国家的生态危机。如何权衡利益，合理开发生物遗传资源，造福人类社会，这也是国际法需要关注的内容。为权

---

〔1〕 钭晓东、黄秀蓉：《当“现代的利益博弈”转向“传统的遗传资源领域”：遗传资源知识产权惠益分配失衡的深层根源及其矫正原理研究》，载《法治研究》2015 年第 2 期。

〔2〕 薛达元：《中国生物遗传资源现状与保护》，中国环境科学出版社 2005 年版，第 16 页。

衡生物遗传资源提供者与利用者的利益关系，国际条约已经制定了规范要求，并且倾斜于发展中国家；但即便如此，很多政策都是宏观、抽象的规定，并无强制性效能，对发达国家的行为并无震慑力。且国际条约的内容可操作性不足，很多提供生物遗传资源的发展中国家依然处于弱势方。为提高提供国议价能力，强化国际规则的约束力，需要创新设计最优的惠益分享模式，从而保障国家权益，稳定人类社会的和谐。

（二）生物遗传资源提供者与获取利用者之间的利益失衡

学术领域及实务领域对生物遗传资源价值研究还处于发展阶段，尚无显著研究定论。很多提供生物遗传资源的一方也无法知晓生物遗传资源未来的升值空间，他们的常规做法就是通过申请、为利用者提供生物遗传资源样本、利用者分析研究、申请专利或转让技术，由此获得利润。但是利润多数被研究者掌握，提供生物遗传资源的一方获得利益非常微薄，由此引发利益冲突。并且，很多提供者并不完全了解研究目的、研究方案以及研究项目对提供者的利弊影响。一旦技术不成熟，研发过程会给原产国带来生态风险，但获得的研究结果会被研究者保留下来，提供者掌握的信息并不全面。这些现状都说明了生物遗传资源提供者并不占上风。研发者因利用生物遗传资源，获得商业产品，投放市场，从而盈利。这些成果都是被其一方独占，对提供者是不公的。

例如，农作物种质资源的开发研究、农户经过代代种植，传承沉淀了生物遗传资源传统知识。在自然环境中，农户育种、种植、优化，让资源保存下来。农户之间也会存在交换种子的情况，他们是为了技术交流与合作，促进农业生物遗传资源的优化发展，让资源基因链更加完整。[1] 经过几十年的发展，形成交换机制。研发机构研究发现种子基因可以改良，获取其基因信息；农户将种子提供给研发机

---

〔1〕 乔宜梦：《粮农植物遗传资源视阈下的农民权客体论》，载《宁波大学学报（人文科学版）》2020 年第 4 期。

构,经过研发改良后,又输送给农户,他们测试种子质量;生产经营者也会在生产中使用新研发的种子,以提高产量。[1] 在这样的过程中可以看出:投入要素是种子,它就是生物遗传资源。商业育种获得盈利是在改善种子之后,它成为了商品。为了获得更高收益,研发机构会继续培育种子,在这样的往复循环之下,最初提供种子的农户几乎被遗忘,他们享受不到任何的惠益成果。[2] 通过这样的案例,我们不难看出,提供生物遗传资源原产国,在分配惠益成果的时候,也是容易被忽略的,这样的分配机制存在失衡。

(三)生物遗传资源提供者与所在国之间的利益失衡

一些特殊生物遗传资源是国家中特定群体掌握的。这部分特殊资源一旦显示出开发价值,就会演化成为国家资源,并对提供生物遗传资源的群体给予相应的回报。为此提供者与利用者的矛盾还体现在国家主权与个体人身权益及财产权益的冲突。

国家拥有生物遗传资源的主权权力,与其他国家分配惠益时,国家会产生一定影响力。而国家内部的矛盾如何化解,例如,具备生物遗传资源的组织或集体,与国家主权之间也会存在权利义务关系,如果直接按照国家主权原则去处理,很显然并不适合。为此有论者提出,处理国家内部关系需要解决谁是提供者、谁具备主体资格的问题。而决定这些要素的又是国内立法。为此,有学者建议通过立法手段确定提供者、惠益主体的身份,并结合国际规则去处理内部关系。本书认为虽然《生物多样性公约》提及,国家领域内的自然资源属于国家所有,但是对于生物遗传资源开发惠益分享,亦可以适当考虑国家或者地方政府作为参与惠益分享的主体。

(四)生物遗传资源获取利用者利益与公共利益之间的失衡

生物遗传资源获取利用者的利益与社会公共利益存在矛盾。利

---

〔1〕 李玲玲、李长健:《农业知识产权制度中利益冲突的识别与衡平》,载《科技管理研究》2021年第4期。

〔2〕 张海燕:《遗传资源知识产权保护法律问题研究》,法律出版社2012年版,第12页。

用者通过知识研究及资源开发,获得知识产权专利,他们会对这些无形资产进行垄断、内聚。一些知识信息会被保留,不会完全公之于众,这样就会导致个人与社会公众的利益失衡。在知识经济爆发的时代背景下,一方面,对新知识需求较高,希望得到更多高效率传播,深入挖潜与利用,并促进周期性发展;另一方面,知识产权保护制度又激励知识输出者,让知识转为私有,它成为社会公共利益与权利主体利益的调节工具。最初设立知识产权制度,是因为人类知识创造无序分散,知识创造积极性不高。而在知识经济为王的背景下,政府应该考虑的是如何平衡生物遗传资源利用者知识权益与社会公众权益。[1] 知识产权制度倾斜于权利个人,长期惯性思维的影响,让其贯穿于制度框架。近年来,我国确立更新的知识产权制度也强化了对个体权益的保护,这一强调也会加深对生物遗传资源知识产权的保护,会让个体有更多的借口拒绝披露生物遗传资源信息,从而违背公平公正原则,甚至不法者还会损害公共利益,影响新知识输出与应用。这与社会公众利益最大化原则是背道而驰的。基于生物遗传资源惠益分享利益平衡机制内涵,本书认为既要保护社会公众利益,又要保护个体合法权益,同时亦要维持好社会发展权利,由此形成了生物遗传资源提供者和利用者对知识产权争夺的矛盾。

---

〔1〕 [美]哈罗德·J.伯尔曼:《法律与革命》,高鸿钧、张志铭等译,中国大百科全书出版社1996年版,第17页。

第三章 生物遗传资源惠益分享利益平衡法律机制的理论基础

第一节 生物遗传资源惠益分享利益平衡的价值基础

不论是基于立法或法解释角度，利益平衡和价值判断一直都是最为基础和最重要的工作。法律制度的利益调节受到法律价值的影响，即便是某一法律制度，因时间不同、法律价值定位不同，亦会导致该法律制度具有不同的利益调整功能。其中，“规则被视为实现目标的工具。换言之，通过综合考量各方利益、价值，找到最适合的方法实现法律制度的利益调整”。[1] 实际上这就是“价值的优先性”(value - based priority)。当法律或制度牵扯到众多主体，且主体价值不统一时，法律制度势必需要平衡各方利益主体，发挥价值调整的功能，以达到最佳利益配置。在利益动态平衡理论中，强调的价值并非绝对价值，而是相对价值。利益与正义、秩序以及效率价值是紧密联系在一起的，且自由、平等、安全和公共利益都不应当被假设为绝对价值，因为这些价值要素向来不是独立存在的，彼此之间具有某种逻辑关系。所有上述价值是相互依托、相互渗入、相互影响的，从而

---

〔1〕 [意]乔瓦尼·萨尔托尔：《法律推理——法律的认知路径》，汪习根等译，武汉大学出版社2011年版，第233页。

形成了成熟法律制度体系,我们必须将这些价值要素放在合适位置。[1] 生物遗传资源惠益分享法律机制所涉及的利益平衡问题的相关研究,最终也需要通过正义、秩序、效率等价值调整机制加以体现。

一、生物遗传资源惠益分享利益平衡法律机制的正义价值

在生物遗传资源惠益分享利益平衡语境下,正义价值是指生物遗传资源惠益分享法律主体在生物遗传资源及相关传统知识开发利用过程中的自由权利以及所应享有的平等地位、平等机会和平等待遇的追求、确认和保障,遵循自由权利优先原则优先于机会平等原则的序位,从而实现公平公正进行生物遗传资源惠益分享的本源之心。

(一)生物遗传资源惠益分享利益平衡法律机制正义价值的概述

生物遗传资源惠益分享利益平衡是一个系统性过程,它受制于道德价值的影响,从而评估、衡量自然权利的法定转化。谈及道德价值,其核心就是正义。实践中资源匮乏不足的地方,基于道德价值能够在一定程度上表现出必要的公共德性。正如国外学者温茨所谈及的,"正义出现是因某些供给无法满足需求的情况下产生的"。[2] 正义的话题一直以来都备受关注,它为分配稀缺资源提供了引导;当然还有研究提及生物遗传资源惠益分享结果配置时,也可坚持公平合理的原则。基于此两项标准,提出了"《生物多样性公约》中公平的惠益分享是践行正义的做法"[3]。更有文献提出:生物遗传资源的惠益分享依据不能按照实证科学标准去设定,反而应该多多考量社

---

〔1〕 [美]E. 博登海默:《法理学:法律哲学与法律方法》,邓正来译,中国政法大学出版社2004年版,第219页。

〔2〕 [美]彼得 · S. 温茨:《环境正义论》,朱丹琼、宋玉波译,上海人民出版社2007年版,第8页。

〔3〕 秦天宝:《遗传资源获取与惠益分享的法律问题研究》,武汉大学出版社2006年版,第252页。

会正义,坚持以正义标准作为划分、配置生物遗传资源获取与惠益分享的依据。[1] 然而,我们又不得不承认正义如同普罗透斯的脸,常常变幻无常,且还以不同形态、不同相貌出现,让我们无法揭开这张脸背后的真实,甚至让我们深陷迷惑。[2] 从古到今,各领域的学者们对“正义内涵”莫衷一是。基于一般意义看,正义是群体秩序规则,是社会制度与基本目标的结合。[3] 虽然对正义尚无统一界定,研究学者们普遍认同“正义是法律逻辑的前提条件,因公平、正义才保障了法律意义”,它是为满足法律需求而产生的,正义需求与利益主体的主观需求统一。在正义论和法治论的研究中,柏拉图给出解释:“真正的法律是基于全国利益作为出发点设计的,那些保障小部分人利益而设计的法律并不算是法律,而主张这些非真正法律的国家也非真正的国家。因为在国家中公平、正义荡然无存。”[4]除了柏拉图之外,亚里士多德、卢梭、洛克以及罗尔斯等对分配与正义的关系作了深入研究,认为“正义是人人惠益的东西”。从传统意义看,分配正义是指根据正义美德分配荣誉、政治职务等,它与财产分配并无关联;但从现代意义看,正义原则常被用以评价社会制度,它是社会制度首要德性的评价依据。分配正义不仅是指政治权力正义,还涉及经济权力的正义,国家对社会底层群众的福利并非慈善,它是保障财产得到公平、公正分配的做法,让每一个阶层群众都可得到正义分配的结果。

美国学者约翰·罗尔斯提出的正义学说为现代社会正义问题的

---

〔1〕 François Blais, *The Fair and Equitable Sharing of Benefits from the Exploitation of Genetic Resources: A Difficult Transition from Principles to Reality*, in Philippe G. Le Prestre ed., Governing Global Biodiversity: The Evolution and Implementation of the Convention on the Biological Diversity, Aldershot, Ashgate, 2002, p. 154.

〔2〕 [美]E. 博登海默:《法理学:法律哲学与法律方法》,邓正来译,中国政法大学出版社2004年版,第252页。

〔3〕 [美]E. 博登海默:《法理学:法律哲学与法律方法》,邓正来译,中国政法大学出版社2004年版,第261页。

〔4〕 何勤华:《西方法学史》,中国政法大学出版社1996年版,第17页。

研究奠定了基础。与传统契约论相比,罗尔斯使用了“公平的正义”的说法,代替了具有功利色彩的正义理论,并总结了社会基本结构(the basic structure)是正义最为重要的主题之一,具体解释即社会制度分配了基本的权利及义务,并影响了社会利益的分配,而正义存在的目的就是尽可能地减少历史、自然的偶然因素对人民生活的影响[1]。罗尔斯提出“无知之幕”的理论并进行了辩证分析,通过假设人们处于平等的初始状态之中,人们是对利益不在乎的理性者,且对于其他人的身份、地位以及能力等都不知晓,在这样的情境下,人们排除功利主义选择所一致同意的对象即为正义。至此,正义就成为了社会的首要德性,从逻辑上看,正义与公平是统一的。为此,通过社会制度调节可实现正义,并基于全社会的角度解决因偶然因素导致的不公平与不公正。[2]

综上分析可见,罗尔斯的公平正义理论内涵主要有两个部分:第一,揭示了程序正义与机会的公平平等;第二,阐述了分配结果的公平与正义。一方面,其倡导公平正义的分配;另一方面,其也允许合理的差异。对于原始状态的人们而言,可以选择的正义原则主要包括:优先确定保障公民平等自由的基本原则,既保证机会平等也体现差别原则。从根本上看,罗尔斯正义原则突出了政治自由、机会平等,在以此保障公民政治权利的同时,也会接纳利益分配差异的存在。换言之,对于市场配置中存在的不公结果表示认同,但这小部分差异必须保障最少受惠者的利益最大化。[3] 通过参考罗尔斯的观点,本书对生物遗传资源惠益分享利益平衡法律机制所蕴含的正义价值的论证将从自由和平等两个侧面展开。

---

[1] [美]约翰·罗尔斯:《正义论》(修订版),何怀宏、何包钢、廖申白译,中国社会科学出版社2009年版,第6页。

[2] [美]约翰·罗尔斯:《正义论》(修订版),何怀宏、何包钢、廖申白译,中国社会科学出版社2009年版,第12~15页。

[3] [美]约翰·罗尔斯:《正义论》(修订版),何怀宏、何包钢、廖申白译,中国社会科学出版社2009年版,第47页。

（二）生物遗传资源惠益分享利益平衡法律机制正义价值的内容

1. 生物遗传资源惠益分享利益平衡的自由侧面

法律规则包含了主体权利、主体义务，是实现法的自由价值的重要方式。[1] 根据生物遗传资源提供者和获取利用者主体地位的不同，自由可分为如下两方面的内容。一方面，对于生物遗传资源的提供者而言，主要包括保存和保护生物遗传资源的个人、特定机构、地方社区或少数民族地区以及国家。该类主体自由权利的内容主要包括：控制生物遗传资源的利用目的、期限、方式的自由；限制未经过生物遗传资源提供者的允许，其他组织或个人不得滥用的自由；维护生物遗传资源多样性及持续性发展并从中受益的自由；占有并享有生物遗传资源的研发成果、商业转化、知识产权的自由。“义务与权利是一一对应的，有多大权利就要承担多大的义务”[2]。生物遗传资源的提供方在享受权利的同时亦应承担相应的义务。此处的义务既包括作为一般性法律主体所应承担的义务，也包括作为具体的法律主体应承担的义务。其中，一般性法律主体义务主要指保护及保存生物遗传资源的义务、保护生态环境的义务、保护生物多样性的义务等；具体的法律主体义务主要是指应当遵守特定法律规定、特定约定的义务。例如，明确可提供的标的物和提供方式的义务、允许获取事先约定的生物遗传资源样本的义务、获取信息报告并保密的义务。另一方面，对于获取、利用生物遗传资源的主体而言，其掌握了技术优势、资金优势，也是开发生物遗传资源的主要力量，并将生物遗传资源经过层层开发最终转化为商品投入市场。

生物遗传资源法制最早规制约束的对象主要是开发利用生物遗传资源的主体，他们基于新技术、新工艺以及其他优势条件，开发利

[1] 于文轩：《面向低碳经济的能源法制研究》，中国社会科学出版社 2018 年版，第 19 页。

[2] 中共中央马克思恩格斯列宁斯大林著作编译局编：《马克思恩格斯选集》（第 2 卷），人民出版社 1995 年版，第 137 页。

用生物遗传资源，并将其转化为商业产品。由于开发利用的项目具有特殊性，需对其进行最大化保障。通过设立一系列规范程序，保障开发利用者对生物遗传资源的合理开发应用以及相关的研发权、经营权以及收益权。生物遗传资源开发利用者的自由权利，主要表现为：法律主体掌握了生物遗传资源信息，并根据研发设计方案，对生物遗传资源进行科学研究的权利；根据合同约定将相关权利转让给第三方的权利；根据约定基于研发生物遗传资源获取的知识产权、研究成果均可转让给第三方的权利；根据约定条件获取生物遗传资源研发成果后进行商业化活动，并享有产品的经营权、收益权等权利。利用生物遗传资源一方承担的义务主要有取得授权义务、报告义务、支付义务等。其中，生物遗传资源取得授权义务是指获取者根据获取生物遗传资源的程序，与提供者约定，并按照约定获取资源、转让研究成果、对研究进行商业化处理、申请转让知识产权等，这些都必须经过提供者同意、授权，不得擅自行动；报告义务是指根据生物遗传资源利用开发约定，将开发研究进程、取得成果、收益以及市场预期等告知相关利益主体；支付义务是指利用者将生物遗传资源惠益分享给相关利益主体，支付相关的货币惠益或非货币惠益。

2. 生物遗传资源惠益分享利益平衡的平等侧面

马克思主义法学研究系统地、宏观地总结了平等的相关内容。针对法律上的平等可从资格、机会以及待遇三个方面进行解释。[1]那么对于生物遗传资源惠益分享利益平衡法律机制的平等侧面也可从三个方面进行解释：第一，地位平等。无论是利用生物遗传资源的主体，还是提供生物遗传资源的主体，同等条件下他们享受权利、义务都是对等的。按照地位平等观点看，地位平等原则同样适用于约束提供者与利用者的行为，从而实现公平性、正义性以及统一性管

[1] 刘金国、舒国滢主编：《法理学教科书》，中国政法大学出版社1999年版，第302页。

理。[1] 法律地位是否平等关系生物遗传资源普惠分享利益主体的自由权利、义务。第二,机会平等。它是指在地位平等、具备资质条件的情况下,提供者、利用者通过条件、方式等享受生物遗传资源惠益分享。比如,提供者可以控制生物遗传资源使用、输出,并确定保护、保存多样性生物遗传资源,当开发过程损害其他主体权益应给予一定补偿;利用者给予合理条件、方式以及渠道获取生物遗传资源,开发利用资源,从中获得收益。对提供者或利用者而言,他们的权利实现条件、实施方式都是平等的,不可向某一方倾斜,从根本看,机会平等强调了生物遗传资源利用者、提供者的平等自由、平等权利。第三,待遇平等。待遇平等规则是对特权、歧视的一种赤裸裸反对。在利用开发生物遗传资源的过程中,基于相同条件与情景,平等对待提供者、利用者以及管理者,保障他们合理的惠益分享。比如,开发研究生物遗传资源活动主要依赖利用者,他们具有生物技术与资金优势;而提供者在开发研究方面并不占优势,存在信息不对称的情况,很容易被区别对待。为此,待遇平等可以保障提供者的惠益结果,当然这种平等并不是绝对平等、也非待遇平均。通过建设完善的法律机制,保障利益主体的地位平等、机会平等、待遇平等,让其可以按照法律约束履行该履行的责任,执行该执行的义务,承担该承担的责任。

(三)生物遗传资源惠益分享利益平衡法律机制正义价值的整合分析

根据生物遗传资源惠益分享利益平衡法律机制的正义框架,如何让自由平等对立统一,是法律机制需要解决的重要问题。参考罗尔斯正义理论,生物遗传资源惠益分享利益平衡法律机制正义价值主要体现在三个方面。

---

〔1〕 [美]约翰·罗尔斯:《正义论》(修订版),何怀宏、何包钢、廖申白译,中国社会科学出版社2009年版,第58页。

1. 生物遗传资源惠益分享利益平衡中的自由权利优先

从生物遗传资源惠益分享利益平衡法律机制的正义价值框架看，其保障了提供生物遗传资源一方、利用生物遗传资源一方的自由权利。而根据罗尔斯提出的正义理论内容，应该坚持平等自由。比如，提供生物遗传资源的主体可以获得完整有效的权益保护，有利于保障生物遗传资源多样性、生态系统的可持续性。保障法律正义就是尽量保护、保存生物遗传资源的使用权，监督开发利用生物遗传资源的权利；获取补偿或赔偿的权利；对生物遗传资源利用者而言，他们所关心的正义是指开发、经营生物遗传资源获得收益，并根据相关义务、分配约定将惠益分享给利益主体。提供者、利用者享受上述自由权利的同时，还应承担相应的义务。

2. 生物遗传资源惠益分享利益平衡中的机会平等

根据罗尔斯正义理论的要求，基于法律主体平等地位、资格，生物遗传资源惠益分享利益平衡机制应为提供生物遗传资源的主体、利用开发生物遗传资源的主体提供适当且足够充分的条件、途径和方式，让其平等享受主体该有的生物遗传资源惠益权利。这种权利是否保障、是否落实，体现了生物遗传资源惠益分享利益平衡机制的正义性。质言之，通过制度优化设计，可以保障相关利益主体的自由权利，保障提供者、利用者的平等地位，同时也能减少信息不对称带来的风险。在此基础上，提供者和利用者通过自行协商、自主安排，即便最终结果并非绝对平等，在正义价值框架下也是可接受、可允许的。

3. 生物遗传资源惠益分享利益平衡中的合理差异

正义表示被平等对待的权利，它不是平等分配结果、不是平等分配机会，而是倡导分配物品机会的情况下，综合考量利益主体，对其给予尊重。[1] 从生物遗传资源惠益分享利益平衡关系来看，多数提

---

〔1〕 [美]罗纳德·德沃金:《认真对待权利》，信春鹰等译，上海三联书店 2008 年版，第 301 页。

供生物遗传资源的主体是发展中国家,它们拥有丰富且集中的生物遗传资源,但是迫于技术、资金不足,导致很多生物遗传资源没有被充分开发利用;发达国家研究能力强,技术实力强,但是因国家所掌握的生物遗传资源不足,为此将目标转向到发展中国家,希望获取发展中国家手中的生物遗传资源,进行研究开发并转化为商业产品、知识技术等。可以看出在生物遗传资源惠益分享过程中,主体之间存在一定差异,法律机制允许合理差异的存在。罗尔斯正义理论提出,合理差异是指倾斜弱势群体,相关法律条款设计应该倾向保护弱势群体,消除生物遗传资源惠益分享过程中不平等关系、社会历史因素带来的交易不平等。〔1〕 比如,发达国家利用开发生物遗传资源,会保留披露信息,而提供生物遗传资源的发展中国家并不占优势,很容易获得不公待遇。通过设置"合理差异",为实现自由权利提供了机会,但因提供者、利用者自身实力差异、技术差异等,最终生物遗传资源惠益分配也会存在差异。但只要是合理化的差异,那么法律也是允许其存在的,且被认定为是正义的。

二、生物遗传资源惠益分享利益平衡法律机制的秩序价值

"某一法律或制度可以不追求法价值,但是却不能不追求秩序。"〔2〕秩序是指自然发展、社会发展的过程中形成的一致、连续以及确定。〔3〕 在法价值体系中,秩序和正义一样重要。它们都是法的主要价值、基本价值。在生物遗传资源惠益分享利益平衡法律机制中,秩序价值体现在生物遗传资源提供者、利用者以及管理者的权利、义务法定化、具体化,并保障生物遗传资源普惠分享安全运行,让其利益流转更加有序。生物遗传资源惠益分享利益平衡目标是实现

---

〔1〕 [美]约翰·罗尔斯:《作为公平的正义——正义新论》,姚大志译,上海三联书店 2002 年版,第 26 页。

〔2〕 邢建国、汪青松、吴鹏森:《秩序论》,人民出版社 1993 年版,第 572 页。

〔3〕 [美]E. 博登海默:《法理学:法律哲学和法律方法》,邓正来译,中国政法大学出版社 1999 年版,第 219 ~ 220 页。

利益最大化,这里的整体利益是指不同个体可同步享受的利益,是满足社会存在、社会发展设定的。社会组织中个体也可享受社会价值。[1] 生物遗传资源惠益分享利益平衡法律机制秩序价值是资源价值、行为安全价值以及惠益结果分享,这些价值都是可以预见的,也是可以通过量化数据评估的。秩序价值保障了生物遗传资源惠益分享的公平、公正以及公开,平衡了各方主体的利益。

(一)秩序、法律秩序与法律的秩序价值

秩序价值是法的基本价值。对法而言,秩序价值是指满足人们的需求及目标,基于法的领域建设的秩序。然而,人们的秩序需要主要是指人们对于社会有序性的需要,它保障了人们可以有序参与社会活动,并肯定了"社会秩序是神圣权利"[2]。在富有社会秩序的空间中,人们能够合理安排生产、生活,促进社会经济发展,实现公平分配,发挥社会功能。

当社会秩序得到保护与肯定后,它披上了法律外套,那么社会秩序就会成为富有法律性的事物,也就是法律秩序。[3] 根据自然法学派观点,法律秩序是符合某一道德水准的秩序,它除了具有法律性之外,还具有道德性;根据实证主义派观点,法律秩序是历史秩序,具有历史性;但是坚持马克思主义法学观点的学者代表们却认为,法律秩序是统治阶层维护统治的工具,它展现了具体的生产秩序、生活秩序。虽然对法律秩序有不同看法、解释以及分析,但是普遍看,秩序与法律有天然联系,对此是没有任何疑问的。"法律价值的衍生、发展以及传承,就是社会秩序。"[4] 国家设立法,最初目的就是维持国家内部秩序,保障国家这台"大机器"可以按照秩序生产、运行。那么法的建设,为建设秩序化社会奠定了基础。但是法运行过程中还

---

〔1〕 麻宝斌:《公共利益与公共悖论》,载《江苏社会科学》2002 年第 1 期。

〔2〕 [法]卢梭:《社会契约论》,何兆武译,商务印书馆 1980 年版,第 8 页。

〔3〕 曲新久:《论社会秩序的刑法保护与控制》,载《政法论坛》1998 年第 4 期。

〔4〕 [英]彼得 · 斯坦、约翰 · 香德:《西方社会的法律价值》,王献平译,中国人民公安大学出版社 1990 年版,第 38 页。

需要考量社会秩序的问题。[1] 法为社会秩序建设提供了手段、形式以及其他保障,综合评价、调节以及管控等措施,保障了社会秩序。而法律秩序是社会秩序中最基本、最原始的一种,它是实体性制度和观念化意志统一结合的产物,体现了社会状态。其中,实体性制度代表了实体法律制度的部分,它是以法的有形载体的方式存在,并形成了保障社会稳定运行与发展的社会规则;观念化意志是指法律秩序中社会主体意愿、根本追求。[2] 普遍看法是,法律秩序的特征主要体现在四个方面:其一,与社会生活的限制条件息息相关;其二,社会中人人相互关系;其三,为社会生活、生产提供预期;其四,秩序具有稳定性与统一性。[3] 法律秩序展现了连续、确定以及一致的特征,从而让现代生活有序运行,减少、预防了不确定因素的影响,消除社会无序的状态,法律秩序是最有效的方式,且至今尚未出现一种比法律更适合秩序的东西。

法律秩序是社会秩序的一种,它在整个秩序网络中占重要地位,也展现了法的价值体现。一方面,法秩序的价值源自秩序价值,后者是前者的基础,除法外还具有其他类型的价值,这些都会为实现法秩序的价值奠定基础。[4] 秩序价值并非法价值的最高体现,也并非法的全部价值,它是最基础、最外显以及最直接的价值。从法的正义价值法的效益价值看,它们都是需要秩序价值作前提条件,需要确定的社会秩序作先决条件。否则,"法的重要价值无法展现出来,法秩序也就失去了作为手段、目的以及管控的意义"。[5] 如果按照这样的逻辑分析,那么法秩序价值、法其他价值之间具有紧密关系,它们正如同手段与目的的关系、最低要求与最高追求的关系、初级建设与高

---

〔1〕 姚建宗:《中国特色社会主义法的价值论》,载《辽宁大学学报(哲学社会科学版)》2013年第2期。

〔2〕 周旺生:《论法律的秩序价值》,载《法学家》2003年第5期。

〔3〕 张文显主编:《法理学》,高等教育出版社2018年版,第324~327页。

〔4〕 周旺生:《论法律的秩序价值》,载《法学家》2003年第5期。

〔5〕 姚建宗:《中国特色社会主义法的价值论》,载《辽宁大学学报(哲学社会科学版)》2013年第2期。

级发展的关系,[1]进而为价值层次判断的依据。另一方面,通过法建设了秩序,依据法律保障秩序,这些均将秩序转化为具体象征、具体化身。根据亚里士多德的观点,“法律与礼俗形成了秩序”。[2] 凯尔森也在其《法与国家的一般理论》一书中,提及了“法是人性的一种秩序”。[3] 法的秩序价值的诸多特征也在告诫我们,在社会共同体中无形的、潜移默化的规范已经转为了法律规范,这对于社会秩序建设、完善都具有积极影响。

(二)生物遗传资源惠益分享利益平衡的安全秩序

法的秩序价值体现法安全功能。通过合理设计、平等实施维系了法的秩序环境,从而保障社会环境安全稳定,生产生活均可持续发展。而生物遗传资源是非常规的自然资源,也是重要的国家战略资源,它促进了经济可持续发展,关系生态文明建设与生态系统的安全,[4]是现代生物科技产业发展的根本力量。生物遗传资源具有极大的研究价值与商业价值,这也是很多生物技术公司争夺的资源。但是如果盲目开发利用生物遗传资源,不仅不会实现价值,还会给生物遗传资源系统带来破坏,影响资源安全以及生态系统的安全。例如,肆意开发利用、擅自侵占等,非常容易引发生物遗传资源领域内的“公地悲剧”,影响生物遗传资源多样性与系统性。如今我国生物遗传资源正在流失,且每年都出现了生物遗传资源功能丧失的问题,作为世界上生物遗传资源丰富且传统知识丰富的国家,中国的生物遗传资源问题及矛盾不容小觑。我国每年对外输入生物遗传资源的数量不少,尤其是在改革开放以后,外部交流日益扩大。生物遗传资源流失的方式主要有:第一,国外研究组织以支付报酬、经费等方式

---

〔1〕 周旺生:《论法律的秩序价值》,载《法学家》2003年第5期。

〔2〕 [古希腊]亚里士多德:《政治学》(重印本),吴寿彭译,商务印书馆1983年版,第353~354页。

〔3〕 [奥]凯尔森:《法与国家的一般理论》,沈宗灵译,中国大百科全书出版社1996年版,第3页。

〔4〕 生物多样性三个层次指生态系统多样性、物种多样性和生物遗传多样性。于文轩:《生物多样性政策与立法研究》,知识产权出版社2013年版,第1页。

帮助中国的生物遗传资源研究，并获取生物遗传资源样本；第二，高校组织与科研机构组织合作，采集、利用生物遗传资源；第三，独资企业或合资企业对生物遗传资源进行联合开发利用，并转化为知识专利，独享生物遗传资源开发成果；第四，基于生物原料进口、提取等方式，廉价销售生物遗传资源及衍生物。国内生物遗传资源的流失，影响了生物遗传资源系统的安全与完整，同时也给国家利益、地方利益以及集体利益带来损失。在这样的情况下，如何保护好生物遗传资源安全、创新生物遗传资源利益平衡法律机制成为迫在眉睫的任务。

生物遗传资源惠益分享安全性是指生物遗传资源赋存状态不被人为因素干扰破坏；生物遗传资源及传统知识的利用开发不对社会持续发展带来侵害，不对所有利益相关主体的合法权益带来侵害，不对生物自然系统的持续性与多样性带来损害。实际上生物遗传资源惠益分享安全性是一种安全状态，其通过法律机制保障生物遗传资源安全性、传统知识的安全性，并维系国家利益的安全。为此，基于生物遗传资源惠益分享情境提出的安全性，内容广泛，包含了很多层次的安全。

之后，现代生物科学技术突飞猛进，为生物技术研究提供了动力，生物技术产业成为世界经济的中流砥柱。企业之间的竞争开始转移到生物技术上，谁能掌握核心技术，谁就可获得市场主动权。但是生物遗传资源研究、开发产生的惠益结果又与“粮食、健康和环境”问题有关系，这些问题也是21世纪重大问题的构成。从获取、利用以及研究生物遗传资源的过程看，生物技术逐步呈现了商业化趋势，一些红线因素也更明显。

首先，现代化生物技术推进了农业发展，农业无遗传趋势一致性更高，损害了农业生物遗传资源的稳定、安全以及多样性，导致很多物种资源剧减。同时生物技术改造过程中，出现了新品种，它们不断向外部环境释放、泄漏，还与其他生物遗传资源形成竞争关系，影响了生物系统的平衡性。比如，大豆转基因技术，因转基因技术突破了原有大豆的基因范围，随之相伴的其他基因也出现转移，这样的情况下那些原本不具有转基因的大豆就失去了优势，整个大豆资源系统均被转基因大豆占据。如果将它们释放到整个环境中，势必会改变大豆与其他豆类的竞争关系，原来物种的生态地位会受到排挤、压缩，影响生物遗传资源的多样性、平衡性。转基因生物会通过基因漂移的方式，影响野生物种、野生近缘种的发展。例如，植耐除草剂的农作物，势必会增加除草剂的使用量，对土壤带来污染性影响，给农田多样性管理、平衡性管理带来威胁。基于转基因技术，加上人为控制生物遗传方向，这种情况下构建的生物遗传资源系统是简单、非自然的。同时我们也必须意识到，那些转基因作物对非靶标生物有异质性影响，它们自身产生的某些新成分，会对非靶标生物生命体征健康与安全带来威胁，这些都严重损害了本地生物遗传资源的多样性及安全。

其次，随着经济全球化的发展，知识产权问题也是WTO规则的重要问题，国家与国家之间贸易增速发展引发的多边问题、双边协议关系值得关注。很多国家开始意识到需要对生物遗传资源以及传统知识进行保护，并催生了国际知识产权体系，一定程度上保障了提供生物遗传资源一方的利益，平衡了生物遗传资源系统，保障了国家安全。近些年，生物遗传研发技术种类及知识产权申请量不断增加，且呈现了两极化发展趋势：发达国家拥有生物技术优势，掌握了研究、开发以及利用生物遗传资源的技术、资金等，它们研发之后转化知识技术成果，成为新知识产权及技术独控国家；发展中国家虽然具有生物遗传资源优势，迫于硬件条件达不到，对发达国家依赖较大，由此形成了发达国家垄断发展中国家生物遗传资源的趋势。例如，哥伦比亚拥有丰富的生物遗传资源，但是哥伦比亚申请的90%左右的生物遗传资源专利权都由国外公司掌握，本国掌握的生物遗传资源知识产权与专利技术并不多，国家利益备受威胁。

（三）生物遗传资源惠益分享利益平衡的行为秩序

法律与秩序之间关联着行为。生物遗传资源作为生态系统的重要资源，它对自然系统的稳定发展、持续发展以及多样性发展起到了关键作用。而生物遗传资源惠益分享主体需要结合法律机制去践行自己的行为。主体行为影响自身以及相对行为人,同时还会影响生物遗传系统、国家利益,甚至关联整个人类社会。为此设计生物遗传资源惠益分享利益平衡法律机制,并对利益主体赋予明确的行为秩序,让其可以按照规制去实施权利、承担责任。具体内容:明确并规范关于惠益分享利益平衡程序性事项;确定惠益分享利益平衡责任,禁止为一定行为或命令为一定行为,以保障秩序价值。"秩序是抽象的概念,它综合了制度、规则以及其他安排部署,是一个宏观性概念。"[1]《生物多样性公约》提出了"事先知情同意和共同商定条件"的制度,[2]从侧面反映了生物遗传资源惠益分享利益平衡的秩序价值。

"事先知情同意"制度是指获取、利用以及使用生物遗传资源必须经过提供生物遗传资源一方的知晓同意。该制度一经提出就被列入生物遗传资源国家主权原则中,是生物遗传资源所有权制度的构成,也保障了提供生物遗传资源一方的国家权益,更是落实公平公正合理原则的基础条件。从《生物多样性公约》《波恩准则》等规范内容看,它们均对事先知情同意制度作出了合理解释、适当延伸。这些完善可以保障信息对称,让提供生物遗传资源的国家掌握更多生物遗传资源利用开发的进度、市场价值等,也规范了生物遗传资源利用者的行为。[3] 事先知情同意制度的要求主要有二:第一,"事先"展示了对时间节点的控制,要求获取、利用生物遗传资源的主体必须向相关部门提交利用申请,并在规定时间内完成相关手续;第二,"知情"展示了是否同意决定的条件,申请主体将相关材料递交给管理部门,要尽可能信息资料全面,如关于获取生物遗传资源的申请、开发利用生物遗传资源的计划等。

---

〔1〕 杨雪冬:《秩序是一种公共品》,载《学习时报》2006年3月27日,第6版。

〔2〕 《生物多样性公约》第15、16条。

〔3〕 秦天宝:《遗传资源获取与惠益分享的法律问题研究》,武汉大学出版社2006年版,第368页。

“共同商定条件”制度是申请生物遗传资源的利用者与提供者本着公平公正的原则进行协商,最终达成共识。申请者提交了利用生物遗传资源的资料后,经过管理部门审核并同意,提供者与申请者根据开发生物遗传资源活动拟定合约,确定采集、利用以及惠益分享的方案。经过双方共同商定最终达成了协议,这样才可为生物遗传资源公平公正惠益分享提供保障。在共同商定条件中需要明确以下关键内容:参与共同商定的法律主体、协商程序、协商内容、惠益事宜等。

而生物遗传资源惠益分享的利益平衡机制是持续性的、周期性的、复杂性的。从项目开始策划到最终完成惠益分享,整个过程非常漫长,本身生物遗传资源研究开发需要一定周期,再将研发成果投入市场还需要一定周期,少则三五年,动辄十多年,这些都可能发生。而通过事先知情同意要求,能够让获取生物遗传资源、开发利用生物遗传资源以及商业转化等过程,提前告知提供者,让提供者也可参与到全过程管理中,并借助法律指引、程序保障确保生物遗传资源的保护,保障各方利益主体的平衡。这些都是法律机制秩序价值的体现。

具体解释如下:在开发生物遗传资源项目策划初期,利用者应该研究并解读生物遗传资源提供国的法律规定、惠益约束机制等,从立法、行政政策多个方面考量,设计合理方案。在获取生物遗传资源过程中,如果存在多个提供生物遗传资源的主体,且它们分布在不同国家,如果可以做选择,建议选择《生物多样性公约》及其议定书的缔约国家;对于生物遗传资源的移地获取,如果打算获取的生物遗传资源是来自“中间人”,如从第三方那里获取生物遗传资源,那么需要确定“中间人”获取生物遗传资源是否经过了最初提供者的同意,它们双方之间是否达成获取、惠益分享协议,保证合法合规的特定用途。

在开发生物遗传资源项目准备时期,本身生物遗传资源获取、利用活动会产生惠益结果,需要与提供方共同分享,或者与制定利益方共同分享。在准备阶段利用者需要将开发计划、申请材料等递交国家机构、利益主体以及政府组织，并履行事前知情同意。利用者获得了同意之后，对项目勘探许可、保护地准入许可、研究许可等也需要按照法律程序申请。可以根据具体情况而定。

在生物遗传资源项目研究时期，开发利用生物遗传资源前，必须向提供者说明情况，并争取提供者的同意，当提供生物遗传资源一方同意后，双方要共同协定，对最后惠益分享达成共识，并签订协议。利用者要尊重生物遗传资源提供国的法律、风俗习惯以及传统价值观，尤其是地方社区、少数民族地区。

在生物遗传资源惠益分享时期，通过前期的开发研究，生物遗传资源转化为商业化产品，投入市场获得盈利。根据利用者、提供者签署的共同商定协议，将惠益成果分配给提供者及其他主体。根据生物遗传资源商业化发展的形势，除了对提供者支付货币惠益、非货币惠益外，还可以对生物遗传资源提供国的研究技术人员提供参与机会，让他们也参与到生物遗传资源研发活动中，条件允许的情况下可以将生物遗传资源开发活动放在本国进行。因为研究机构只能获取基础性研究的事先知情同意和获取与惠益分享协定。若研发性质改变，从非营利性的研发转化为营利性的商业开发，则需要重新提交申请，并签订惠益分享协议。

三、生物遗传资源惠益分享利益平衡法律机制的效率价值

生物遗传资源利用与开发，离不开生物技术的支持，而生物遗传资源惠益分享利益平衡法律机制成为调整规范开发利用生物遗传资源的约束，一定程度上保障了国家利益与社会利益，它所贯彻之效率理念具有正当性。法的效率价值是权益分配的权威依据，[1]而对于生物遗传资源惠益分享利益平衡机制而言，实现法的效率价值体现在开发利用生物遗传资源，促使生物技术发展，它的目的具有正当性。反之，若在开发利用生物遗传资源的过程中，给人、社会以及国

---

〔1〕 张文显主编：《法理学》，法律出版社1997年版，第317页。

家带来消极影响,则意味着目的不正当,自然会受到法律制裁。首先,根据生物遗传资源惠益分享利益平衡法律机制的约束,法的效率价值是指通过生物研发技术,开发利用生物遗传资源,并实现经济效益最大化,且技术调整与资源利用都要符合社会基本价值。这契合正义价值的要求,能够保障社会、国家以及生态的安全。其次,现代化生物技术的发展,促使人们寻求物质构造优化,在一定程度上影响了自然环境。[1] 利用生物技术活动研究、开发及利用生物遗传资源,可保障系统稳定,尊重生物遗传资源内部价值,按照"尊重生命"原则去做优化,从而保障生物遗传资源惠益分享利益平衡法律机制的效率价值。[2] 为此可从以下三个方面关注,即目的正当性、条件约束性、隐性成本收益。

(一)目的正当性

目的正当性主要体现在:第一,生物遗传资源惠益分享利益平衡需要保障生物遗传资源持续利用,不会因开发研究活动导致资源多样性、持续性被破坏,从而保障利益最大化。而在开发利用生物遗传资源过程中,需要借助一些现代生物技术做支撑,它是活动的根本。为促进人类社会的持续发展,保障生态系统的安全,不少研究公司开始关注生物遗传资源研发利用。但是开发利用生物遗传资源并不是无限制掠夺资源,需要保护生物遗传资源多样性以及持续性发展。这也是对生物遗传资源的尊重,对提供国的尊重,只有做到上述要求才有可能实现持续性研究开发。第二,构建生物遗传资源惠益分享利益平衡法律机制除了要满足利益主体的需求之外,还要保障其自由,将研发活动带来的负面消极影响,控制在社会、经济、生态可以承受的范围内,从而减少负面影响对生物遗传资源惠益分享的不利影响。

---

〔1〕 [英]安东尼·吉登斯:《现代性的后果》,田禾译,译林出版社2000年版,第148页。

〔2〕 蒋志刚:《生物遗传资源的元所有权、衍生所有权和修饰权》,载《生物多样性》2005年第4期。

（二）条件约束性

生物遗传资源惠益分享利益平衡效率价值实现是需要特定现实条件为支撑的：第一，依托现代化生物技术、生物产业发展，是实现生物遗传资源惠益分享利益平衡效率价值的条件之一。现代生物技术发展会影响生物遗传资源评估、开发以及利用，但是技术理性要素必须满足正义、人自身目的，引导技术理性的工具属性服务人类活动，让技术在自然系统与社会系统之间呈现张力，改善人与自然的关系。[1] 第二，生物遗传资源惠益分享利益平衡效率价值实现需要法律制度的保障，结合立法政策体系、经济社会发展、生态环境约束做好优化设计，从而保障惠益分享平衡。例如，在立法政策设计上，应基于现有的法制将生物遗传资源惠益分享利益平衡法律机制置于法律大框架中，找到它与根本立法、政策的相通之处，并做好过渡衔接；在经济社会发展规划上，对于生物遗传资源惠益分享平衡法律机制的构建需要满足社会意识、社会评价，要尊重地方社区及少数民族地区的价值观、文化习惯等。在生态环境保护上，开发利用生物遗传资源以及惠益结果分享，都不能给自然保护带来反向作用，即便有一些负面影响，也必须是在可控范围内。[2]

（三）隐性成本收益

利用开发生物遗传资源并获得惠益成果，是一个投入与回报的过程。为此需要处理好利用与保护的关系。根据《名古屋议定书》的相关规定，惠益分享不是经济利益，是根据生物遗传资源惠益分享机制、理念，对生物遗传资源持续保护、持续利用。但是实际情况是，发达国家掌握了研究、利用生物遗传资源的技术与资本，对发展中国家的生物遗传资源盲目开发建设，由此获得商业收益，但并没有考虑提供国的自然安全、社会安全以及国家安全，不顾生物遗传资源提供国国民生命健康，给提供国埋下很多隐患。因此，获取利用生物遗传

---

〔1〕 钱俊生、曾林：《技术理性的人文反思》，载《自然辩证法研究》2003 年第 8 期。

〔2〕 于文轩：《面向低碳经济的能源法制研究》，中国社会科学出版社 2018 年版，第 26 页。

资源的前提条件是符合生物遗传资源持续利用与合理保护的原则，并公平公正地分享惠益结果，开发利用生物遗传资源不会给生物遗传资源多样性保护、国家资金安全带来不利影响。综上分析，生物遗传资源惠益分享利益平衡价值观与可持续发展观相通，根据可持续性发展的指导，建设惠益分享价值观，保护好、利用好生物遗传资源。让生物遗传资源获取与惠益分享活动更加规范，从而保障社会公众安全、国家安全，并平衡提供者、利用者的惠益分享。

第二节　生物遗传资源惠益分享利益平衡的公私法共治

生物遗传资源惠益分享利益平衡过程会有公私法共治的情况，会有公法部分也会有私法部分，从而保障共同治理，实现生物遗传资源惠益分享的正当性。那么什么是生物遗传资源惠益分享利益平衡的公私法共治？它是公法部门与私法部门对生物遗传资源惠益分享平衡机制进行共同调整，通过私法公法的共同治理，可以保障平衡机制健全，可以彼此补充单一治理的不足，并促进经济效益与生态效益的发展。实际上，生物遗传资源惠益分享法律关系呈现了多元化，它不仅是主体多元，且惠益分享也是多元的，给公私法共治提供了条件。其中，生物遗传资源惠益分享利益平衡的公法机制是国家机关运用公法策略、公法手段对利益主体的分享惠益活动进行干预、引导，保障生物遗传资源持续利用、生态系统的多样性，并平衡提供主体、利用主体以及管理主体的利益。生物遗传资源惠益分享利益平衡的私法机制是指根据民事私法的相关规定，对生物遗传资源利益主体明确权利、义务等，并按照彼此共同协定、自治意思，形成合同关系，得到法律最佳的调整模式。

一、生物遗传资源惠益分享利益平衡公私法共治的正当性基础

（一）公私法的二元划分

公法和私法的二元化分源自古罗马法时期。《十二铜表法》将公权力行使的法律排除在法典之外，[1]初步形成了相对独立的私法法典。但当时还没有明确形成公法和私法的概念，直到古罗马中后期，才真正出现公私法的二元结构划分。古罗马五大法学家代表者盖尤斯使用人法、物法的两种划分标准，对公私法进行论述，并将其放在《法学阶梯》开篇部分。乌尔比安创建了公法、私法两个法律内容，并在其汇编的《学说汇纂》中提出了公法是维护国家稳定的法律；私法是保障市民福祉的法律。[2] 查士丁尼在《法学阶梯》中主张法律可以分为公法、私法两个部分：公法是国家整体法律，私法是市民利益的保障。

可以看出，在古罗马时期基本上确立了公私法的二元结构，后来被引入大陆法系中。但是对于公私法划分标准、依据等至今还无统一认识。大陆法系国家学者们关于法划分的研究观点，主要有四种：

第一种观点是“目的说”，也有人将其称为“利益说”。[3] 该学派认为法律的构建目的是保护某些利益，公法保护国家利益，私法保护个人利益。第二种观点是“主体说”。[4] 该学派认为法律划分应该从主体关系去划分，公法主体是国家部门、公权部门，私法主体是私人。第三种观点是“意思说”，也称为“权利说”。该学派认为国家、公民都应该服从公法约束，公民权利关系、平等意思都是属于私

---

〔1〕 梅夏英：《当代财产权的公法与私法定位分析》，载中国人民大学法学院《人大法律评论》编辑委员会编：《人大法律评论》2001年卷第1辑，中国人民大学出版社2001年版。

〔2〕 ［意］彼德罗·彭梵得：《罗马法教科书》，黄风译，中国政法大学出版社1992年版，第9页。

〔3〕 ［日］美浓部达吉：《公法与私法》，黄冯明译，中国政法大学出版社2003年版，第7页。

〔4〕 程信和：《公法、私法与经济法》，载《中外法学》1997年第1期。

法领域。[1] 第四种观点是“调整关系说”。[2] 该学派认为法调整的关系就是国家机关与国家机关、国家机关与公民、公民与公民之间的关系。那么按照这样的关系可将公法界定为调整国家机关、国家机关与公民关系的法律,私法就是调整公民关系的法律。随着法律社会化发展,公私法之间出现了融合,这一定程度上消融了罗马法的法治传统,并将公法和私法融合,基于公私法共治弥补单一公法治理或私法治理的不足,从而保障了私人合法权益以及公共合法权益。[3]

(二)公私法共治的理论基础

1. 合作规制理论

合作规制理论是在德国著名政治学家、法学家哈贝马斯提出话语理论基础上形成的,并提出“只有当所有受影响的主体参与决策,提出各自的论据并进行相互论理,政府决策才具有合理性”。[4] 根据公法的合作规制理论,它所指向的对象是所有合作者、参与者,方式是进行参与和协商。比较具有代表性的理论是利益代表理论、合作治理理论。[5] “合作规制”的研究起源于美国公法研究,经过放松管制、规制革新、合作规制、自我规制多个环节后,逐步确定了“主体—相对人”的二元模式,后来随着公法理论的完善,进一步创新并发展了共同参与和协商的规制模式。

最早提出行政合作规制理论的是美国行政法学者朱迪·弗里曼,其认为,合作规制能够解决单一规制的不足,有效解决问题,并权衡利害关系人与受影响者,让他们参与到过程中,制定解决问题的方

---

〔1〕 陈宏光、曹达全:《公私法划分问题探析》,载《安徽大学法律评论》2006 年第 2 期。

〔2〕 《中国大百科全书》总编辑委员会编:《中国大百科全书·法学(修订版)》,中国大百科全书出版社 2005 年版,第 75 页。

〔3〕 [德]奥托·基尔克:《私法的社会任务:基尔克法学文选》,刘志阳、张小丹译,中国法制出版社 2017 年版,第 26 页。

〔4〕 戚建刚、易君:《灾难性风险行政法规制的基本原理》,法律出版社 2015 年版,第 231 页。

〔5〕 [美]理查德·B. 斯图尔特:《美国行政法的重构》,沈岿译,商务印书馆 2011 年版;[美]朱迪·弗里曼:《合作治理与新行政法》,毕洪海、陈标冲译,商务印书馆 2010 年版。

案,跳出传统规制的公私角色,保障了行政机关灵活处理。[1] 随着世界范围内民主政治成熟发展,合作规制也备受人们关注,它可以解决传统规制无法解决的争议,尤其是对社会事务的管理,可以保障各方利益主体表达主张,形成了多元主体信息共享、责任共担的治理模式。与传统规制相比,合作规制展现了民主性、灵活性,但是想要保障其灵活民主,必须通过法制框架去实现。比如,合作过程中需要社会各界的力量,并将权限下放到社会基层;合作程序需明确且规范,并确定了对应的责任结果。

协商制定规则是践行合作规制的表现,学者哈特认为,协商性行政立法可以有效应对对抗性规则制定失败的问题,通过协商制定规则,可以兼顾各方利益主体的切身利益,让其自由广泛地发表意见,从而影响最终的规则设计,提高了规则有效性与科学性,保障了规制正当性。[2] 生物遗传资源惠益分享中,引入合作规制理论是可行的,它促使了规制手段与规制目标的结合。其具体可解释为:第一,合作规制理论展现了开放包容的特征,能够为设计生物遗传资源惠益分享利益平衡法律机制提供新思路。第二,合作规制理论强调了宪法与法律的应然权利、现实权利的转化,将应然转为真实直接的,帮助公民发挥自治的功能,实现善治结果。那么在生物遗传资源开发利用、惠益分享中完全可以按照合作规制模式去实施,从而保障自由权利。

20 世纪 80 年代末,国际劳工组织通过了《关于独立国家土著人民和部落民族的第 169 号公约》,其中第 15 条提出了人民对自然资源具有保护权,还将这一权利进行明确,主要有参与利用、管理及保护自然资源权利。同时在公约中还提出国家享有资源所有权、政府需要设立法律程序,让开发、利用资源的活动主体可以按照法律程序

---

〔1〕 [美]朱迪·弗里曼:《合作治理与新行政法》,毕洪海、陈标冲译,商务印书馆 2010 年版,第34~35 页。

〔2〕 Philip J. Harter, *Negotiating Regulation: A Cure for the Malaise*, Environmental Impact Assessment Review, Vol. 3:1, p. 75-91(1982).

执行，开发活动要告知社区，与社区协商；人民也有权参与资源开发，享受开发惠益。

2. 外部性理论

外部性理论亦称为外部成本论、外部效应论。外部性的影响主要有正面与负面两种。若主体经济活动给社会、国家以及居民带来积极影响，但主体自身不能得到补偿，那么活动中个人利益小于社会利益，这样的影响就是“正外部性”。例如，某人购买了私人花园，并将花园打理得非常精致，那么周围邻居也可以每天看到花园风景，在享受这些美景的时候，邻居并未向花园主人支付任何费用，花园主人给社区带来了正外部性影响。相反的是，主体经济活动给社会、国家及个人带来损害，自己却并不为此支付赔偿成本。活动中个人成本小于社会成本，这样的影响就是“负外部性”。[1] 例如，利用生物遗传资源的一方没有经过提供者的同意，擅自做主开发利用了资源，并将结果申请专利保护，由此对提供者产生了负外部性影响。可以看出：外部性是私人消费活动、生产活动中投入的社会收益、成本。“如果外部性不存在，那么边际个人收益、成本与社会收益、成本一样大；如果存在外部性，个人收益、成本与社会收益、成本就不统一。这样的差异就会引发社会矛盾。因此，为平衡资源使用，政府有必要对其进行干预。”[2] 此处“政府干预”是指，政府通过设计法律、制度以及政策等，对私人主体进行干预影响，规制他们的行为。通过政府干预可以让个人成本、收益与社会成本、收益保持平衡。这种情况下的资源配置就可以达到帕累托最优状态。[3] 在自由竞争市场当中，

---

〔1〕 高鸿业主编：《西方经济学（上册：微观部分）》，中国经济出版社 1996 年版，第 420～421 页。

〔2〕 [美]夏普等：《社会问题经济学》（第 13 版），郭庆旺、应惟伟译，中国人民大学出版社 2000 年版，第 336 页。

〔3〕 帕累托最优状态是福利经济学的重要概念，是指对于某种既定的资源配置状态，任意改变都不可能使至少有一个人的状况变好而又不使任何人的状况变坏，则称这种资源配置状态为帕累托最优状态。高鸿业主编：《西方经济学（上册：微观部分）》，中国经济出版社 1996 年版，第 379 页。

个人经济发展会导致资源浪费、生态破坏等问题,进而亦产生了一系列负外部性影响。

3. 交易成本理论

交易成本是指促成交易活动消耗的成本。在传播信息、谈判协商以及签约执行中会消耗很多成本,有显性成本,也有隐性成本。交易成本的研究可追溯到科斯的研究成果中,他根据交易成本理念设计了“科斯定理”框架。对其的具体解释是:当交易成本等于零,不论如何配置权利,主体之间谈判协商都是为实现自身利益最大化;当交易成本不等于零,不同权利配置会有不同结果。科斯定理强调了资源配置与财富最大化管理与个人拥有的权利存在关系。同时,科斯还补充道“权利界限是影响市场交易的条件”,为此可确定“法律体系建设目标是清楚权利界限,并让权利通过市场化方式转移、组合、配置”。[1] 通过对权利的界定,可以保障公平公正的交易,减少权利交易成本的影响。但是如何界定权利,需要从权利限制入手。[2] 为此科斯作出假设:为实现财富最大化、效益最大化,法律确定个人经济权归属、边界,并限制主体行为,减少交易成本,达到资源最优利用。

二、公私法层面的生物遗传资源权属安排是逻辑起点

生物遗传资源惠益分享制度保障公平、正义,动态平衡了利益主体的关系,权利归属问题是保障惠益分享公平正义的根本。首先,就生物遗传资源权属界定需要思考以下几个问题:第一,生物遗传资源归属权是归国家吗?对生物遗传资源保护与相关知识保护的法律框架该如何设计?第二,生物遗传资源与遗传材料具有什么样的关系?第三,生物遗传资源开发后的知识产权、物权是否存在交叉?如果存

---

〔1〕［美］罗纳德·哈里·科斯:《企业、市场与法律》,盛洪、陈郁译,上海三联书店1990年版,第51页。

〔2〕陈舜:《权利及其维护——一种交易成本观点》,中国政法大学出版社1999年版,第5～6页。

在交叉如何处理？第四，对生物遗传资源的规制是否需要公法帮助？[1]根据特定国情，调整生物遗传资源惠益分享利益平衡机制的价值矛盾，明确原则，划分权属问题，从而为生物遗传资源惠益分享利益平衡有效开展明确逻辑起点。

(一)生物遗传资源权属安排的必要性

作为人类共同资源，生物遗传资源具有其自身价值，人人均可利用开发。然而，很多组织以生物遗传资源作为开发原料，创新研发了商业化产品，最终却打着知识产权法律保护的旗号，谋取个人利益最大化。在《生物多样性公约》之前，结合国家主权原则，缔约方对本国内的生物遗传资源归属权作了确定，主张生物遗传资源归国家所有。至今不少国家仍然坚持生物遗传资源是国家所有，没有本国同意，其他国家不得擅自开发使用。由此可看出：明确生物遗传资源权属是构建生物遗传资源惠益分享利益平衡法律机制的先决条件，确定生物遗传资源所有权，即厘清了生物遗传资源获取与惠益分享过程中各多元主体间的利益划分。

其中，关于生物遗传资源权属的确定。根据《生物多样性公约》的相关规定，确定生物遗传资源主权，再根据相关立法管理保护生物遗传资源，但是其发挥的作用并不大。《生物多样性公约》第3条和第15条第1款提及生物遗传资源主权归国家所有，包括遗传资源在内的资源都归于国家。但这一规定内容并不表示国家拥有了生物遗传资源所有权，所以这样规定是希望各国本着境内法律规定，确定生物遗传资源所有权归属权限。[2] 国家可按照本国法律界定生物遗传资源归属。例如，生物遗传资源属于地方社区抑或生物遗传资源属于少数民族等。在这样的语境下，国家忽视了生物遗传资源归属

---

[1] 徐信贵：《遗传资源的权属问题研究》，载《四川理工学院学报（社会科学版）》2012年第3期。

[2] Lyle Glowka, Françoise Burhenne – Guilmin & Hugh Synge, *A Guide to the Convention on Biological Diversity*, in collaboration with Jeffrey A. McNeely & Lothar Gündling ed., IUCN Gland and Cambridge, 1994, p. xii + 161.

界定,在司法实践中易导致法律适用等问题,不利于构建有效的生物遗传资源惠益分享利益平衡机制。为此,《生物多样性公约》明确了国家主权原则,主张便利生物遗传资源的获取。此外,还强调了缔约国要尽快建设生物遗传资源惠益分享利益平衡法律机制,以保障各利益主体的平衡,促进生物遗传资源研发进展,也可保护自然系统持续发展,维护国家安全利益。

从生物遗传资源的分类来看,生物遗传资源可分为有形类与无形类两种。生物遗传资源有形部分是指资源范围内的动植物、微生物等有机体,生物遗传资源无形部分是指资源背后的化学成分、遗传信息等。这对生物遗传资源归属确立有关键性作用,不少研究学者围绕有体所有权与无体所有权展开讨论分析。比较普遍认同的看法是:无形的信息、生物遗传知识属于公域范畴,它不是个人的。如果想要保护无形生物遗传资源的法律利益,可通过优化知识产权制度。从当前情况看,详细地描述无形信息,精准作出法律界定,较难以实现,需要借助生物遗传资源有体部分构建法律机制并明确管理体制。

界定无形生物遗传资源权属除了有技术困难之外,还存在其他的障碍。主要表现为:第一,针对同质化的生物遗传资源信息,很难界定这一信息的归属。例如,遗传资源的 DNA 序列信息是从不同生物遗传资源提供样本中获取的。第二,无形生物遗传资源信息与有形物质材料完全不同,目前国家对其限制不多,如果无形生物遗传资源信息分布在不同国家,那么究竟由哪一个国家去主张信息权利亦尚未明确。从当前看,就生物遗传资源的权属问题,多数国家都采取普遍做法,即确认生物遗传资源有形部分的归属,对无形生物遗传资源进行界定、法律规制还较为困难。此外,无形部分往往都是依附有形部分,各国对有形的生物遗传资源设立了比较完善的保障措施,实际上也间接保护了无形生物遗传资源信息。因为信息都存在于生物体中,是生物特性形状、遗传表达、突变的表现,它印证了有形生物遗传材料的变化。随着生物遗传资源利用发展,有形部分和无形部分已经逐渐融合一体,并在生物遗传资源结构中占据重要的位置。

(二)生物遗传资源权属安排的方式

生物遗传资源的权属问题影响了生物遗传资源惠益分享利益平衡机制设计,具体体现为,生物遗传资源权属会影响事先知情同意规则设计,影响惠益分享具体对象,还会影响协商程序。本身生物遗传资源分为了有形与无形两个部分,权属模式主要有国家公有模式、私有模式,例如,哥斯达黎加的《生物多样性法》将生物遗传资源确定为公域资源,当其设计生物遗传资源法律制度时,却是从公有与私有两个方面讨论的。

1. 生物遗传资源国家所有模式

根据民法理论观点,所有权是指法律范围内支配、使用特定物的权利,并由此产生对特定物利益的排他性权利。所有权包含了占有权、使用权、收益权以及处分权等。它与传统民法提到的所有权、国家所有权还是有区别的——主客体均具有特殊性,此外,还具有权利性质、权能结构、行使方式的差异性。[1] 阿根廷学者马林霍夫总结了国家对自然资源具有支配权,这种权利是公权的构成,它不是完全化的财产权。除了所有权之外,国家还会制定适合私人主体的规则权利。[2] 国内学者赵红梅认为国家掌握了自然资源,这种权利与传统私权不同。"在自然资源中国家所有权具有权利、义务两个构成,任何情况下都不可肢解二元结构"。[3]

生物遗传资源是国家掌握、支配以及使用的特殊资源,没有经过国家许可,任何组织、个人不得侵占生物遗传资源。将生物遗传资源归属划入国家中,从本质上确定国家的管理权、规划权以及保护权,

---

〔1〕 马俊驹:《国家所有权的基本理论和立法结构探讨》,载《中国法学》2011 年第 4 期。

〔2〕 Luis Erize, *Eminent Domain and Regulatory Changes*, in Aileen McHarg, Barry Barton & Adrian Bradbrook eds., Property and the Law in Energy and Natural Resources, Oxford University Press, 2010, p. 301.

〔3〕 赵红梅:《中国物权法自然资源所有权缺失论——兼论物权法与自然资源专门立法之关系》,载王卫国主编:《法大民商经济法评论》第 2 卷,中国政法大学出版社 2006 年版。

减少了利益争端;[1]同时在利用开发生物遗传资源过程中,国家也会给予必要指导、干预。这种情况下就形成了生物遗传资源国家所有模式,它规避了生物遗传资源权利争端矛盾,也从法律层面确定了生物遗传资源属于国家,国家有权对其进行保护、处理。作为所有权的主体,国家为保护生物遗传资源多样性与生态系统的持续性,设立了很多规制原则,故利用研究生物遗传资源,前提条件是必须经过国家同意。

2. 生物遗传资源私人所有模式

私人所有表示个人对其所有物享有排他、可自由处分权利。对生物遗传资源而言,将其放置私人所有模式中,可以根据资源、相关生物材料将其细分为单一私人所有、复合私人所有。其中:单一私人所有表示不区分生物遗传资源以及相关的生物材料所有权,拥有者掌握了有形生物遗传资源与无形生物遗传资源两个部分。在民法理论上,动植物、微生物等生物材料应属于民法上的"物",而存在于生物材料中的信息同样也属于民法"物"范畴。一旦物料信息分离,则意味着该权利客体产生。比如,植物生物遗传资源,土地所有者的土地上生长着植物生物遗传资源,那么土地所有者掌握了植物生物遗传资源,同时还掌握生物遗传资源信息。在这样的方式下,一些社区或少数民族虽然长期运用生物遗传资源进行生产生活,还形成了传统知识体系,但可能因没有土地所有权,以至于在其他人不法获取传统知识时,没有合适的法律援引主张权利。在复合私人所有模式中,对生物遗传资源进行区分并根据客体设计了不同规则。它与前一模式相比,对生物遗传资源和材料进行了区别对待,细分了多种所有权客体。两种模式最根本的区别在于:土地所有者未必拥有土地上的生物遗传资源;生物材料所有权不一定可自由处分其涵盖的生物遗传资源。如果按照第二种模式执行,那么在原有法制约束下的社区、

---

〔1〕 Paul R. Lachappelle & Stephen F. McCool, *Exploring the Concept of "Ownership" in Natural Resource Planning*, Society & Natural Resources, Vol. 18:3, p. 279 - 285(2005).

少数民族就有可能成为私有者,也会被赋予生物遗传资源所有权。

采取生物遗传资源私人所有模式,不论是生物遗传资源还是生物材料,都将被赋予给私人主体,想要获取这些资源或材料,必须经过私有主体的同意许可。私人主体享有是否同意他人获取并利用其生物遗传资源的决定权,还有权了解利用主体开发生物遗传资源的目的、开发方式及惠益分享等。从根本上看,生物遗传资源私人所有模式,如果没有法律介入,那么生物遗传资源的获取与惠益分享就会按照双方意思自治,提供者与利用者本着协商原则,确定开发利用生物遗传资源的相关事项。虽然这样的模式保障了生物遗传资源利用者与提供者的权益,但是不得不关注这样的问题:如果提供生物遗传资源的主体来自不同领域、不同国家,那么利用者需要与他们逐一谈论,势必会增加交易成本与费用。且如果提供生物遗传资源的主体与利用主体有经济、技术力量差异,很容易会带来信息不对称问题,交易双方很难实现真正的平等,合同也会存在不公条款,进而影响生物遗传资源惠益分享正义价值的实现。

生物遗传资源私人所有模式,从理论上肯定了生物遗传资源所有人的权利,但是实际生产中并非如此。国家针对生物遗传资源开发利用会设计一些策略、规划,限制个人私权范围。例如,对土地所有人排除他人进入的权利作出限制。即便对生物遗传资源惠益分享作了私法调整,如果国家公法硬要干涉也是不能拒绝的。因为单纯私法自治容易导致各种问题产生,影响国家公共利益,如果实施生物遗传资源惠益分享利益平衡的私法机制,国家也是有必要介入的。同时,介入原则是比例原则,还要考虑到交易成本。

(三)生物遗传资源国家所有权的确定

法律属性是识别生物遗传资源利用权的基础条件,国家界定了生物遗传资源所有权属性。结合国际法相关规定以及我国《宪法》规定,自然资源属于国家所有,由法律规定属于集体的所有除外;[1]

---

〔1〕《宪法》第9条。

《野生动物保护法》也规定野生动物资源属于国家所有。[1] 可以看出，这些比较重要的立法均对生物遗传资源所有权作出界定，除了集体所有之外的部分，其余生物遗传资源均是国家所有。在此基础上还确立了益物权制度（如狩猎权、捕捞权等），根据生物遗传资源管理的法律行为还设立了权利处分权。但是上面相关立法中均没有提及“遗传资源”的概念，也没有作出明确解释，仅仅是从生物遗传资源归属权角度做了分析。确定了包含生物遗传资源在内的所有自然资源归国家和集体所有。可以肯定，当前立法就生物遗传资源归属问题还没有明确。我国现行的《种子法》规定，国家要建设种质资源库、种质资源保护区等，并对种质资源进行有效保护。[2] 同时，《畜牧法》也提到了要设计畜禽遗传资源保护措施，[3]按照《畜禽遗传资源进出境和对外合作研究利用审批办法》的相关规定，对畜禽遗传资源作出比较规范、完善的管理规定。但是有关生物遗传资源的保护方面还是空白，尚未提及遗传资源的权属问题，前文也提及了确定生物遗传资源归属是生物遗传资源获取利用、惠益分享的关键。[4] 如今我国生物遗传资源权属问题还没有通过法律方式确定下来，并没有专门立法去界定生物遗传资源的权属。例如，从公共领域的视角看，自然保护区、国家公园等分布了自然资源，同时还形成了配套保护措施、传统知识等，这些有形资源与无形资源均归国家所有。而那些传统社区、少数民族地区或者私人主体掌握的生物遗传资源、传统知识就与上述规定存在权属冲突的问题。[5]

为此就生物遗传资源权属问题应该通过立法明确，它是归国家所有，不能因其依附载体、呈现形态的改变，就改变其所有权主体。

---

〔1〕《野生动物保护法》第 3 条第 1 款。

〔2〕《种子法》第 8 ~ 11 条。

〔3〕《畜牧法》第 10 条。

〔4〕王镥权：《法律移植视角下的生物遗传资源专门立法》，载《嘉兴学院学报》2019 年第 1 期。

〔5〕武建勇、薛达元：《生物遗传资源获取与惠益分享国家立法的重要问题》，载《生物多样性》2017 年第 11 期。

之所以这样界定主要是因为以下几个方面:第一,作为特殊的自然资源,生物遗传资源具有开发研究价值,如果能够被国家管理,可以将其开发价值应用到人类社会中,一定程度上也会促使生物研发技术的成熟发展。如今各个国家都在极力主张生物遗传资源所有权归国家,希望国家可以掌握资源优势。我国《宪法》规定自然资源归国家所有,这一规定具有历史意义与战略意义。生物遗传资源是自然资源的特殊构成,理应也属于国家所有。不论它是以有形生物遗传资源呈现,还是以无形信息呈现,这些均不影响其权属界定。确定生物遗传资源国家所有权后,可为生物遗传资源惠益分享平衡机制提供基础条件。第二,生物遗传资源具有三大特征,即特异性、附属性和复合性,对于生物遗传资源管理制度的设计也应该有所倾斜,要与传统自然资源管理规制有区别。例如,国际社会中争议比较多的数字序列信息,它应该归国家所有。制度安排方面应该多多思考、权衡无形的生物遗传资源权属问题。

与生物遗传资源相关的传统知识,其权属界定也比较复杂。我们所掌握了解的传统知识都是经过代代人民传承总结得到的,它是社区地方理论与实践融合的结果,也是少数民族的智慧结晶。与生物遗传资源有关系的传统知识从创造到传承到存续,里面包含了太多智力投入。按照国外学者洛克的劳动所有权理论,因社区对传统知识赋予生产性劳动投入,才让这些传统知识"从野生变为驯养、从原始变为文明、从无序变为有序、从无意义变为有意义"。[1] 为此与生物遗传资源有关的传统知识,从创造到存续也涵盖了劳动集体的智慧,从长远看,这些智慧经过加工处理才得以存续发展,此处的"集体"就是指地方社区、少数民族,应该对他们的传统知识表示尊重,那么传统知识的所有权理应归传承人所有。通过这样的安排,可

---

〔1〕 Fisher, William W., *Theories of Intellectual Property*, in Stephen Munzer ed., New Essays in the Legal and Political Theory of Property, Cambridge University Press, 2001, p. 133 – 135.

保护社区资源,激发传统知识创造热情,并形成激励机制。而那些已经处于公共领域的传统知识,可以公开的传统知识,其所有权归国家所有。这样可以保障生物遗传资源安全,并为设计科学有效的生物遗传资源惠益分享机制提供依据。

三、公共利益与私人利益是实质内容

生物遗传资源惠益分享平衡法律机制是保障公共利益与私人利益的平衡,从而保障生物遗传资源安全性、多样性以及持续性。虽然惠益分享与各方利益主体切身利益有关系,且分享结果也是自愿协商后确定的方案,但是因生物遗传资源惠益分享对象比较特殊,需要兼顾私人利益与公共利益。罗马时代就有不少学者深入讨论了公共利益和私人利益之间的关系,由此得到了西塞罗“公益优先于私益”的主张。[1] 但是从本质看,公共利益与私人利益有区别也有联系,这里提到的公共利益并不绝对排斥私人利益,这两种利益是并存、并立的关系,公共利益与私人利益还有协调机制。为此不少研究提出:非常有必要修正“为私人利益牺牲公共利益的想法”。[2]

(一)经济利益与环境利益的平衡

环境法学领域中提及“环境利益”概念时,很多人并没有直接解释环境利益的内涵,而是使用了“整体性环境”这样的描述,它是指“良好的环境品质及其对人的需求的满足”,还有学者使用了“生态利益”这样的表述,它与环境利益是相似的。学者们普遍认为环境利益可以用生态利益代替。[3] 不少司法实践案例中对环境利益也无说明解释,有些司法实践也采取了生态利益的说法。例如,在 Winter v. Natural Resources Defense Council 中,美国联邦法院作出的判决结果是:在南加州海域演习训练中,海军因使用了“声呐”技术,

---

〔1〕 陈新民:《德国公法学基础理论》(上册),山东人民出版社 2001 年版,第 198 ~ 199 页。

〔2〕 陈新民:《德国公法学基础理论》(上册),山东人民出版社 2001 年版,第 200 ~ 201 页。

〔3〕 刘卫先:《环境法学中的环境利益:识别、本质及其意义》,载《法学评论》2016 年第 3 期。

导致了海洋哺乳动物的行为紊乱、永久性或暂时性听力丧失和大量搁浅，使环境利益严重受损，对此决定今后的训练活动禁止使用“声呐”。为保障国家公共安全，还作出“一定范围内限制使用声呐技术”等规定。[1] 综上可以看出，联邦法院在判决中使用了“环境利益”的说法，并以此解释生态利益，就是“良好的生态环境给人类发展所带来的好处”。它与“经济利益”不同，后者是基于国家、政府、企业等主体在特定场景下实现的经济利益。如中国经济深化改革后期，经济快速发展，从高速发展向高质量发展，那么企业高速发展，获取了经济利益。

根据《生物多样性公约》序言内容表述看，为保障生物遗传资源多样性，保护生物遗传资源持续利用，获取和分享生物遗传资源利益是非常关键的。经济利益与环境利益的影响因素有很多，例如，人口快速增长可促进经济利益；工业文明高度发展可促进经济利益；技术进步开发可促进经济利益；经济发展意味着资源消耗，则不利于环境利益。因此经济利益与环境利益会存在矛盾关系。从社会发展过程看，在环境法范畴中，环境利益冲突主要体现在经济发展、科学技术进步以及持续发展的环境保护。三者矛盾的根源是经济利益提升，势必会导致环境利益弱化，从而引发了利益结构失衡。这也是导致环境污染、生态利益受损的根本原因。[2] 当然两种利益关系并不是绝对的矛盾关系，二者也会相互影响。经济的快速发展、技术的快速发展，为环境持续利用与保护提供了物质条件和技术条件，那么需要通过法律机制找到平衡，这样才会实现经济利益与环境利益的共赢目标。[3] 这也就让二者之间的平衡具备了可能性。

环境利益与经济利益相互制约又相互交融。从制约关系看，人

---

〔1〕 Caroline Milne, *Winter v. Natural Resources Defense Council: The United States Supreme Court Tips the Balance Against Environmental Interests in the Name of National Security*, Tulane Environmental Law Journal, Vol. 23:1, p. 187 - 201(2009).

〔2〕 李启家:《环境法领域利益冲突的识别与衡平》，载《法学评论》2015 年第 6 期。

〔3〕 李启家:《环境法领域利益冲突的识别与衡平》，载《法学评论》2015 年第 6 期。

们希望获得幸福美好的生活,自然资源越来越稀少,环境能够承受的污染有限度,约束了经济主体的行为。从交融关系看,环境系统运行良好,为经济发展提供了保障,反过来经济发展也促使环境保护优化。二者之间的共生关系主要展现在三个方面:第一,无论是环境利益还是经济利益,它们都是关系人类共同利益的要素,它们都是同质同源性的利益;[1]第二,通过环境保护、资源保护,可调整产业结构,提高产品附加值、企业口碑,也会间接提高企业的竞争力,进而提高经济利益;第三,环境保护的支出、费用都是从企业利税中获取的,那么企业发展好,才能保障环境保护工程的顺利开展。回归到生物遗传资源惠益分享领域,环境利益和经济利益是制约的关系,还是不可分割、相互依存的关系。开发利用生物遗传资源,如果不注重资源保护、生态系统的保护,那么开发活动就会变得随意盲目、肆意侵占,就会引发生物遗传资源公地危机。反之,如果对生物遗传资源过度保护、绝对保护,禁止任何利用开发生物遗传资源的活动,那么生物遗传资源价值就无法被挖掘,利用活动也会受到诸多限制,和生物遗传资源研发活动有关的技术、文明、基础设备也会受到发展制约。从《生物多样性公约》设立目标看,在该公约中确定了两个追求目标:其一,保障合理、公平地利用生物遗传资源,保障惠益结果的公平分享;其二,基于生物遗传资源惠益分享保持生物遗传资源持续性利用,保护生物遗传资源多样性,满足人口增长后的物质需求及其他需求。[2]

从生物遗传资源惠益分享利益和冲突问题看,因生物遗传资源多分布于发展中国家,而发达国家虽然不具有生物遗传资源优势,但是却掌握了开发技术与资本优势。这在生物遗传资源利用与惠益分享上会有不对称。为此,以《生物多样性公约》为代表的国际规则围绕生物遗传资源惠益分享机制拟定了诸多补偿条款。由于管理生物

---

〔1〕 钭晓东:《论环境法功能之进化》,科学出版社 2008 年版,第 209 页。

〔2〕《生物多样性公约》序言。

遗传资源的部门多数都是负责生物多样管理、生态环境管理的部门，为此不少主管部门明确了惠益分享目标是保障生物遗传资源多样性，减少因开发利用活动带来的损害。美国没有加入《生物多样性公约》，但美国的黄石国家公园与迪沃萨（Diversa）公司签订的生物勘探协定，规定了生物遗传资源开发利用活动，并设立了激励策略与约束策略，希望可以促进生物遗传资源研发活动，也能够保护黄石国家公园的生物遗传资源多样性，让其可持续利用。[1] 对于此美国国家公园署作出解释：国家公园生物遗传资源不仅要满足当代需求，还要考虑到后代需求，为此要使生物遗传资源开发价值得到最优利用，保障资源系统不被人为损害。保护生物遗传资源与开发生物遗传资源并不是绝对冲突关系，应该在保护基础上去开发生物遗传资源。[2]

（二）公共利益与个人利益的平衡

公共利益，也有研究将其称为“社会利益”“社会公共利益”，虽然叫法不同，但是都是与公共领域的利益相关。关于公共利益的研究，尚无统一界定。[3] 首先，对于“公共”一词的解释，多数认为“公共”是广泛认可的标准。按照这样的解释与“公共”对应的则是“个人”，那么公共利益是指排除个人利益之外的部分。个人是理性人，个人偏好不能代表整体偏好。[4] 因此在公共利益和个人利益之间缠绕了很多复杂交融的关系，运用二分法去解释说明，未免过于武断

---

〔1〕［美］Preston T. Scott：《美利坚合众国：国家公园署的经验》，载 Santiago Carrizosa 等主编：《生物多样性获取与惠益分享——履行〈生物多样性公约〉的经验》，薛达元、秦天宝主译，中国环境科学出版社 2006 年版。

〔2〕2001 年《美国国家公园署管理政策》第 1.4.3 节。

〔3〕本书对“公共利益”和“社会利益”不作严格区分，将其统称为“公共利益”。但需注意的是，有学者对二者进行了明确界定。认为社会利益与国家利益相重叠，在社会与国家分离的情况下，社会利益与国家利益分别代表不同的利益领域，但都从属于公共利益，即社会利益与国家利益一样，都是公共利益的下位概念。胡锦光、王锴：《论我国宪法中“公共利益”的界定》，载《中国法学》2005 年第 1 期。

〔4〕［美］詹姆斯·M. 布坎南等：《同意的计算》，陈光金译，中国社会科学出版社 2000 年版，第 5 页。

了。其次,“利益”内涵丰富,在各个领域都有指向意义。其中,法学中的“利益是指满足社会主体需求的生活资源。这种资源的满足程度是以客观规律、社会环境以及社会制度约束的范围”。[1] 利益与我们生活的方方面面都有关系,它展现了历史范畴。利益内容、利益形式都具有客观性,利益实现方式、实现手段也与社会关系有必然联系。伴随生产力提高,人们在实践过程中的认识提升,一些新研发活动衍生了新的利益关系,从而贯穿到社会利益网络中。它展现复杂性、多边形以及特殊性。综上分析,本书给出“公共利益”的解释:它是指具有广泛、不特定多数群体的利益,它是社会普遍利益的最大化。在生物遗传资源获取、开发活动中,其最终惠益成果也牵扯公私利益。而设立法律平衡机制就是为平衡公私利益,让生物遗传资源知识产权利益与公共利益能够平衡发展。

庞德对公共利益作出阐述,他认为,“公共利益是重要利益,贯穿文明社会中。它是根据文明、秩序提出的普遍主张、需求以及愿望”,“法律保障的公共利益分为六大方面”。[2] 庞德研究公共利益的背景刚好是美国工业化发展时期,“二战”期间,他对公共利益的阐述侧重于经济发展,并没有提及环境利益的相关内容。后来工业发展引发的环境问题日益严重,生态危机事件频繁发生,危及人们的生命健康,影响了社会可持续发展,甚至阻碍了庞德笔下的“一般进步的利益及使用和保存社会资源的利益”。为此不少学者呼吁要将环境利益纳入公共利益范畴。

本书参考庞德给出的利益结构,认为企业是虚拟法人,具有自然人的利益。例如,人格利益和物质利益。企业的人格利益是指选择企业厂址的利益、自由行使企业意志的利益、维护企业声誉的利益、契约自由的利益、自由信仰以及自由言论的利益。企业的物质利益

---

〔1〕 周旺生:《论法律利益》,载《法律科学》2004 年第 2 期。

〔2〕 [美]罗斯科·庞德:《通过法律的社会控制——法律的任务》,沈宗灵、董世忠译,商务印书馆 2019 年版,第 40 ~ 47 页。

是指根据经济发展现状企业提出的要求。企业作为营利性组织，实现利润最大化是企业追求的目标。那么分享生物遗传资源惠益时，生物研发公司与提供生物遗传资源的主体利益诉求不同，他们都希望获得最大利益。在其惠益结构中除了个人利益，还有国家利益。例如，生物研发企业选择厂址会受到生物遗传资源提供国的约束，也会考虑本国环境规划政策；自由行使企业意志的时候，也需要受制于国家质量管控标准；企业物质利益更需要坚持法律底线，维护公共利益，否则企业物质利益就会付诸东流，企业的口碑、形象也会受到损失。反之，盲目开发利用，不惜牺牲生物遗传资源以博取企业物质利益，公众利益会受到威胁，这是法律不允许的。

庞德社会控制利益论提出：公共利益是现实利益，为保障公共利益不受到损害，必须建设合法有效的法律机制，消除那些差异、复杂的利益，减少不利影响。分享生物遗传资源惠益结果也需要坚持平衡机制，解决好个人利益与公共利益的矛盾，从而建设保障国家整体利益的平衡机制。监管力量主要集中于公权部门，他们是维护生物遗传资源惠益分享平衡的机构，也是维系社会政治、经济、文化等一般公共利益的机构，在保障生物遗传资源可持续利用与发展的同时，要兼顾到交易成本与收益平衡，减少企业损失、实现个人利益，同时保障国家公共利益，从而实现公共利益和个人利益的平衡，这既是利益主体私有权利保护的需要，也是行政法中公平原则的需要。

从开发利用生物遗传资源的步骤看，通过知识产权保护可以激发更多开发者、利用者，让资金与技术投入到生物遗传资源开发中，尽快转化为商业化成果。这样的法律制度有对科技进步的尊重，也有对研发机构的鼓励。随着知识技术进步，与生物遗传资源的相关知识产权被开发出来，它是经济利益的创收驱动，因知识产权保护申请环节是其转为商业化产品的必要环节，它又关系知识产权日后的惠益归属，不具有知识产权使用权的个体会无法分享惠益。同时，一些开发者对知识产权使用给予期限，使提供生物遗传资源的一方失去了控制知识产权的优势，没有实现真正公平的惠益分享。[1] 此外，申请生物遗传资源知识专利，与发明专利不同，它需要提供一些原材料，如种子、叶子等，专利产品生产也可脱离生物遗传资源，并进行无限复制生产。提供生物遗传资源的国家虽然掌握了生物遗传资源，实际上却没有掌握生物遗传资源知识信息，尤其是那些脱离了有形物质材料的信息、知识以及技术，已经被开发者垄断，将其纳入了专利范畴中。生物遗传资源提供方不仅无法因享有知识产权实现继续获利，反而会因为专利的垄断权而丧失进一步开发利用生物遗传资源相关技术的可能性。[2]

生物遗传资源知识产权的过度集中，反映了生物遗传资源利益配置的不公正性。为此，《生物多样性公约》对产权过剩、集中的问题作出约束，提出了知识产权保护的必要、合理原则，并要求公约成员保护专利知识的同时，不能影响公约的有效实施。此外，还增加了国际合作的义务条款，由此保障知识产权的正向影响，减少其他大国打着知识产权保护的旗号垄断生物遗传资源开发价值与开发成果的情况发生。[3]

（三）生物遗传资源惠益分享不同主体之间利益的平衡

生物遗传资源主体利益差异性主要体现在：提供生物遗传资源的一方、利用生物遗传资源的一方就开发利用生物遗传资源所获得利益的分配方式产生矛盾。由于两个利益失去了平衡，进而引发主体利益冲突。因此，利益平衡机制主要平衡目标包括：第一，提供者与获取者利益平衡。发达国家拥有技术开发优势，发展中国家具有丰富的生物遗传资源，那么在合作开发中需协商共定策略，确定惠益分享方案。从利益角度看，发达国家一方的优势明显好于发展中国

[1] J. Jabour - Green, *Bioprospecting in Areas Outside National Jurisdiction: Antarctica and the Southern Sea*, 4 Melbourne Journal of International Law 76 (2003).

[2] 张海燕：《遗传资源知识产权保护法律问题研究》，法律出版社 2012 年版，第 151 ~ 152 页。

[3] 《生物多样性公约》第 16 条第 2 款、第 3 条第 5 款。

家,利益失衡已经凸显。还有不少国家剽窃他国的研发成果。实践中,发达国家主张“生物遗传资源为人类共同遗产”的观点,实际上是在为垄断利益找借口,他们认为生物遗传资源是全人类的,人人都有权开发,且不受到提供国的约束,如果这样的要求一旦成立,那么发达国家更会侵占发展中国家的生物遗传资源,更加剧了发达国家与发展中国家的不平衡发展。第二,生物遗传资源提供者内部的平衡。提供生物遗传资源的主体可以是多维度、多地区、多层级的,如政府、保存单位、传统社区以及少数民族地区等。根据国家制定的规定,除了少数国家,如印度仅有主管机关享有同意权外,其他国家的关系人多被赋予获取同意权。但在实践中,提供者同意权与其并不矛盾。比如,申请生物遗传资源开发,可能涉及两个提供主体,必须经过两个主体的事先知情同意,如果其中某一主体不同意,那么生物遗传资源开发活动也无法进行。此外,生物遗传资源提供者的内部平衡,还体现在个人利益与公共利益方面。群体面临利益选择的时候,个人利益与公共利益是完全不同的。如果个人利益与公共利益矛盾,很有可能会出现寻租问题,牺牲集体公共利益,满足个人利益。公共利益需要保障的时候,群体利益中交易成本可能会由个人承担,这样就会出现一些个人“搭便车”的情形。因此,保障内部利益平衡是保障惠益分享平衡的基础条件。

四、国家管制与合同调整是具体方式

构建生物遗传资源惠益分享利益平衡关系,需要多方主体共同合作,其中,提供者、利用者以及管理者都要参与到惠益分享的活动中。由于私人主体会考虑个人利益最大化,不惜牺牲国家利益、社会利益,也会在决策中出现短视寻租的行为,所以生物遗传资源惠益分享利益平衡需要通过立法保障,借助法律手段抑制个人机会主义。质言之,生物遗传资源惠益分享利益平衡机制不仅平衡了提供生物遗传资源一方与利用生物遗传资源一方的利益,还平衡了国家与国家之间的公共利益关系。其中,通过合作展现的双方意志,更是国家

意志力的体现。通过公法性的法律规范约束合作主体的行为,从而实现利益平衡。在生物遗传资源惠益分享的过程中,完全按照私法模式进行利益平衡是不可取的,因为私法框架下有可能引发更多的矛盾。同时,基于公法模式促使私人合作,可以规避一些私法管制的短板。具体而言,即为立足公法管理框架,实现私法自治管理,建立并完善生物遗传资源惠益分享的利益平衡法律机制。

(一)国家管制

契约自由是私法自治的根本原则,在生物遗传资源惠益分享的活动中也有契约自由的成分。例如,大多数国家都制定了契约自由的相关规定,但生产实践中仍存在大量违反契约自由原则的经济行为。国家立法在对生物遗传资源惠益分享作出规定时,可以对其内容、方式及程序予以强制性管制,从而减少违反契约自由的行为。

最早提出管制的是学者布莱克,法律词典中对"管制"的解释为依据主权者固有而又受宪法限制的警察权,立法机关和行政机关对个人自由和财产权施加限制,以保护公共安全、公共卫生、公共道德以及促进公共便利和普遍福祉。[1] 在生物遗传资源惠益分享利益的过程中,为实现利益平衡,国家通过公法模式进行调整,该模式体现了强制性调整。国家管制旨在保障国家利益,根据国家法律法规规制、约束开发生物遗传资源公司的行为和提供生物遗传资源主体的行为,并对危害生物遗传资源多样性、持续发展的活动进行限制。对此需要关注几个问题:第一,国家管制活动是由管制主体对管制者进行限制;第二,国家管制是为保障国家利益,管制活动目的明确;第三,国家管制需要参考法律援引、规则,管制活动有程序要求。[2] 作为典型的行政行为,国家管制要遵循行政合法原则。以往政府通过命令、控制对末端进行管制,后来又创新了全过程管制,从源头到末

---

〔1〕 *Black's Law Dictionary*, 5th ed., West Publishing Co., 1979, p. 1041.

〔2〕 曾国安:《管制、政府管制与经济管制》,载《经济评论》2004 年第 1 期。

端全面监控管理。如循环经济、环境影响评价、行政许可都是预防类型的管制,这些预防管制的手段对行政管制起到作用。从行政行为方式看,如果仅仅是刚性强制化操作,最终很有可能会引发其他社会矛盾。为此不少研究提出刚性强制管制与非强制管制相结合,打造综合执法模式。其中,非强制行政管制就是寻求社会管制、政府管制的结合,如行政合同、行政指导等。

对于生物遗传资源的利用开发及其惠益分享,国家也采取了管制策略,保障了多样化生物遗传资源,进而保障生物遗传资源的可持续利用。比如,《生物多样性公约》提出了国家管理制度。其中,第8条第c款规定,管制、管理保护范围内生物资源多样性,保障生物资源持续利用;第8条第g款规定,制定合理办法对生物遗传资源进行管制、管理以及控制,让其释放、转移可能存在的风险,减少对生物遗传资源的破坏、对环境的损害,从而实现多样性、持续性利用的目标,保护人类社会的健康与安全。同时该公约第14条规定还提到环境评价制度。从国家立法层面看,墨西哥颁布实施的《生态平衡与环境保护基本法》第2条Ⅲ款规定,利用并开发生物遗传资源属于公共利益活动,而生物遗传资源属于国家所有,国家可以代表公共利益发声,取代个体利益的权利。保护公共利益,避免出现偏离公共利益轨迹的行为,对国家行使权利赋予了一定的自由裁量权。

在国家管制中,生物遗传资源惠益分享会更加公平公正,同时也保障多样性生物资源管理,履行好国家公权部门的职责。减少了多管理主体的权利纷争,也规避了合同调整模式中生物遗传资源权属之争,提高了交易收益空间。[1] 对于利用、获取生物遗传资源的一方,国家许可制度可以保障其按照相关协议与提供国协商以获取生物遗传资源。同时,国家也是提供生物遗传资源的主体,它可以凭借国家实力,与利用者进行谈判,从而保障更有利于本国的惠益分享决

---

〔1〕 张海燕:《遗传资源权权利主体的分析——基于遗传资源权复合式权利主体的构想》,载《政治与法律》2011年第2期。

议,也能监督利用者合理利用生物遗传资源,科学开发生物遗传资源,也间接保护了生态系统的平衡,维护了国家安全。在商定生物遗传资源惠益分享的过程中,可以站在宏观层面考虑经济利益、生态利益等,避免发生公私利益的矛盾。因此,基于国家管制模式去设计、探究生物遗传资源惠益分享利益平衡私法机制是非常有必要的。当然机制调整中不可避免地会出现“争议”,因为国家管制模式并不是完全无缺陷的模式,它的短板效应体现在两方面:一方面,国家行政部门需要按照程序执行审批、通过、核验等,工作效率慢,从而导致交易成本增加;另一方面,国家主导可以兼顾公共利益、国家利益,却忽略了小部分个人利益,导致生物遗传资源提供者惠益分享不合理、不公平。因此,完善生物遗传资源惠益分享利益平衡法律机制需要从以下两个方面着手:第一,要提高行政管理部门的管理能力、专业素养,不能过于依赖程序要求,要根据生物遗传资源开发项目具体情况作具体安排。第二,结合相关立法保障,保护生物遗传资源主体权益,让提供者可以参与到开发生物遗传资源活动中,与利用者协商共定,确定合理的惠益分配方案。

(二)合同调整

生物遗传资源惠益分享合同是根据提供者、利用者的协商,以生物遗传资源为合同标的,约定获取、研究、知识产权开发、转让及惠益分享的权利义务合同。它与常规合同不同,合同与“事先知情同意”紧密联系,属于约定惠益分享结果的合同,利用开发生物遗传资源活动都是依据合同约定开展的。利用者与提供者通过协商,共同商定谈判了惠益分享结果,按照货币惠益或非货币惠益方式支付,国际上对利用生物遗传资源及分享惠益模式已经形成了三种机制,分析如下:

1. 英国葛兰素史克公司(Glaxo Smirhkline)与巴西 Extracta 实验室的合同安排

利用生物遗传资源及惠益分享机制关系主体切身利益,英国葛兰素史克公司提出主张:利用生物遗传资源开发出商业产品后,愿意与提供国分享惠益。[1] 惠益分享方式有很多,例如,按照协议规定支付提供国一定比例的费用;针对个案进行具体协商。为此葛兰素史克公司与巴西 Extracta 实验室签署生物遗传资源开发惠益分享协议,研发项目是亚马孙热带雨林地区的 8 个目标样本。样本筛选工作在 Extracta 实验室完成,之后按照合约约定葛兰素史克公司有 3 年的使用权,并定期对 Extracta 实验室支付"阶段性"费。如果葛兰素史克公司转化了研究成果,并启动商业计划,则按照约定比例支付 Extracta 实验室商业提成。同时合同还提到 Extracta 实验室必须与其供应者签署约束合同,约定对政府、学术界和当地社区的回报比例。[2]

2. 哥斯达黎加国家生物多样性研究所(INBio)—默沙东公司(Merck & Co. ,Ltd.)的合同安排

哥斯达黎加国家生物多样性研究所和美国默沙东公司展开了生物遗传资源研究项目,并就惠益分享达成共识。双边协议中提到,开发活动不得违背哥斯达黎加生物多样性的保护原则。它是国际社会中开发生物遗传资源最早的案例,为其他国家合作开发生物遗传资源合同安排提供了参考。哥斯达黎加成立了国家生物多样性研究所,至今已有 30 多年历史。它是该国第一个私立的非政府管控的研究中心,具有非营利性特征,致力于生物遗传资源多样性保护研究。研究所收集本国区域内生物遗传资源材料及信息,并负责生物多样性的编目、监测工作,致力于保护生物遗传资源多样性,还在国内开展宣传、教育工作。[3] 后来,美国制药巨头默沙东公司和哥斯达黎

〔1〕 European Community, *Second Report of the European Community to the Conference of the Parties of the Convention on Biological Diversity: Thematic Report on Access and Benefit - sharing*, October 2002, p. 34.

〔2〕 European Community, *Second Report of the European Community to the Conference of the Parties of the Convention on Biological Diversity: Thematic Report on Access and Benefit - sharing*, October 2002, p. 38.

〔3〕 Vivienne Solís Rivera & Patricia Madrigal Cordero, *Costa Rica's Biodiversity Law: Sharing the Process*, Journal of International Wildlife Law and Policy, Vol. 2:2, p. 239 - 251(1999).

加国家生物多样性研究所进行生物遗传资源研发合作,并约定:研究所为默沙东公司提供服务活动,并为默沙东公司提供本国保护区10000种资源样本,涵盖了野生植物、昆虫和微生物。生物研究所负责样本分类与初步筛选,之后转交给默沙东公司,由公司实验室对样本进行研究。约定提供者可获得利用者支付的服务佣金113.5万美元,以此作为研究取样的支持。同时默沙东公司还为研究所捐赠了先进化学研究设备,以此作为回报,并安排公司优秀科学人才前往研究所增援、培训以及指导。在公司合作下,研究所获得营收,同时也提高了研究所的研究实力。[1] 二者开发合作及惠益分享合同内容主要包含:第一,按照约定期限采集资源样本,并用以新药开发;第二,研究工作需要在提供国进行,美国默沙东公司承担费用;第三,项目研究预算包括预付费、环境能源部的回报、保护环境的费用等;第四,美国默沙东公司及研究所事先约定惠益分享,确定相关分配方案,主要包括潜在产品研发阶段的付款(milestone payments)、最终产品净销售额比例提成、联合申请专利及联合发表成果;第五,保障双方技术转让、能力建设;第六,研发过程不可损害自然环境,违背国家规定。

根据协议规定,研究所需要进行生物勘探活动。连续10年的勘探活动中,研究所完成了20项生物勘探协议。至2013年研究所的运营出现问题,后来选择退出市场,并将研究样本递交给哥斯达黎加政府,政府给予的补助杯水车薪,完全不能满足研究所日常需求。财政数据统计,1999年政府资助共400万美元,2007年减少至7.9万美元;至2013年研究所预算已经降到30万美元,但每年设备维护、藏品维护费用多达120万美元,这影响了研究所的正常运营。后来不少学者评论,因研究所缺少商业规划、科学部署,导致其研究建设能力下降,无法实现生物研究价值。

---

〔1〕 秦天宝:《遗传资源获取与惠益分享的法律问题研究》,武汉大学出版社2006年版,第242页。

生物研究所在运营过程中也多次向当地政府表示，私营研究所运行优势突出，要比官方研究所更有实力。1998 年哥斯达黎加在国家层面制定了《生物多样性法》，成立了生物多样性管理委员会组织，它隶属环境与能源部管理，组织职能主要是“管制对生物多样性组成部分进行生态可持续利用的活动”，在该组织内部还吸收了农业农村部、卫生部、外交部等多个部门的代表。

该国的《生物多样性法》第 74 条规定国内外自然人想要获取生物遗传资源及相关信息，需要向管理部门提交申请，与登记机关达成协议后，再将协议交给生物多样性管理委员会组织审批。《生物多样性遗传和生化成分与资源获取通则》第 21 条内容也提到了“合法登记的公立大学联合其他研究所可向生物多样性管理委员会组织提交利用研究生物遗传资源的申请”。从上述规定看，通过国家管制弥补了生物研究所与默沙东公司协议自治的不足。

合同安排有创新长处，根据约定，在研究生物遗传资源项目之前，需要默沙东公司支付研究取样费用，这样的做法是比较富有创意的。此外，合同中还规定研究所获得的收益，要按照一定比例支付给环境能源部，作为先期付费和特许费，用来保护本国生物遗传资源多样性，弥补生态损失。

3. 美国黄石国家公园与迪沃萨公司的合同安排

黄石国家公园是美国大陆上最大的国家公园，公园集中分布了丰富的生物遗传资源，构成了大黄石资源系统，也被誉为地球温带中保留完整的生态系统。黄石国家公园的自身环境资源优势、技术研究条件，给美国生物遗传资源研究工作带来很多成果。[1] 如美国《联邦技术转让法》针对生物遗传资源合作研究、开发协议作出界定，它是建立在“一个或更多联邦实验室与非联邦实验室的协议”之

---

〔1〕 Santiago, Carrizosa & Stephen B. Brush, Brian D. Wright & Patrick E. McGuire, *Accessing Biodiversity and Sharing the Benefits: Lessons from Implementing the Convention on Biological Diversity*, 54 IUCN Environmental Policy and Law Paper, 2004, p. 180 – 181.

上的，按照协议内容政府可对实验室作出附有补偿或不附有补偿，为实验室提供人力、物力以及财力支持，为联邦实验室与非联邦实验室创建共同研发、共同开发的条件。根据合作协议内容，通过整合研究可以促进生物遗传资源联合开发，提高开发活动的经济效益与环境效益。

1997 年 8 月 17 日，黄石国家公园宣布联合迪沃萨公司签署了生物勘探惠益分享安排协议。迪沃萨公司总部设立于加利福尼亚圣迭戈，它是从事生物技术研发、基因修饰技术的公司，协议签署后递交给国家公园署，由其负责审查协议，并在 1998 年 5 月确立了缔约关系。协议全称为《黄石国家公园与迪沃萨公司之间项目的合作研究和开发协议》（以下简称为《黄石协议》）。《黄石协议》是关系国家公园生物遗传资源勘探与惠益分享的合同。基于惠益分享约定，黄石国家公园采集生物遗传资源产生的成本均由迪沃萨公司支付。协议框架包含了以下几个部分：一般规定、法定权限、定义、工作陈述、报告、财务义务等。其中对利用者与提供者的惠益分享约定，《黄石协议》提出了收入分享机制，机制具体内容是：在协议约定的 5 年内，迪沃萨公司需要向黄石国家公园支付首期费用 10 万美元，平均每年支付费用 2 万美元；迪沃萨公司还需要支付额外盈利，以此作为使用生物遗传资源的费用；这部分费用是根据研究成果投入市场收益大小决定的，按照 0.5% ~10% 不等比例支付；迪沃萨公司还需要提供非货币惠益，如为黄石国家公园提供研究设备、研究技术支持等。[1] 除了前文列举的惠益分享机制外，在《黄石协议》中还就生物遗传资源研究成果的知识产权作了规定，如第 7 条规定总结了与产权、专利有关的 8 个问题——报告、合作者雇员发明、国家公园署雇员发明、申请专利、专利费用、许可规定、联合拥有的专利权的实施和商业化等。协议期限是 5 年，但是惠益分享则是一直持续。该协议

---

〔1〕 张小勇：《遗传资源的获取和惠益分享与知识产权》，知识产权出版社 2007 年版，第 207 ~209 页。

的安排具有创新性,可以保障提供国的持续利益,因为开发生物遗传资源及材料少则四五年有成果,动辄十多年才会有成果,所以国家从长远做了考量。

对于黄石国家公园与迪沃萨公司签署的协议,很多非政府组织并不支持,并公开诉讼国家公园署的做法,他们的诉讼主要问题是:第一,国家公园署没有按照披露信息程序公开《黄石协议》的内容;第二,要求国家公园署对黄石国家公园环境进行评估;第三,国家公园署签署协议权是否站得住,还有待商榷;第四,开发生物遗传资源活动与保护生物遗传资源多样性是否兼容,还有待商榷。

生物遗传资源惠益分享合同调整方式,最核心属性是“私法自治”,缔约双方按照自己意思,去实施开发活动,并形成法律关系。合同原则是自治、公平、诚信以及尊重公共利益。所以利用者与提供者签署的生物遗传资源惠益分享合同,体现了利益主体意思自治的自由。

综上案例,不论是葛兰素史克公司模式,还是哥斯达黎加国家生物多样性研究所—默沙东公司(INBio - Merck)模式,或者是国际生物多样性合作组织(ICBG)模式,都展现了合同自治的特性,利用者可以自由设定利用资源与提供资源的主体关系,在遵循国家立法框架下,展示惠益分享主体的意思自治,同时也将提供生物遗传资源主体与利用生物遗传资源主体的平衡关系。[1]

根据《波恩准则》提出的基本原则,它提及了“共同商定条件”,从法律层面确定了共同商定。这可以减少交易成本,确定合同主体的义务、权利、责任等,确定开发方式、开发计划等,并通过书面方式确定下来。而想要从根本上实现生物遗传资源惠益分享合同合法性、正当性,必须按照上述原则进行。同时,《波恩准则》还公布了指导性参数、指示性清单、惠益方式、时间表以及分配机制等,为惠益分享主体合理分配利益提供了参考。《波恩准则》是以《生物多样性公

---

〔1〕 龙卫球:《民法总论》(第2版),中国法制出版社2002年版,第427页。

约》为参考依据设立的软法规定。因各个国家国情不同,该准则对缔约国的约束效力不强,但却为生物遗传资源惠益分享的合同安排提供了很多法律援引。生物遗传资源利用者、提供者可以根据合同法约定也可以根据《波恩准则》规定设计合同。《波恩准则》确定的合同法律性、交易成本以及谈判原则,为提供者、利用者协商提供了内容,更难能可贵的是相关生物遗传资源材料也被考虑在内。

从合同形式对生物遗传资源惠益分享的调整方式来看,它与《生物多样性公约》立法目标有相通之处,都是希望保障生物遗传资源多样性、持续性发展,保障各方主体平衡分享生物遗传资源惠益结果。但是基于合同范式获取的法律保障,会有合同范式之固有缺陷。在生物遗传资源惠益谈判中,主体力量悬殊,谈判中有些掌握了主动权,有些则过于被动,这种情况下签署的生物遗传资源惠益分享合同就会有倾斜。提供者希望利用者开发之后,将知识产权、技术成果转让给提供者,以此作为补偿。例如,在 INBio - Merck 的合同安排中也提到了非货币惠益分享机制。哥斯达黎加国家生物多样性研究所要求研发资源转化为商业产品后,给予研究所一定比例的特许费数额,有研究提出了 3% 支付比例。[1] 但是在合同中并没有对提供者提供的生物遗传资源进行评估,而是直接按照研究投资额度设立了补偿金额。同时在合同中提及"转让某些具有价值的技术,但这并没有超出技术所有者——Merck 公司的底线"。[2] 综上可以看出:发达国家的医药研究公司掌握了核心技术,他们不会轻易向发展中国家转让技术,因为核心技术是其竞争力的保护罩[3]。对于 INBio - Merck 的惠益分享合同安排设计,不少学者表示这是一份有失公允的生物遗传资源惠益分享合同,哥斯达黎加政府并没有得到公平公

[1] 张海燕:《遗传资源知识产权保护法律问题研究》,法律出版社 2012 年版,第 63 页。

[2] Michael D. & Coughlin, *Using the Merck - INBio Agreement to Clarity the Convention on Biological Diversity*, 31 Columbia Journal of Transnational Law 359 (1993).

[3] 秦天宝:《遗传资源获取与惠益分享的法律问题研究》,武汉大学出版社 2006 年版,第 245 页。

正的惠益分享。[1] 此外,合同虽然具有约束力,但只是对合同当事人有效,无法对抗第三方。

不论是公法模式管控,还是私法模式管控,对生物遗传资源保护的国家管制势在必行,公权介入也是不可避免的。基于统一管理模式保护生物遗传资源,至今还无可效仿的案例。国家是生物遗传资源所有权人,国家具有生物遗传资源终极管理的权利,即"为实现生物遗传资源的私人所有权,确保公利与私利的平衡,找到适合的规制方法"。从生物遗传资源惠益分享的利益平衡机制看,行政手段常常是公法管制的策略,尤其是获取生物遗传资源必须经过行政程序的审批,而行政机关要合理利用监管策略。根据私法调整对生物遗传资源产权进行明确,经过协同商定保障提供者与利用者的权益,从而保证生物遗传资源的经济效益与生态效益。而对于"私法调整模式而言,因具有处置权的主体需要管制生物遗传资源获取,换言之就是生物遗传资源所有者根据合同决定生物遗传资源惠益分配,保障利益配置的合理公正,实现法律的效率价值。政府鼓励私人主体通过自我约束遵守规则,必要情况下还需要政府介入其中,帮助私人主体、指导私人主体,并规避合同缺陷引发的不公结果"。基于生物遗传资源的惠益分享利益平衡活动,通过公私法共同管制,能够避免单一管制的低效率、无效率情况,一定程度上改善了无序竞争的格局。

第三节 生物遗传资源惠益分享利益平衡的基本原则

"法律原则实际上是职能部门根据部门内部标准,对具体规则

---

〔1〕 Chetan Gulati, *The "Tragedy of the Commons" in Plant Genetic Resources*: *The Need for a New International Regime Centered Around an International Biotechnology Patent Office*, 4 Yale Human Rights and Development Journal 63 (2001).

合理化、概念化处理后得到的一般性规则”[1]。可见,法律原则基于具体法律规则而建构。具体规则适用范围、求证规则需要考虑其法律效力,生物遗传资源惠益分享利益平衡的基本原则就是保护、采集、获取、开发、利用生物遗传资源以及分配由前述活动所得利益而产生的法律关系的根本准则。生物遗传资源惠益分享利益平衡的基本原则,主要包括比例原则、平等协商原则、正当程序原则、全过程监管原则、统筹兼顾与倾斜保护相结合原则。

一、比例原则

最早提出比例原则是在行政法领域,其主要的限制对象是行政自由裁量权。比例原则强调行政机关在实施行政行为的过程中需要兼顾行政目标的实现和保护相对人利益。如果实现了行政目标,但是可能不利于相对人利益,则要根据比例原则,减少不利影响,将其控制在最合理的范围内。正如学界通说所总结的,比例原则体现了目的性、必要性以及狭义的比例原则三个特征。在行政活动中,行政机关需要综合考虑这三个特征要求,以促进行政目标实现,减少行政相对人的损失。

根据比例原则的解释,在生物遗传资源惠益分享利益平衡中同样也可坚持比例原则。我们需要考虑到缔约方的主管机构、审批机构以及监管机构,这些行政部门在生物遗传资源惠益分享中扮演重要角色,它们实施的行政活动是为了保障比例原则合法正当。提供生物遗传资源的国家与使用生物遗传资源的国家需要签署惠益分享协议,协议具有法律效益,约束了提供者、利用者的行为。但是在协议内容安排上,行政机构并不需要过多干预。需要注意,如果在生物遗传资源惠益分享活动中,行政部门干预、介入较多,那么生物遗传资源惠益分享模式也会有所调整。比如,一些国家规定生物遗传资

[1] [英]尼尔·麦考密克:《法律推理与法律理论》,姜峰译,法律出版社 2005 年版,第 152 页。

源惠益分享中还要考虑地方社区以及少数民族地区的利益。因为生物遗传资源及传统知识是社区居民在实践过程中存续起来的,他们理应享受生物遗传资源惠益分享;还有国家规定生物遗传资源利用开发需要得到行政部门同意,这样的情况下,行政机构干预生物遗传资源开发利用活动,需要坚持简明、高效,以符合比例原则。不论哪一类生物遗传资源惠益分享模式,最终行政管理部门都会参与其中,表现为:第一,当生物遗传资源惠益分享与国家公共利益有关系,那么监管部门允许、批准后才可开发利用生物遗传资源,惠益分享也会受到行政机关的监督。第二,生物遗传资源具有科研价值、经济价值,除了满足原始提供者惠益之外,还应该考虑国家利益。

二、平等协商原则

协商作为民主决策、理性决策的一种重要形式,强调通过民主协商可以保障主体共同参与,提高主体的协商能力,让参与者可以平等参与决策过程,平等分配决策权利,自由真实表达意志,倾听来自不同主体的建议,从而保障决策的科学性与理性。[1] 从生物遗传资源惠益分享法律机制设计目标看,协商原则同样可以适用,它满足了收集者、保管者、提供者、研发者以及商业生产者、使用受益者等主体的利益。让这些主体都能参与到生物遗传资源惠益分享决策中,确定惠益比例、方式以及程序,经过各方充分沟通、理性协商,最终确定了合理的生物遗传资源惠益分享方案,从而满足了各个主体的利益。尤其是在价值取向方面,要设计各方利益主体能够接受的价值,让生物遗传资源惠益分享方案能够被主体们接受。

协商原则倡议在生物遗传资源惠益分享决策中要保持主体平等地位、共同讨论惠益分享方案,反复辨证惠益机制,保证各个主体均

---

〔1〕 [美]戴维·米勒:《协商民主不利于弱势群体?》,载[南非]毛里西奥·帕瑟林·登特里维斯主编:《作为公共协商的民主:新的视角》,王英津等译,中央编译出版社 2006 年版,第 139 页。

可参与生物遗传资源惠益协商活动,经过共同商定后确定书面方案。这里与协商有关系的权利有提请权、程序公平权、平等参与权、福利保障权、代表权、决策权、投票权等,它们联动协商共同被使用。协商的核心是保障参与主体的有效参与,让协商原则更有效。对此可从以下几个方面关注:第一,参与协商活动的主体是否多样,是否充分?第二,协商规则、协商程序是否明确?第三,协商目标是否正当合理?第四,协商过程是否公开透明,且是否保障主体知情、充分表达?在生物遗传资源惠益分享协商中保障充分沟通,可以方便主体识别利益、公平地分享利益,并将生物遗传资源利用创造的惠益结果转化为普惠,将生物遗传资源惠益竞争转化为合作。[1]

基于生物遗传资源惠益分享利益平衡框架,《生物多样性公约》提到了事先知情同意原则,它是生物遗传资源惠益分享确立的根本依据。例如,根据《生物多样性公约》第15条的规定,利用开发生物遗传资源的主体必须获得了提供者的知情同意后,才可进行下一步活动。为此,提供者及相关利益者需要按照事先知情同意程序去表达意见与想法,从而确保生物遗传资源惠益分享规则确立的透明性和民主性。

三、正当程序原则

随着社会经济快速发展,社会价值体系呈现多元化发展,程序是保障公共正统性的基础,正当程序发挥着重要作用。[2] 程序不仅影响着法律制度的运行,还影响了法律价值的实现和保障。为此,对于生物遗传资源惠益分享的利益平衡,正当程序原则具有不可替代的意义。作为规范系统,正当程序保障了生物遗传资源惠益分享程序合理性,无论是程序的确立还是程序的组成,程序都是制度化的最重

〔1〕 李启家:《环境法领域利益冲突的识别与衡平》,载《法学评论》2015年第6期。
〔2〕 季卫东:《秩序的正统性问题——再论法治与民主的关系》,载《浙江学刊》2002年第5期。

要的基石。[1] 从社会民主理论看,生物遗传资源惠益分享活动中,利益主体要么是直接参与利用活动,要么是间接参与利用活动,他们直接或间接影响着生物遗传资源惠益分享利益调整的决策。为此需要确立制度保障与程序保障,确保决策的科学性。我们尽管常说实质比形式更重要,但是反过来看,如果没有形式的制度保障,那么实质内容会变得非常笼统、模糊,我们将无从知道这些法律如何发挥作用,也不清楚如何保障各利益主体都能实质参与决策过程。因此,对于生物遗传资源惠益分享的利益平衡决策,既需要形式的保障,也需要实质的参与,保持正当程序尤为重要。

生物遗传资源惠益分享利益平衡机制中有一些程序化内容,即生物遗传资源惠益分享的利益平衡需要按照正当程序执行,以确保各个利益主体可得到公平公正的生物遗传资源惠益分享结果。对程序的设计需包含程序内容的确定性、程序设计的中立性、参与主体的平等性、程序过程的公开性、决策的自治性和结果的合理性等多方面的内容。[2] 其中:程序内容的确定性,是指对生物遗传资源惠益分享利益平衡程序的设计需要按照法律约束,确定主体身份、权限以及平衡利益的顺序、方式等;程序设计的中立性,是指生物遗传资源惠益分享利益平衡程序必须保障中立,不能有所偏倚,要站在客观事实角度,最大化满足社会公众的权益,减少私人利益影响社会利益的情况;参与主体的平等性,是指参与生物遗传资源惠益分享活动的主体都具有平等性,如地位平等、机会平等、表达平等以及决策平等;程序过程的公开性,是指以可以看得到的方式去实现正义;决策的自治性是私法意思自治在公法框架的展现,惠益分享主体可以选择适合自己的生物遗传资源惠益分享程序,确定分享结果,并且自治性贯穿于生物遗传资源惠益分享利益平衡的全过程;结果的合理性,是指所有

---

〔1〕 季卫东:《法治秩序的建构》,中国政法大学出版社 1999 年版,第 11 页。

〔2〕 汪进元、符健敏:《和谐社会的价值基础与制度建构》,载刘茂林主编:《公法评论》第 3 卷,北京大学出版社 2005 年版。

活动程序结束后，结果是合理的，针对生物遗传资源惠益分享的利益平衡机制而言，它就是受正当程序约束的过程，是正当程序的逻辑结果。在这一过程中包括生物遗传资源的采集方、保管方、提供方、研发方以及商业生产方。前述主体作为惠益分享活动中的利益相关方，其主体活动有机结合形成了生物遗传资源惠益分享的全过程。所有利益主体在享有同等程序权利的同时，亦都受到相同规则的约束。

四、全过程监管原则

生物遗传资源惠益分享利益平衡的全过程监管原则，是指从提出申请生物遗传资源研究起到完成研发活动的整个过程，生物遗传资源主管部门对本国的生物遗传资源进行监管以及对生物遗传资源开发利用者进行全面的监督和全过程的管理和控制，并定期对生物遗传资源的开发利用情况进行监管的基本准则。[1] 全过程监管原则为保障公平地分享生物遗传资源惠益奠定了基础，是确保生物遗传资源惠益分享协议得到遵守的必要手段。

从生物安全管理角度分析，需要特别明确国家对生物遗传资源的所有权。一方面，国家对生物遗传资源惠益分享有监管权。首先，生物遗传资源是特殊的自然资源，它的开发利用影响着生态系统的稳定性和生物多样性的可持续发展，关乎生物安全乃至国家安全，为此在开发、利用以及研究生物遗传资源的过程中，国家应当运用行政权力对惠益分享协议的主体、内容、形式和执行情况进行监督和制约，通过行政手段约束生物遗传资源惠益分享主体的行为，了解其研发进度以及生物遗传资源惠益结果，从而对其实施行政管理权。其次，国家对惠益分享协议的行政管理权应优先于协议签订双方享有

[1] 于文轩：《生物安全立法研究》，清华大学出版社2009年版，第170页。

的民事合同权利。[1]另一方面，实施生物遗传资源惠益分享过程复杂且周期较长，为此对生物遗传资源惠益分享进行监督管理，应该确立全过程的动态管理方法，将监管范围扩展到"事前同意→事中报告→事后监督"，贯穿于整个生物遗传资源获取、利用的过程中，定期对该资源利用的情况进行监测，以便随时发现并解决问题。对于生物遗传资源提供者、生物遗传资源利用者在最初签署的生物遗传资源惠益分享协议中没有涵盖商业化的规定，最终却实现了商业转化的情况，双方主体需要重新按照法律程序补充协议，包括重新取得事先知情同意，然后订立共同商定条件。同时，在监督活动中还要关注利益主体开发利用生物遗传资源用途是否合法正当，惠益分享方式、比例是否合理，获取目的是否改变等，一旦发现上述问题，应及时做出调整，以最大限度地使生物遗传资源的各方利益主体公平和公正地分享惠益。

五、统筹兼顾与倾斜保护相结合原则

生物遗传资源惠益分享利益平衡的统筹兼顾与倾斜保护相结合原则，是指生物遗传资源惠益分享涉及多类不同利益，由于利益诉求的不同，在利益平衡的过程中要求我们既要统筹协调，兼顾各方主体的利益需求，又要重点对弱势利益群体倾斜保护，努力实现生物遗传资源所获利益的动态平衡和协调。

首先，从统筹兼顾角度看，生物遗传资源惠益分享要兼顾国家公共利益与私人利益、经济利益与环境利益、少数人利益与多数人利益。具言之，即将公共利益与个人利益之间存在的关系进行统筹规划。但是公共利益比较抽象、宏观，而个人利益又过于具体、丰富，那么对于二者关系的处理，需要保证在国家利益不受损并努力实现个人利益的前提下，结合具体情况辩证对待。此外，还应兼顾提供生物

---

〔1〕 Matthew Adler, *Law and Imcommensurability*: *Introduction*, University of Pennsylvania Law Review, Vol. 146:5, p. 1170 – 1171(1998).

遗传资源主体、开发利用生物遗传资源主体等不同主体间的利益关系，以保障国家经济的持续稳定发展。因此，进行生物遗传资源惠益分享利益平衡时，不能仅按照单一利益本位的思想，需要结合具体情况展开分析，进而作出决策评价。[1]

其次，从倾斜保护角度看，要在统筹兼顾的前提条件下，在生物遗传资源惠益分享利益平衡的过程中对部分弱势利益群体予以倾斜保护。随着社会经济和文化的发展，置身于不同的发展背景，会存在不同利益主体，各主体在逐利的过程中会不可避免地产生实力差距，进而导致主体能力差异，从而影响生物遗传资源惠益分享结果的不公平，也会违背法律正义价值。此时，通过倾斜保护原则，可以缓解主体之间的矛盾，有效化解惠益分享中的利益矛盾和冲突，从而发挥“减震器”和“安全阀”的作用。在实践中，在生物遗传资源惠益分享利益平衡的框架下，《生物多样性公约》中对于发展中国家利益的保障，在一定程度上即为倾斜保护原则的具体体现。相较于发达国家而言，发展中国家虽然掌握了大量的生物遗传资源，但是因现代生物技术水平和经济实力相对较弱，不能掌握生物遗传资源惠益分享的话语权；而发达国家具有技术、资金优势，开发利用生物遗传资源后获得惠益。因信息不对称影响，可能会导致不公正的生物遗传资源惠益分享。因此，为保障公平有效的生物遗传资源惠益分享，《生物多样性公约》明确要求，利用生物遗传资源的主体与提供生物遗传资源的主体要联合研究、共同开发，并力求遗传资源提供者充分参与开发过程，开发生物遗传资源活动尽可能在缔约方境内进行。[2]

---

〔1〕 杨炼：《论现代立法中的利益整合》，载《湖南行政学院学报》2010 年第 4 期。

〔2〕 《生物多样性公约》第 15 条第 6 款。

第四章　生物遗传资源惠益分享利益平衡中的法律关系

法律关系理论是法学体系中重要组成部分，它是指通过法律手段来约束或规范人们的各项社会活动、明确人们的权利和责任的一种独特的社会关系。[1] 德国法学专家古斯塔夫·胡果首先提出了法律关系这一概念，[2]并发表了颇具影响力的《当代罗马法阶梯》著作，他将“rechtliche Verhaltnisse”引入著作，并将其定义为人际社会通用的法律关系。[3] 对基于生物遗传资源权益保护的平衡法律关系理论而言，它是生物遗传资源利益平衡法律机制的基本内容，在整个生物遗传资源惠益共享法律体系中起到贯穿主线的作用。对生物遗传资源惠益分享提供者、获取利用者的权利、义务等要素和内容进行有效整合，并揭示生物遗传资源惠益分享利益平衡法律关系的产生、变更、消灭的动态过程和规律，可为生物遗传资源惠益分享利益平衡法律机制的构建和完善奠定坚实基础。

生物遗传资源获取和惠益共享存在利益平衡关系，且在法制体系中平衡关系是不断变化的，这样可综合、真实、准确地表现生物遗传资源获取和惠益共享系统中的利益关系，即不同获益主体的权利

---

〔1〕 公丕祥主编：《法理学》，复旦大学出版社2002年版，第358页。

〔2〕 杨代雄：《古典私权一般理论及其对民法体系构造的影响》，北京大学出版社2009年版，第83页。

〔3〕 陈锐：《法律关系理论溯源与内容重塑》，载《政法论丛》2020年第6期。

占比关系和相应的矛盾关系。生物遗传资源利益共享体系中,利益方追求的是利益体系始终处于平衡状态,使生物遗传资源供给者、管理者、采集者、开发者和对应的研究成果获益者的利益关系保持平衡。对生物遗传资源采集和利益共享法制体系而言,当条件变化时,利益主体的利益是相对变化的,或上升或下降,从不平衡向平衡转换,再从平衡向不平衡转换,整个过程包含了不同利益主体的利益交换过程。利益关系的平衡就是整个利益交换过程的平衡,在动态利益交换中,生物遗传资源利益共享关系是否达到平衡决定了所有利益主体是否能获取最大利益。所以,将利益平衡概念运用到生物遗传资源利益共享法律体系框架建设具有重要意义。

本研究的目的是建构我国的生物遗传资源利益分享法律平衡关系基础理论体系,为利益平衡法律体系的研究和完善提供理论依据。本章从两方面进行论述:一是以利益平衡理论和实践价值为基础,分析生物遗传资源利益平衡法律关系;二是详细划分生物遗传资源利益平衡法律关系,梳理出法律关系对应的主客体要素和基本内容。

第一节　生物遗传资源惠益分享利益平衡法律关系的理论分析

21 世纪以来,世界生物技术趋于成熟,人们开始意识到生物遗传资源保护的重要性。国际社会为此付出了很多,部分国家制定了相关政策法规,目的是确保珍稀的生物遗传资源安全、维护自然生态环境。但生物技术不断提高的同时,相关知识产权侵犯等不法行为也增多,人们开始意识到,仅仅利用生物资源保管手段来保护生物遗传资源是起不到很大作用的,还应划分生物遗传资源的归属权,制定资源获取和运用规则,使遗传资源管理者也可从遗传资源开发中获取利益,这样可增加资源保护者的积极性,使其主动投入到资源保护中。从不同视角看,将利益平衡理论用作生物遗传资源惠益分享体系建设,是生物遗传资源保护法律机制的一种创新。

一、法的利益平衡

利益平衡(interest balance),又被称为利益衡量,是从法律角度思考问题的一种方式。基于生物资源利益共享的平衡可从两方面来解释:一是以目标为主的平衡,这种平衡是静态的,是指不同利益方的关系表现出的稳定、和谐的结果;二是以变换过程为主的平衡,它的本质是设计出一种平衡转换方法,当利益矛盾出现时,可自动修正和转换,即利用衡量理论来协调各方利益,在对立关系中找出暂时平衡的方法。利益平衡是一种方法,属于第二种解释,追求过程平衡关系,包含了衡量、评估、决策、调整等元素,是一种实时变化过程,因此该方法适用于立法、司法、执法等一系列活动,并发挥着重要作用。

(一)作为方法论的利益平衡

利益平衡理论诞生后,最初被司法部门运用。这种理论可为法官的案件审判提供多种法律阐释方法,使法律灵活适用性增加。当主客体存在需求关系时就产生了利益,人类作为主体对物质或精神的需求是无穷尽的,但那些可满足主体需求的资源往往是稀缺的,因此人们都希望自身能获得更多利益,这就容易使需求主体之间发生利益纠纷和竞争,受各种因素的影响,这种利益矛盾是动态变化的。为了协调各利益主体的利益关系,国际上必须建立科学有效的利益协调制度,这是确保社会稳定发展的基础,通过制定法律法规来规范各利益方的行为,协调各方关系。法律是否能产生实际效益是由国家体制和社会成员道德素质决定的。[1] 自此利益平衡理论被作为立法学的核心内容,并形成了利益法学派。

作为利益法学派代表,惹尼从司法角度研究了裁量流程并分析了利益平衡的意义。他表示法律渊源是深厚的,但不能用它解释所有的司法行为,存在很多特殊领域,很多决策是法官依法裁量而作出

[1] 刘士国:《科学的自然法观与民法解释》,复旦大学出版社 2011 年版,第 17 页。

的,为了实现对应的裁量结果,必须从利益类型、主体利益占比、道义等方面进行裁量,以制定合理的社会标准来确定利益关系和利益优选级别,最终找出最佳的平衡方法。[1]

利益平衡作为一种方法理论,具有三个显著特征:其一,它是利益法学派提出的一种独特的平衡方法,该理论的思维方式和已知的法学概念有本质的不同。已知的法学是以法律法规为根据进行决策的,而利益法学是通过决策追踪来形成法律条例。可知,前者受法律约束,而后者可影响立法,因此利益法学和传统概念法学是相互矛盾的。其二,利益平衡存在于审案过程中,适用于具有两个或两个以上利益矛盾主体的纠纷案件中。若从法律角度可找出多个利益关系主体,但法律条文中没有明确各主体的利益大小或价值排序,这时法官需根据法律采取合适的裁量法来平衡利益关系,[2]最终实现利益调节,使各利益主体的需求均得到满足。其三,从本质上讲,利益平衡法是一种价值评估法,法官需作出正确的利益有限排序,从而选择最后的利益平衡方法,因此利益平衡法的选取主体是法官,是其通过利益价值裁量决定的。

(二)作为立法方法的利益平衡

在协调各方利益过程中,法官通常会以各利益主体的权利和责任为根据进行利益优选排序和归属判断,尽可能确保结果的有效性和公正性。另外,立法级别明显高于执法和司法,因此首先要从立法角度平衡各方利益,再从各个流程对利益平衡的过程进行评估和决断。

菲利普·黑克作为法学派代表提出了利益平衡在法律制定中的重要性,并将其作为核心理论引入法学探究中。他表示法律可表现出利益逻辑框架,也可用来平衡各方利益关系。他不认可传统法学

---

〔1〕［美］E. 博登海默:《法理学:法律哲学与法律方法》,邓正来译,中国政法大学出版社2004年版,第152页。

〔2〕张斌:《现代立法中利益衡量基本理论初论》,载《国家检察官学院学报》2004年第6期。

理论,发表了利益划分理论,也称冲突化解理论。他表示任何法律条文均可用作某种利益的矛盾化解,均是以不同主体的利益关系为基础形成的,是用来制约对立主体的标准。人们不能凭空制定利益保护规则,必须在某种利益环境中制定合适的利益平衡规则。在现实世界中,任何人都有利益扩张需求,因此满足某一方利益需求后,其他方的利益将会受到影响。[1] 这就需要通过立法来确定利益关系,它也可用来平衡利益关系,法律就是用来解决各利益主体的利益纠纷问题的,是在利益协调过程中产生的。

用作立法的权益平衡法有三大特征:第一,利益权衡相当于建立一种全新的法律,适用于立法的整个阶段。立法前需先对利益类型进行划分,再按照利益价值大小进行排序,合理评估和取舍利益,最后在立法整个过程中实现利益平衡。第二,立法前要收集各利益获得者的准确信息。立法内容是法官进行利益权衡的结果,但利益保护选取需顺应社会方法趋势,并和立法者的目的一致。第三,要对利益价值有准确的判断,这样才能在立法阶段平衡各方利益,即能正确评估利益的优选界别,并作出最合理的决策。利益和权利是交互的,选择正确的利益平衡法是确保利益主体权益的根本,而权利和义务是法律的重要组成部分,因此只有作出正确的利益决策才能制定符合社会发展的法律内容。[2]

(三)利益平衡与法律的关系

利益法学派所形成的理论思想对其之后生成的法学研究奠定了基础。其确定法律的形成与出现并不是借助各种概念意义得到的,而是以现实为基础,从中总结得出的规则,能够对存在对立面或者是相互矛盾的两种利益进行协调。在进行法学研究的过程中,我们除了关注法学中的逻辑关系与法律概念之外,还应当注重法学的务实

---

〔1〕 [德]菲利普·黑克:《利益法学》,傅广宇译,载《比较法研究》2006年第6期。

〔2〕 张斌:《现代立法中利益衡量基本理论初论》,载《国家检察官学院学报》2004年第6期。

性以及其后所涉及的各种利益。在利益法学派的理论研究中,学术界对法律与利益之间的关系也有了更多的了解与认可。在对其进行探究的过程中,我们从多个角度对其展开探讨。本书在对其进行分析的过程中,主要从以下几个方面进行:

其一,制度的建立与使用与利益分析密切相关。利益的出现,并非通过法律建立而得到的,而是随着人们的生产生活所需而形成的。在道德与制度建立之前,这种关系就已经存在。在以往的传统观念中以及各种自然权利理论中我们能够发现,如果我们将其从法律中去除,这一系列的利益关系依旧存在。它与法律当前的行为、决策、完整与否等都没有任何的关系。[1] 所以,利益与法律之间不存在因果关系。因此在制定各项法律的过程中,我们应当对现实生活中的利益进行考虑,了解法律之下人们的真实需求,并对其利益进行总结分配,寻找不同利益之间的关联与关系。帮助法律来判断,在一方利益变化的过程中,从什么样的角度出发,对其利益进行确定、拒绝与判断,为其提供一定的前提条件。

其二,法律是进行利益规划的主要方式。在对利益进行满足的过程中,要借助外在的方式,才能使这种需求在实际中得到落实与维护。所以利益的确定,也与法律制度、各项规范、社会风俗、传统、宗教信仰等有着一定的关系。法律的创建与使用,必须具备广泛性、适用性、普遍性、权威性等特点,在使用的过程中,才能够对大多数人的利益起到保护效果。在对其各项机制进行调节的过程中,法律必须要做到对利益诉求的表达、利益分配的调整以及各个利益之间平衡的效果三个要求。[2] 此外,法律建立的核心要素也是利益。当前社会的发展、各个领域的出现、功能的变化、种类的划分,其最终目的就是实现利益的最大化。若失去利益,那么法的观念意义也自然就没

〔1〕［美］罗斯科·庞德:《通过法律的社会控制——法律的任务》,沈宗灵、董世忠译,商务印书馆1984年版,第35页。

〔2〕付子堂:《对利益问题的法律解释》,载《法学家》2001年第2期。

必要存在了。[1] 与之对应的则是，在考察各个法律制度的时候，我们同样要对其制度使用中所涉及的利益主体进行协调，平衡彼此之间的利益关系。正如庞德所言，在法律建立的道路上，假如这一要求无法被他人所认可，那么在使用的过程中，就只能使用强制性的手段，确定法律的强制效应，但这种行为又恰好与法律所要制止的行为是一致的。[2]

其三，在司法与立法的过程中，始终要将利益平衡放在核心地位。在当前社会生活中，我们需要借助法律的形式对各种利益进行合理的分配。立法者在制定法律的时候，需要遵从一定原则与正确的价值观念，将不同社会主体之间的利益进行比较、选择与评价后，才可建立法律的大纲。通过上述操作后，各方利益的分配大致被确定下来，随后在使用的过程中，对出现的利益冲突问题提供有效的解决办法与方案，并将其作为解决这一利益问题的标准使用。所以，法律建立的最终目的实际就是，对当前的利益进行合理的分配与调整，保证社会中的各个主体都能够从中获得一定的利益。在对利益进行协调之后，社会在群体的行为才能够处于正轨，才能保证社会的稳定与和谐，推动社会向前发展，减少社会矛盾的出现。[3] 在对各主体利益进行调节与平衡的时候，我们使用的方式不仅限于立法层面。在从事各项司法活动的过程中，其依旧可以发挥一定的解释效果。因此，法官在进行判断的过程中，不应当仅关注文字的内容，要按照平衡分配的原则对其进行判决。通过思考立法者立法时的用途以及立法者认为考虑到的范围，借助自己的智慧，对各种问题进行审查，合理分配各自的利益。[4]

---

〔1〕［日］美浓部达吉：《法之本质》，林纪东译，台北，商务印书馆1992年版，第37页。

〔2〕［美］罗斯科·庞德：《通过法律的社会控制——法律的任务》，沈宗灵、董世忠译，商务印书馆1984年版，第52～53页。

〔3〕梁上上：《利益的层次结构与利益衡量的展开——兼评加藤一郎的利益衡量论》，载《法学研究》2002年第1期。

〔4〕杨仁寿：《法学方法论》，中国政法大学出版社1999年版，第175页。

随着利益平衡理论的发展,学者在对其研究的过程中,大部分的研究方向都集中于应该采用什么样的方式能够对各个法律主体利益进行保护,实现彼此利益之间的平衡关系,完成立法。该项法则在使用的过程中,立法者必须对多个主体的利益进行考虑,并且要秉承一视同仁的态度对待不同的主体,保证彼此之间的利益都能够拥有一定的界限在其中,使其在发生利益冲突的过程中,借助这一界限对彼此利益进行分配与处理,从科学的角度完成利益的规划。也只有如此,才能够发挥立法在社会稳定、发展和谐过程中的作用。[1] 克拉勃表示,政治社会的不断进步与发展,是社会中各个主体在遵循各自的权利与义务的基础上而实现的局面。法律存在的目的就是对彼此双方的利益进行相互的调节,因此在涉及利益问题时我们需要对其作出全面的评价,从而使双方的利益在这个过程中都能够得到更好的保障。[2] 原则上来说,在对利益进行分配的过程中,主体不可以从利己合作本能上对其进行平衡调节。使用社会控制的作用就在于能够使人们之间的利益发展,能够在这种状态下维持彼此的平衡。随着社会的不断发展,社会控制必须要借助法律的建立才能够达到有效的管理。[3] 庞德在对法律实施研究的过程中,从社会法学的方向对其进行探讨,并认为社会治理中所需要用到的最好工具就是法律,法律的出现能够使各自利益之间得到更好的平衡,使彼此能够进行良好的社会合作,推动社会法治秩序的共同发展。在对社会进行调节的过程中,各个主体之间所需要承担的义务和行使的权利都是通过法律的作用来调节与规范的。

二、利益平衡是生物遗传资源惠益分享的必然要求

从法律的角度上来说,利益平衡的作用就是充分借助法律的权

---

〔1〕 穆治霖:《环境立法利益论》,武汉大学出版社 2017 年版,第 160 页。

〔2〕 [荷]克拉勃:《近代国家观念》,王检译,商务印书馆 1957 年版,第 48 ~ 49、57 页。

〔3〕 [美]罗斯科·庞德:《通过法律的社会控制——法律的任务》,沈宗灵、董世忠译,商务印书馆 1984 年版,第 89 页。

威性对其进行协调，让各自冲突在这一过程中能够得到解决，保证各自的利益也在这一基础上都能够逐渐趋于优化与合理。社会的发展与进步离不开法律的协调，社会中彼此存在的利益关系较为复杂，在调节的过程中必须通过一定的工具对其进行管理，法律存在的主要目的就是对可能产生的利益冲突进行提前干预与化解，保证彼此的利益之间能够达到更好的平衡，实现彼此利益的良性发展，推动社会进步。个人的行为会受到权利的指导与激励，对自身产生约束与推动，促使其产生动机，进而引发行为的发生，将其与法律制度相结合之后能够完成利益的调整。〔1〕 质言之，我们在使用法律的过程中，主要是借助法律的权利与义务的规定来实现各个主体在利益发展与追求竞争过程中的利益平衡，完成公共利益的合理分配。在社会发展中，其现实利益与法律之间所表现出来的应对关系显得更加紧密。当各个利益主体客体之间产生利益关系或涉及利益结构时，法律机制能够作为最后的保障与管理手段使用。因此，在对利益问题进行分配时，我们可以借助各项机制的建立为其提供更多的保障，如资源增益机制等。在建立利益平衡法律机制的过程中，它需要运用到多个环节以及各项义务规则和权利规则，在这一系统中其始终以动态的形式在向前发展，生物遗传资源惠益分享的利益平衡亦是如此。通过对各个利益关系主体的确立，我们应根据其各自的权利与义务对其进行调整，法律在保证某一主体的利益时，同样也给该主体赋予一定的权利与义务，并通过这种方式实现社会资源的合理分配。〔2〕

制度的建立离不开利益的出现，在对制度问题进行探讨的过程中，我们首先要对各自的利益作出鉴定。在立法的过程中，法律的建立实际上也是对各个不同利益主体的利益进行考虑，分配确认后所得到的结果，〔3〕立法的最初目的是对各个关系进行协调，使其彼此

---

〔1〕 张文显主编：《法理学》，高等教育出版社 1999 年版，第 202 页。

〔2〕 叶金强：《公信力的法律构造》，北京大学出版社 2004 年版，第 3 页。

〔3〕 ［美］E. 博登海默：《法理学：法律哲学与法律方法》，邓正来译，中国政法大学出版社 2004 年版，第 279、318 页。

的关系在利益的作用下能够和谐稳定。我们从法律的角度上看待生物遗传资源惠益分享过程中所产生的利益问题时，需要将生物遗传资源本身、该遗传资源的管理者、获取者以及与之有关的其他主体等全部考虑其中。在对利益关系进行考虑与分配的过程中，我们同样也需要将上述利益主体纳入考虑范围中，探讨其个体利益、公共利益以及内部利益的分配问题。

一方面，就现实而言，生物遗传资源的利益获取人员、利益提供人员所属的利益群体是不一样的。对于资源的拥有者来说，他所掌握的生物遗传资源较多，但是没有足够的技术与能力对此进行开发与利用；而对于利益获取人员来说，可以对生物遗传资源做到有效的保护与利用，但是当前所拥有的资源数量有限，自身的能力无法得到施展。彼此之间形成了利益对立面，矛盾就此产生。对于一些技术较为发达的国家而言，在生物技术研发方面所具备的能力较强，能够对一些不发达地区或国家的生物遗传资源进行勘探与开发，并通过申请专利的方式从这些资源中获得利润。但对于该项资源的原产地居民而言，在使用本该属于自己的各项资源时，却需要向其缴纳高额的专利费用。[1] 这种情况的出现主要是因为我们对生物遗传资源在开发勘测方面的权益保护过重，而对于该资源原生地区的权益保护过少，导致在生物遗传资源进行开发与使用的过程中，二者形成了利益上的对立面，影响了资源提供者的各项权益。

另一方面，就生物遗传有关的法治领域角度而言，将利用生物遗传资源获得的各项惠益进行公平分享，虽然在国际社会上得到了诸多国家的支持和认可，但是在资源争夺上，国际社会出现的争夺现象非常激烈且资源盗窃和资源成果剽窃等行为层出不穷。相对比发展中国家，发达国家在生物领域所掌握的技术能力和经验等均非常丰富，这样一来，失衡的开发技术和开发经验使得资源利用或者是资源利益获取上出现了不公平和不平等情况，显然，这对生物遗传资源在

---

〔1〕 吴汉东：《知识产权制度国际化问题研究》，北京大学出版社 2010 年版，第 40～45 页。

国际上的正常秩序造成了一定的影响。从西方价值体系角度而言,在国际关系中,其零和博弈[1]一直处于非常强势的地位,并且生物遗传资源由于具备一定的稀缺性,因此,零和性在国际竞争中日益突显。就传统思维而言,零和博弈会让国家利益出现此消彼长的情况,基于此,诸多国家在围绕生物遗传资源制定政策制度时,往往会参考与借鉴国际法拥有的合法性与公平性等。

此外,现行国际法中,针对生物遗传资源有关的惠益分享制定的相关规定尚未得到健全和完善。例如,在实践中《生物多样性公约》和《与贸易有关的知识产权协议》的规定会出现一定的冲突和矛盾。《生物多样性公约》中明确提出,围绕生物多样性提供相应的保护,并让生物遗传资源创造出的价值实现惠益分享,建立健全各项公平分享体系,不仅有助于生物遗传资源的良性应用,更有助于提高对国家等资源提供者的保护力度。但根据《与贸易有关的知识产权协议》,其中明确制定了两条规定,一是可授予专利的相关条件,二是可排除专利的相关规则。实践中,这些条例的侧重点放在了知识产权人拥有的权利和利益上,而资源提供者应当享有的权利和效益等并未引起重视。基于此,在生物遗传资源上,上述国际条约的运用必然会因利益平衡引起一系列的问题与矛盾。这样一来,为了扩大自身利益,资源匮乏但技术先进的一些国家,尤其是发达国家会重点关注怎样才能便捷获取到更多生物遗传资源问题,而《与贸易有关的知识产权协议》中提及的内容正好可以满足这些国家的真实需求;为了防止生物遗传资源遭受到严重的破坏,一些资源丰富但技术不足的发展中国家则更倾向于《生物多样性公约》提出的要求。我国早些年间就已经签署了《生物多样性公约》,并成为国际社会公认的缔约方。因此,在未来发展中,我国只有围绕生物遗传资源逐步健全

[1] 零和博弈是博弈论的一个概念,属于非合作博弈。是指参与博弈的双方,在严格竞争下,一方的收益必然意味着另一方的损失,博弈各方的收益和损失相加的总和永远为"零"。整个社会的利益并不会有所增加。

各项法律规定,并提高我国法律在国际社会上的效力,才能最大限度地利用法律条例来对我国现有的生物遗传资源提供保护,进而实现资源利用上的惠益分享。

三、生物遗传资源惠益分享利益平衡的实质内涵

就本质上而言,可以将惠益分享主体拥有的利益归纳到法律利益之中。而本书在研究中所涉及的利益同样属于法律利益,所谓法律利益主要指的是,法律上明文规定的合法利益或者是合法权益等。[1] 利用制度规定来对生物遗传资源有关的惠益分享进行调整,能够充分反映惠益分享环节设定的目标或者是遵循的原则等。这样一来,惠益分享涉及的利益平衡在法律关系和监管关系上有着一定的联系。"所谓制度利益主要指的是,以法律制度作为核心,通过法律明文规定所展现出的一种利益"[2]。"正常情况下,利益能够作为个体或者是组织搭建友好关系的重要枢纽,同时,政治组织会通过有效的方式来对利益进行调整,以此实现社会的良性循环发展"[3]。"当前必须围绕着利益制定详细的列表,而后在列表中记录各种法律认同的利益,并按照类型划分将这些利益进行有效归类"[4]。基于此,制度建立主要的目的和作用是让组织根据相关规则或者是制度内容来实现良性循环发展。[5]

在对利益的解读上,由于生物遗传资源有关的利益界定方式目前尚未制定出统一的标准,所以,解读上必然会呈现一定的差异。经

---

〔1〕 通常认为,利益、法益、权利三者是各不相同的概念。从法律视角看,利益分为受法律保护的利益和不受法律保护的利益,受法律保护的利益包含了法益和权利。法益的概念亦有广义和狭义之分,广义的法益包含了权利,狭义的法益是指权利之外法律所保护的利益。本书采取利益分析,主要指受到法律所调整和保护的法律利益,其内涵等同于权利。

〔2〕 梁上上:《利益衡量论》,法律出版社 2016 年版,第 122 页。

〔3〕 沈宗灵主编:《现代西方法理学》,北京大学出版社 1992 年版,第 290 ~291 页。

〔4〕 [美]罗斯科 · 庞德:《法理学》(第 3 卷),廖德宇译,法律出版社 2007 年版,第 18 页。

〔5〕 [法]霍尔巴赫:《自然政治论》,陈太先译,商务印书馆 1994 年版,第 45 页。

前文研究与分析后，本书认为，出于对生物遗传资源拥有的多样性和多功能等因素考虑，尤其是其附带的生态与经济等功能，按照其价值属性存在的差异，可将其分为两种利益类型，即一种为经济利益，另一种为环境利益。所谓经济利益主要指的是以社会经济作为核心，通过对发挥出这种资源最大的利用价值，满足人类生活或者是生产所需，进而创造出相应的经济收益。因此，其经济利益主要的作用是解决人类发展出现的各类需求，但想要发挥出这种利益效果，则需注重资源上的开发或者是利用。所谓环境利益主要指的是，以生态系统作为核心，在生态环境作用下，为人类生产或者是生存带来影响的相关收益。这种利益主要的初衷是实现生态系统的平衡发展。然而，环境利益往往会被人类所忽视，即便是人类在核算各项成本时，也不会将环境利益考虑其中。

就某种意义上而言，生物遗传资源产生的环境利益和经济利益两者有着非常显著的两种联系，即一种为对抗性，另一种为非对抗性。就对抗性角度而言，这种特性主要出现在两种利益的损失和获取上，究其根源主要受到利益相关者作出的行为或者是选择的行为所致。例如，开发或者是获取生物遗传资源环节，侧重点需要放在经济效益上，这使得生态效益无论是维护还是建设都缺乏重视，导致出现了非常多的问题。受到利益驱使，利益主体非常在乎自身的利益追求情况，为了扩大利益，可能会做出有损环境利益的行为，这样一来，环境利益必然会遭受严重的影响，久而久之，环境利益和经济利益两者便出现了显著的失衡情况。就非对抗性角度而言，这种特性主要表现在两种利益拥有的统一性联系上。例如，在人类开展的各项经济活动中，将环境利益融入其中，计算环境利益所产生的成本费用，利用这种方式，可以实现在不影响人类经济利益的同时，减少对环境利益的损害，并提高对两种利益的统一保护，以此实现两种利益在生物遗传资源中的共赢局面。基于此，从上述内容可以看出，生物遗传资源潜在的利益关系有着非常明显的多元性和多样性等特性，生物遗传资源所创造出的经济利益主要建立在“人本主义”基础上，而生态利益则建立在“生态主义”基础上。所以,无论是环境利益,还是经济利益,均有着三种不同的属性,即一是公共利益属性,二是个人利益属性,三是国家利益属性。可是,实际实践中,生物遗传资源往往会出现供需失衡的情况,且生态破坏或者是专利垄断等现象均比较显著,这点也从侧面反映出,生物遗传资源所获得的各项利益在分配环节出现了问题,质言之,导致了利益分配的失衡。具体表现在以下几点:首先,发达国家本身就自带一定的优势,无论是经济实力,还是技术优势均非常强,所以,在生物遗传资源上主要扮演着利用者的角色;其次,发展中国家由于经济发展较为滞后,加上拥有的生物遗传资源非常丰富,在生物遗传资源中主要扮演着提供者的角色;最后,发达国家利用生物遗传资源创造了非常多的价值,而这种价值在向发展中国家进行分配时,却出现了分配不均或者是分配失衡等情况。综上所述,与生物遗传资源有关的惠益分享利益失衡情况逐渐成为当前人类社会发展面临的首要问题。

就生态文明理念角度而言,此理念倡导生物遗传资源在进行惠益分享时,应当侧重关注可持续性或者是正义性以及安全性等要求。所谓正义性主要指的是将生物遗传资源在进行惠益分享环节出现的各类矛盾或者是冲突等进行有效解决,确保各方利益主体均能享受到平等且公平的利益分配。所谓可持续性主要指的是,在生物遗传资源利用过程中,注重对资源的保护,以确保资源能够实现长久利用。所谓安全性主要指的是,在不影响当前经济社会发展所提出的供给需求下,为生物遗传资源提供最大的安全保障,如生态成本保障或者利益分享保障等。著名研究者罗尔斯在研究后提出了学术界著名的正义论,此理论中明确表示,想要实现社会正义,就必须遵循两种原则,即一种为差异原则,另一种为自由原则。[1] 另外,正义论中明确提出,社会成员在对利益进行平衡分配时,必须遵循公平和公正的原则,每位成员均能享受到平衡分配权利,也需要承担平衡分配的

〔1〕 张文显:《二十世纪西方法哲学思潮研究》,法律出版社2006年版,第500页。

义务。[1]

就实质上而言，公平主要指的是在相同环境或者是相同事件中，人所享受到的待遇应当具备一定的相似性，而非指的是平均主义。作为人类生存和发展的重要经济性收益，生物遗传资源可以为人类社会发展提供所需的文化资源或者是其他资源，由此，可以将其归纳到三种利益中，即一是社会利益，二是个人利益，三是集体利益。就范围上而言，生物遗传资源有着非常明显的集合性和广泛性等特性，而受到这种特性的影响，生物遗传资源利益并不能实现公平调整；另外，当前的社会正义所设定的公平原则会受到来自社会哲学等因素产生的影响，使得面对社会中的一些弱势群体时，往往不能做到全面的公平对待。实际实践中，针对公平进行研究与探索会随着时代发展和时代进步而得到逐步地加深。针对生物遗传资源有关的公平、公正分享，无论是讨论还是研究，均能为其公平发展贡献一定的力量。目前，生物遗传资源问题已经成为国际社会公认的首要问题，这种问题不但会影响国家利益，而且更会影响国际社会的经济利益。因此，为了减少这种影响，人类社会在未来发展中，应当将这种资源的公平分享或者是公正分享作为核心目标。基于此，在人类社会的长期发展环节，无论是法律还是利益主体，应注重生物遗传资源利用在利益分配环节的公平分享情况，由此才能满足人类社会前进的需求，解决后代人对这类资源呈现出的需求。在生态系统中，人类作为整个系统的重要载体，应保护后代人利益，进而平等享受生态系统赋予的利益。

综上所述，就本质上而言，与生物遗传资源有关的惠益分享所拥有的内涵主要有以下几点：第一，能够为人类发展和社会发展提供重要的资源供给，而人类利用这种资源创造价值时，在价值分享环节应当注意分享的公平性与正义性，只有这样，才能让人类意识到保护生

---

[1] 李昌麒、黄茂钦：《公平分享：改革发展成果分享的现代理念》，载《社会科学研究》2006年第4期。

物遗传资源的重要性。由于国家、群体或者是行业等主体有所不同，面对这种不同，生物遗传资源惠益分享更要关注正义价值的实现。第二，让生物遗传资源拥有非常强大的可持续性特性，利用可持续性特性来满足当前和未来社会双向发展提出的资源需求。此外，在惠益分享利益平衡中，人类必须要注意惠益分享和生态环境二者的和谐发展和共存发展，在人类社会发展中，应注意不可为了扩大短期利益而作出不利于生物遗传资源保护和可持续利用的行为。

第二节　生物遗传资源惠益分享利益平衡法律关系的定义与特征

法律关系最早诞生的时间可追溯到古罗马时期，其主要出自私法理论之中，而后在大陆法系中得到了延伸和发展，而德日等国针对法学理论进行研究更是为推进法律关系理论的健全和完善作出了巨大的贡献。例如，日本学者高柳贤三在其研究后表示，所谓法律关系主要指的是，两人或者多人为了实现共同目标或者是享受到平等的权利而遵循的一种规则，这种规则可以拉近两人或者多人间的距离，并让两人或者多人产生一定的关联性。这里的关联性主要指的是法律关系。[1] 王泽鉴教授在其所撰写的《民法总则》一书中指出，所谓法律关系主要指的是以法律规定作为核心，利用法律中制定的明文条例来赋予人平等的权利，本质上这种关系可以归纳到社会关系范畴中。[2] 在国内现有关于民法学有关的教材中，法律关系主要指的是一种有效的民事法律关系，即各方主体应当享受到平等的权利。在民事法律明文规定下所形成的社会关系，能够对各主体关系或者

〔1〕［日］高柳贤三：《法律哲学原理》，汪瀚章译，大东书局1932年版，第234页。
〔2〕王泽鉴：《民法总则》，中国政法大学出版社2001年版，第80～81页。

各主体利益等进行有效的调节。[1] 现如今,法律关系理论在诸多研究中虽然存在一定的争议,但是在大陆法所制定的私法体系,即“民法体系”中,法律关系依然有着较高的地位。

民法中所提及的传统价值主要遵循人为本位的原则,这种价值主要反映在两方面上,即一是对个人意志表示尊重,二是对个人自由表示尊重。通过民法对个人拥有的合法权利,如自由意志权利进行保护,防止个人权利出现受损的情况,这是民法最终的目的和本质要求。由于民法概念的核心构成在于权利,所以,在对权利拥有的意义或者功能等进行解释时,需要将其融入法律关系中。[2] 为生物遗传资源有关的惠益分享利益平衡制定的各项法律机制能够为各主体开展相关活动或者是享受合法权利等提供一定的帮助,换言之,生物遗传资源惠益分享机制需要以惠益分享活动作为核心,以利益主体作为导向来进行构建。究其根源主要在于,只有这样,才能发挥出公私法应有的作用和效果,切实提高对各方利益主体现有利益和权利的保护。根据《名古屋议定书》的相关规定,本质上“共同商定条件”主要指的是以生物遗传资源作为核心,利用者和提供者两者为了实现惠益分享所制定的统一意愿“合同”,而商定条件则是“合同”中提到的内容。另外,根据该议定书中制定的规定得知,无论是遗传资源还是传统知识,在进行惠益分享时,均需要围绕公平或者公正的“共同商定条件”来进行。同时,该议定书中明文规定,无论是遗传资源还是传统知识,在使用前均应当向提供国提交完整的申请资料,待获得提供国审批同意后,方可进行执行。与此同时,关于“共同商定条件”,缔约方需要出具合理的法律条例对条件内容进行规定,并明确共同商定的程序和相关规定等。这些现行法律的颁布和实施,一方面提高了对生物遗传资源的保护力度,另一方面更保护了各方利益主体所得利益不会受损。

---

〔1〕 彭万林主编:《民法学》,中国政法大学出版社2007年版,第55页。
〔2〕 王泽鉴:《民法总则》,中国政法大学出版社2001年版,第80页。

一、生物遗传资源惠益分享利益平衡法律关系的定义

所谓法律关系，主要指的是针对由人类行为所形成的某种权利关系或者业务关系进行调整的法律。

在与生物遗传资源有关的惠益分享活动中，各项法律关系均围绕着其权利主体或者是利益主体来进行。而权利主体或者是利益主体不同，则法律关系也会有着一定的差异，但法律关系最终的作用是为了防止各方利益主体拥有的利益或者是享受到的权利受损。基于此，为了进一步明晰生物遗传资源利益主体享有的合法权利或者合法利益，在研究与分析时，必须建立在法律关系理论基础之上。目前，关于这种关系研究，在英法等国学术界中涉及非常少，即便如此，为了提高对生物遗传资源现有的保护力度，防止过度开发现象发生，美国作为世界公认的经济强国，其明确表明需要以合同的方式来解决或者是消除生物遗传资源在进行惠益分享时出现的各类问题。[1]基于此，由于不同国家国情不同，对这种资源采取的保护方式不同，所以，态度上也会有一定的差异。[2]

就生物遗传资源惠益分享主体享有的权利保障角度而言，这种权利保障在外延脉络上极为清晰，即利用者在利用这种资源时会以合理的法律行为来向提供国或者是提供者等签署科学化的惠益分享协议，而协议签署内容不同，则其所能利用到的资源种类或者是资源内容等也会不尽相同。为了维护各方利益主体享有的合法权利和法律关系，无论是国家还是地方政府，均试图以建立法律制度的方式来达到这种目的，这样一来，由法律制度规定的关系就会变为法律关系。关于这类法律关系可将其简要概述为，法律关系能够为使用者和提供者在使用资源和提供资源中指明合理的方向，并围绕生物遗

---

〔1〕 秦天宝：《生物遗传资源法律保护的多元路径》，载《江汉论坛》2014 年第 6 期。

〔2〕 王明远：《美国生物遗传资源获取与惠益分享法律制度介评——以美国国家公园管理为中心》，载《环球法律评论》2008 年第 4 期。

传资源明确各方主体应当承担的责任和义务。在实践中，根据惠益分享方式可将惠益分享利益平衡的法律关系划分为两种类型，一是以国家作为核心的法律关系，二是以提供者作为核心的法律关系。所谓国家法律关系主要指的是利用者在对生物遗传资源进行利用时，需要向提供国递交相应的申请资料，使用环节必须遵循国家制定的惠益分享制度或者是惠益分享规定等；提供者法律关系则指的是，利用者和提供者就生物遗传资源使用和提供签署的相关合同，这种合同具备一定的法律关系。

二、生物遗传资源惠益分享利益平衡法律关系的特征

就本质上而言，与生物遗传资源有关的惠益分享利益平衡具备的法律关系拥有显著的多元性和多样性等特性，这种特性决定了惠益分享利益平衡必须满足两种法律要素，即一种为公法要素，另一种为私法要素。就某种意义上而言，可以将法律关系归纳到法律学范畴中，法律规范主要的目的是调整和优化社会关系，换言之，即针对社会矛盾或者是社会问题进行解决时制定的一种法律标准或者法律方式等。就传统法律关系角度而言，其认为生物遗传资源惠益分享平衡拥有的法律关系主要表现在三方面上，即一是提供资源的主体，二是使用资源的主体，三是监管资源的主体。三者以法律作为核心，相互合作互相监督，以此形成相应的权利关系和义务关系。正常情况下，惠益分享在法律上有着明显的双重性特性，这点也间接性决定了其法律机制必须由两点所构成，即一是权利，二是权力。这两者在法律中既有着紧密的关联性，又有着显著的交叉性，缺一不可。

根据上文研究所得结果显示，针对生物遗传资源有关的惠益分享主体利益在进行调节时，调节方式有着一定的法律效益。换言之，这种调节方式有着合法利益或者是合法权益的解释。就本质上而言，这项资源在惠益分享利益平衡上主要是以合作为前提、以制度为导向，通过各方主体签署的契约来产生多项不同的价值目标，如环境效益或者社会效益等。著名研究者耶林在研究后表示，权利本质就

是利益,而法律则是为利益保护提供的一种方式或者策略等。基于此,可以将法律关系归纳到利益关系范畴中。以这项资源在惠益分享环节形成的法律关系而言,这种法律关系主要是将社会关系融入现行的法律制度中,通过对利益平衡主体享有的各项权利进行保护,进而形成以法律为核心的关系产物。因此,在法律利益层面,根据生物遗传资源建立的惠益分享法律机制不仅要对惠益分享权益关系进行调节,而且更要对惠益分享权利关系进行调节。

(一)内部与外部法律关系

权利义务不同,则涉及范围也会有着一定的差异,而按照这种差异来对惠益分享利益平衡中涉及的法律关系进行划分,可将其分为两种关系,即一种为内部法律关系,另一种为外部法律关系。就内部法律关系角度而言,其主要指的是在惠益分享利益平衡系统中各主体围绕着权利义务所形成的一种有效法律关系,例如,合同签署后便生成合同关系。本书认为,这种内部法律关系主要指的是以生物遗传资源作为核心,提供者和使用者两者在合同签署后形成的法律认可关系。在这种法律关系中,各方主体严格按照合同内容开展一系列与生物遗传资源有关的活动,并按照合同内容履行相应的职责和义务,享有合同制定的平等权利。实际实践中,使用者和提供者虽然拥有相应的给付和随附两种义务,但是在合同内容中,两者所享有的权利或者是承担的责任等却有所不同,且灵活性非常大。就外部法律关系角度而言,这种法律关系中,权利义务会出现在惠益分享利益平衡系统以外或者是其他地方,通过这种方式来衔接各方利益主体间的关系。例如,利益主体和行政部门会有着一定的行政法律关系;又如,利用者和提供者两者有着显著的民事法律关系等。

惠益分享利益平衡所拥有的内外部法律关系本质上有着显著的区别,具体表现在:第一,内部法律关系,其侧重点放在利益主体在法律中是否享有公平和平等的权利与义务,这种利益关系能够对多元利益主体在利益上出现的问题进行有效协调或者是博弈。第二,外部法律关系,其侧重点放在利用外部权利,例如,国家权力或者政府行政权力等来对生物遗传资源惠益分享利益平衡关系进行有效管理,实践中此类管理重心在于多个方面:其一,经济利益或者是个人利益;其二,环境利益或者是公共利益等,通过外部力量的有效管理提高宏观上对生物遗传资源的保护能力或者是利益主体享有利益的保护能力等。

(二)实体与程序法律关系

正常情况下,区分实体和程序两种法律关系的主要方式应当放在法律规范上。按照这种划分方式可以将生物遗传资源有关惠益分享平衡法律关系分为两种类型:实体法律关系和程序法律关系。一般这两种法律关系会出现在任何一种权利形式或者义务形式中。同时,这两种法律关系还能为利益主体提供最佳的权利保障或者义务保障。

就实体法律关系角度而言,其主要指的是,通过实体法律制定的相关条例和内容等对惠益分享各主体间拥有的关系进行调整。此类型法律关系侧重点放在主体关系上,强调利用现行法律来明确各方主体享有的合法权利和应当履行的义务,基于此,从这点上可以看出,实体法律关系拥有显著的结果性和目的性等特性。例如,按照共同商定条件制定的内容显示,利用者和提供者两者就生物遗传资源签署的各项协议中需要规定双方享有的合法权利或承担的法律义务等,而这种权利与义务便形成了实体法律关系。

就程序法律关系角度而言,其主要构成在于两点,即一是惠益分享主体间存在的权利关系和义务关系,二是惠益分享主体和其他利益主体两者形成的权利关系和义务关系。本质上程序法律关系拥有两种特性,一种为手段性特性,另一种为过程性特性。这种关系主要的作用是确保各方主体享有合法权利,主动承担相应的责任和义务,保障生物遗传资源顺利提供或者顺利使用。例如,根据事前知情同意制定的相关规定,利用者获取或者惠益分享现有的生物遗传资源时,需要严格遵循程序制定的要求,所以,这点上有着较为明显的程序性特性。[1] 在实际实践中,为了提高对生物遗传资源总体的安全性保护力度,加大维护公共利益,国家围绕着生物遗传资源惠益分享制定了明确的规定,而这些规定中附带的有两种权利,即一种为审批权,另一种为监管权。通过这些权利运用来达到强化监督和审批惠益分享各主体签署协议情况的目的。另外,为了让社会公众踊跃参与到资源保护中,现行制度中规定群众享有一定的监督权和对资源了解的知情权,作为生物遗传资源惠益分享利益平衡的重要基础,无论是程序法律关系,还是实体法律关系均为保障资源安全和各方主体利益作出了巨大的贡献,两者相辅相成,同样缺一不可。

(三)单一与复合法律关系

由于法律关系在结构划分上存在一定的差异,所以,按照这种差异可以将生物遗传资源有关的惠益分享利益平衡法律关系分成两种类型:单一法律关系和复合法律关系。对于单一法律关系角度而言,这种法律关系在结构上相对简单,具体而言,由于各主体拥有的法律关系有且只有一个,所以,各主体享受的权利和承担的义务等也较为简单。就复合法律关系角度而言,这种法律关系相对复杂,具体涉及以下几个方面:

第一,主体拥有复合法律关系。这种关系主要指的是在生物遗传惠益分享利益平衡中形成的法律关系最少需要有两个利益主体。事实上,生物遗传资源由于权利主体涉及范围非常广,所以,提供方所表现出的不确定性或者是非唯一性等较为明显。例如,巴西大学在2000年和印第安人围绕当地植物资源共同签署了三个不同的合同,此合同中针对植物资源具体的获取方式和惠益分享方式等制定了明确的规定,然而,在此之后,印第安人部分部落针对此合同制定的内容提出了疑问,并发表声明称协议内容已经对他们享有的合法权益造成了影响。经联邦公共部对合同内容进行审核后提出,合同

---

[1] 秦天宝:《遗传资源获取与惠益分享的法律问题研究》,武汉大学出版社2006年版,第403页。

内容并未取得各权益主体的一致认可,存在侵权行为,所以,合同不能生效。[1] 基于此,对复合法律关系进行识别,不但有助于明确各方主体应当承担的连带责任,而且更有利于明晰各方主体享有的连带权利。

第二,内容上有着一定的复合法律关系。这种关系主要指的是,在法律要求下,双方主体应当承担多种不同的权利和义务。以菲律宾作为案例,其主要以参与型类型的国家主管部门模式作为核心,在生物遗传资源上赋予此部门一定的审批权限和参与权。审批权限主要用于对生物遗传资源有关的申请资料进行审批,而参与权则是可以参与到生物遗传资源有关的惠益分享谈判活动中,通过这两种权利来让利用者和主管部门两者形成多种不同的法律关系,如行政法律关系或者民事法律关系等。通过对内容复合法律关系进行分析,能够明确各主体需要承担的责任或者可以享受到的权利等。

第三,主体和内容两者实现交叉的复合法律关系。这种法律关系主要指的是,在生物遗传资源有关的惠益分享上,责任主体至少有两个,通过现行法律关系来对这些主体关系进行明确,进而明晰主体享有的合法权利和合法义务。针对此复合法律关系进行分析,可以了解到各主体承担的多种不同的权利或者义务。

综上所述,在生物遗传资源上,惠益分享利益平衡法律关系所具备的特性有两种类型,一种为复杂性,另一种则为层次性。通过对这种法律关系进行有效调整和优化,能够最大限度地明确各主体在法律中享有的权利或者是承担的义务。根据上文研究所得结论得知,按照层次划分,可将该法律关系划分为两种类型,即一种为内部法律关系;另一种为外部法律关系。就内部法律关系角度而言,其主要是以合同为核心来明确各方主体享有的合法权利和合法义务;就外部

---

〔1〕 Eliana Torelly de Carvalho, *Protection of Traditional Biodiversity - Related Knowledge: Analysis of Proposals for the Adoption of a Sui Generis System*, Missouri Environmental Law and Policy Review, Vol. 11:1, p. 38 - 69(2003 - 2004).

法律关系角度而言,其主要指的是利用外部部门,例如,行政部门等发挥出的监管作用和管理作用来维护各方主体享有的权利义务。(见图1)

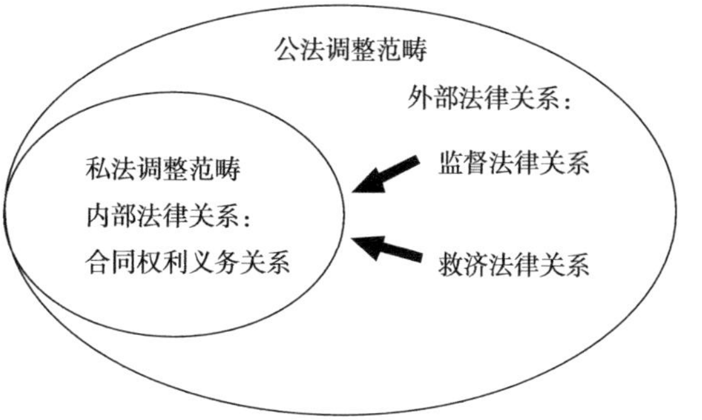

图1　生物遗传资源惠益分享利益平衡过程中有关的法律关系

在生物遗传资源中,针对惠益分享利益平衡有关的法律关系进行调整和规范时,必须明确法律为权利义务制定的相关规定和具体范围。按照层次划分,可以将法律规范划分成两种类型,即一种为外部规范,另一种为内部规范。就内部规范角度而言,其主要指的是对提供者和使用者两者所签订的与生物遗传资源有关的合同内容进行规范与调整,具体规范主要表现在合同署名的权利义务关系上;就外部规范角度而言,其主要指的是国家为生物遗传资源设立的主管部门赋予一定的监督权和管理权,主管部门利用这些权利来对惠益分享进行规范和调整。此外,按照权利义务主体存在的不同,可将法律规范分为两种类型,即一种为私法规范,另一种为公法规范。就私法规范角度而言,其主要指的是以合同作为核心,以内部法律关系为导向,对合同主体拥有的权利义务进行调整;就公法规范角度而言,其主要针对的调整对象为关系主体,如社会主体或者合同主体等,调整环节需要建立在外部法律关系上。一般情况下,外部法律关系所涉及的层面非常广,如行政法律关系或者救济法律关系等。将公私法两者进行有效融合,虽然能够提高惠益分享利益平衡拥有的公益性等特性,但是需要注重公私法两者交融后引起的一系列理论性问题。

三、生物遗传资源惠益分享利益平衡法律关系的主体

由于参与生物遗传资源保护与利用活动的主体非常丰富,在生物遗传资源利益层面同样具备这种多元化特性。如何实现各方主体利益的平衡,显然是目前法律亟待解决的核心问题。无论是生物遗传资源保护,还是生物遗传资源利用,各方主体拥有的利益关系都有着非常显著的动态性特性,由于资源获取所处时间不同,其利益关系也会存在一定的差异。因此,在法律关系定位上,需要围绕具体情形予以考虑。综上所述,本章节主要以生物遗传资源作为核心,以惠益分享环节涉及的各方主体作为导向,以利益关系作为基础,对各主体拥有的利益关系展开深层次的研究与分析。

就社会发展角度而言,社会在高速发展,社会发展创造的利益价值在不断增长,在此背景下,利益主体逐渐呈现出了多元化的发展态势,且利益诉求也在逐步增加。然而,由利益所引发的一系列矛盾也日渐凸显。利益争夺贯穿在整个人类社会中,伴随人类社会的不断发展,规模不断扩大,人类对于资源的使用量不断提升,资源稀缺情况越发严重,这样一来,受到资源限制,各利益主体拥有的利益需求并不能得到有效满足。[1] 基于此,利益将反复重演分离和聚合现象。然而,无论利益分配出现了怎样的变化,拥有统治地位的主体为了扩大自身利益会想尽一切方式来获取能创造更多利益的资源,自此,法律顺势而生,并成为衡量和平衡各方利益主体的重要方式。就利益保护角度而言,法律保护主要是通过两种方式来实现,一种为创设权利,另一种为履行义务。在社会长期发展中,法律对其采取的控制方式主要围绕着调整来进行,而法律为利益制定的调整机制则是

---

〔1〕《史记·货殖列传》。

以权利转化形成的,这样一来,利益和义务等相继成为法律主体。[1]表面上来看,在生物遗传资源的利用过程中,各主体拥有的利益需要由法律来提供保护,基于此,在法律帮助下,法律对各主体享有的各项权利进行了有效的平衡与调节。

就本质上而言,利益平衡法律机制有着非常明显的动态性特性,主要构成在于两点,一是权利、义务拥有的规则,二是各环节所形成的完整系统。不同生物遗传资源拥有的惠益分享权利是在特定利益下形成的。在生物遗传资源中,惠益分享有关的利益平衡能够在法律明确的权利义务关系中得到充分体现。在法律关系中,法律关系主体作为其倡导者和发起者,享有一切与法律有关的权利和义务。一般按照类型划分,可将法律关系主体分为多种类型,如国家或者个体,法人或者组织等。就法人角度而言,其主要的构成在于两点,一是公法法人,如国家管理部门等;二是私法法人,如社会中的组织团体等。[2] 就生物遗传资源角度而言,其所构建出的惠益分享利益平衡结构中,通常将权益主体分为三种类型,即一是提供者,二是利用者,三是监管者。所谓提供者主要指的是国家或地区主体;所谓监管者则指的是国家为生物遗传资源专门设立的主管部门;而利用者则是特定机构或者是个人等。在整个生物遗传资源中,三者有着非常紧密的联系。其中,利用者和提供者两者均受来自监管者制定的监管措施和监管制度约束。

(一)国家

就国家所有角度而言,这里的国家所有并非代表生物遗传资源具有显著的不可转让性特性,而是指国家对这种资源享有使用权。"如若某个国家内的植物遗传资源非常丰富,但是国家掌握开发这项资源的技术不足,那么,一味不去开采或者是不去利用必然会形成

---

〔1〕 付子堂:《法之理在法外》,法律出版社 2003 年版,第 161 页。

〔2〕 吕忠梅:《沟通与协调之途:公民环境权的民法保护》,法律出版社 2021 年版,第 222 页。

资源浪费。”[1]在生物遗传资源中,国家所有权主要指的是全民享用对这些资源的共用权利,有着非常显著的社会功能。相比所有权,这种国家所有权有着一定的特殊性特性,具体表现在两点:一是私法性,二是公法性。所以,国家所有权涵盖了私法权涉及的所有权利,然而,其所拥有的公法权也间接提高了这种权利在法律上拥有的强制性效力。

《生物多样性公约》明确提及,世界各国对于本国拥有的生物遗传资源均享有合理的国家主权。[2] 作为主权享有者,国家会以国家利益作为导向,以社会发展作为基础,围绕生物遗传资源制定一系列可行性的法律法规,利用这种方式来提高对生物遗传资源的监督能力和管理能力。另外,国家作为公法权的核心持有者,在公法权的帮助下,国家实施的各项生物遗传资源保护措施均能实现顺利落实。[3] 按照类型划分,公法权主要构成在于四点:一是立法权,二是管理权,三是分配权,四是监督权。

第一,就立法权角度而言,相对比所有权主体,国家虽然不能直接将所有权行使到实际实践案中,但是能够利用立法的方式来约束和管理这些权利,并按照法律制度来行使权利。一方面,立法权能够帮助国家提高对生物遗传资源的总体保护力度;另一方面,还能加强对该资源利用环节的监督和管理。第二,就管理权角度而言,所有权主体在处理或者是管理自身某些事务时享有一定的所有权。正常情况下,生物遗传资源属于国家所有,国家有权管理和处理本国现有的生物遗传资源,确保这些资源能够实现合理利用和高效开发。例如,使用者在对生物遗传资源进行使用时,需要向国家提交相关申请资料,获得国家审批,只有这样,才能合法使用。第三,就分配权角度而言,本质上生物遗传资源有着非常明显的公益性特性,这样一来,为

[1] Odek James, *Bio - piracy: Creating Proprietary Rights in Plant Genetic Resources*, 2 Georgia Journal of Intellectual Property Law 141 (1994), p. 177 - 178.

[2] 《生物多样性公约》序言。

[3] 王涌:《自然资源国家所有权三层结构说》,载《法学研究》2013 年第 4 期。

了提高其公益性价值，就必须拥有分配权。第四，就监督权角度而言，国家在生物遗传资源上享有所有权权利，这种权利要求国家必须对现有生物资源进行有效管理，这样一来，在监督权的帮助下，人民群众均能享受到公平和公正的生物遗传资源利益。

在生物遗传资源中，国家享有这种资源的所有权利，就法律上而言，这种权利有着不可侵犯性；同时，在所有权的作用下，国家可以对生物遗传资源进行合理的分配，其中包含利益分配和资源分配等。基于所有权权能，在生物遗传资源中，国家享有占有权、处理权以及使用权等多种权利，因此所有权附带有“私权”属性，这点与所有权要求的内容基本一致。就此而言，当国家基于其享有的生物遗传资源所有权作为生物遗传资源惠益分享合同关系的主体时，通常可作为社会公共利益的代表。如若合同中需要署名个人，则个人的代表必须为国家设立的相关机构。正常情况下，这种机构应当为中央或者是地方等行政部门专门设立的主管部门。本书认为，如若按照主体类型进行有效划分，在排除行政主管部门区分的情况下，可以将政府行政主管部门统一视为国家承认的管理代表。从这一方面看，国家在其整个法律关系中便拥有了两种不同的身份，一种为国家利益代表，即生物遗传资源的重要管理者；另一种为合同关系主体，即生物资源的公共利益主体，这种主体拥有非常明显的自治特性。[1]

（二）地方或少数民族地区

在生物遗传资源中，惠益分享平衡法律关系会涉及地方主体或者是民族主体，究其根源主要在于，地方主体或者是民族主体才是整个生物遗传资源的核心创造者，这样一来，在生物遗传资源利益的分享环节，社区居民可以作为分享主体。就现代科学角度而言，耕植所采用的耕植方式有着明显的范围广和品种单一等特性，可是，生物遗传资源在传统社区中的种植方式主要围绕栽植法来进行，且具体方

---

〔1〕 吕忠梅：《沟通与协调之途：公民环境权的民法保护》，法律出版社2021年版，第221页。

式有着显著的多样性特性，在历经时间推移中才逐渐形成生物遗传资源。[1] 根据《生物多样性公约》与《植物遗传资源国际协定》的规定，传统栽植为生物遗传资源的多样性发展作出了巨大的贡献，而这些贡献主体则集中在部族群落上。[2] 本质上生物遗传资源属于大自然为人类留下的重要产物，而社区居民则对这些产物保护给予了非常多的努力。另外，受生物资源拥有的地域性等特性影响，无论是地方还是少数民族地区在生物遗传资源上均形成了相应的规范秩序。基于此，让这些区域主体享受到生物遗传资源惠益分享的请求权等权利，一方面，是对地方或少数民族传统的一种保护与尊重；另一方面，还能提高地方或少数民族在生物遗传资源上的维护积极性。[3]

(三)科研机构和商业化主体

若要发挥出生物遗传资源最大的作用和价值，就必须利用现代化生物技术来实现，而掌握这些技术的主体则由两部分构成，即一是科研主体，二是商业化主体。无论是科研主体，还是商业化主体，在现行法律规定下符合国家要求和获得国家审批后，均具备使用生物遗传资源的各项权利，例如，占有权、开发利用权、收益权或者是以创造性活动作为核心的知识产权等。具体情况如下所述：

第一，占有权。在生物遗传资源上，无论是科研主体，还是商业化主体均享有惠益分享平衡的各项权利，尤其是占有权，且这些主体有着明显的法律关系。所谓占有权主要指的是利用主体可以利用掌握的技术享有对这些资源进行提取或者是保存等权利。为了发挥出生物遗传资源最大的价值，开发主体需要对生物遗传资源中的部分

---

[1] Moock, Joyce L. & Rhoades, Robert E., *Diversity, Farmer Knowledge, and Sustainability*, Cornell University Press, 1992, p. 69 – 72.

[2] National Research Council, *Conserving Biodiversity: A Research Agenda for Development Agencies*, National Academy Press, 1982, p. 105 – 106.

[3] Odek James, *Bio – piracy: Creating Proprietary Rights in Plant Genetic Resources*, 2 Georgia Journal of Intellectual Property Law 141 (1994), p. 178.

生物材料进行提取,通过接触这些材料,并利用有效的方式进行检测和分析,进而了解这些资源材料拥有的价值。此外,关于这类资源提取,利用主体所需提取的资源数量非常少,有时甚至可以忽略不计,所以,在这种情况下,利益主体作出的行为具有非常明显的隐蔽性。受到这种特性影响,实践中常常会出现部分利用者在并未获得提供者授权许可的前提下,擅自收集这类资源,并对这类资源加以利用和分析。为了规避这类现象发生,提高对现有生物遗传资源的保护力度,法律应当对科研主体和商业主体作出的一系列行为进行限制和制约,只有这样,才能提高总体的保护效果。

第二,开发利用权。其主要指的是利用者严格按照提供者制定的要求来对现有生物资源进行计划开发,享有获取这类资源原始信息的权利。正常情况下,按照开发阶段进行划分,可分为三大阶段:一是获取阶段,二是技术研发阶段,三是产品研发阶段,而开发利用权会贯穿从资源采集到产品投放的整个流程。

第三,收益权。在生物遗传资源中,惠益分享利用平衡涉及的法律关系要求科研主体或者是商业主体可享有对此项资源的收益权。所谓收益权主要指的是,在法律允许的情况下,科研主体或者是商业化主体利用掌握的技术来发挥资源最大价值,进而利用资源价值来创造经济效益,而科研主体或者是商业化主体可以获得这类经济效益。一般收益权主要出现在商业化阶段,即将资源进行深加工后形成相应的产品,并将产品投放在市场中,利用产品销售换取回报。基于此,此项资源在开发利用环节,资源是否能够实现生产或者是流通成为了界定收益权的主要标准。[1]

第四,以创造性活动作为核心的知识产权。在生物遗传资源中所制定的惠益分享利益平衡机制能够帮助各利益主体解决资源发展

〔1〕 于文轩:《生物安全立法研究》,清华大学出版社 2009 年版,第 87 页。

环节出现的不平衡或者是不公平等问题。[1] 回顾以往,生物资源最早出现在知识产权领域的时间为 1980 年,是由美国本土的 Diamond v. Chakrabarty[2] 所诞生,此次案件针对生物有机体有关的技术修饰给予了一定的肯定,并认为其拥有一定的可专利性特性。在这之后,微生物等诸多类型的生物遗传资源逐渐呈现出诸多专利客体。这里需要注意的是生物技术专利想要得到法律认可,就必须建立在技术因素和能够创造价值上,只有这样,法律才能为专利提供一定的保护。

此外,生物遗传资源拥有的信息属性可以作为其知识产权的重要核心。本质上生物遗传资源有着非常明显的复合型特性,而这种特性也变相将其分为两种形态,一种为非物质形态,另一种为物质形态。就物质形态角度而言,其作为资源的重要载体,生物遗传资源只有具备价值的资源,才能得到真正的遗传。基于此,研发者为了保护自身的知识产权,会在遗传资源利用环节利用法律等方式对此进行保护,以防其他因素对其利益造成影响。由此可见,在生物遗传资源利用环节,知识产权主要体现在了研发劳动层面。

(四)个人

此处的"个人"主要指的是法律主体,包括自然人、合法组织、行政单位或者是监管部门等。在法律关系中,个人享有生物遗传资源的多项权利,包括知情权、占有权、使用权、惠益分享请求权、监督权和参与权等。具体情况如下所述:

第一,知情权。在生物遗传资源中,个人享有一定的知情权。其主要指的是,在生物遗传资源中,个人作为其主要的提供者,需要明晰生物资源的各项属性,并了解使用者使用这项资源的具体情况。在知情权的作用下,生物遗传资源在开发或利用环节的各项程序,使用者均需要为提供者提交详细的解释说明文件,如资源获取文件或

---

[1] 刘思竹:《论国家管辖范围外海洋遗传资源的惠益分享制度》,载《政法论丛》2020 年第 5 期。

[2] Diamond v. Chakrabarty, 447 U. S. 303, Justia US Supreme Court Center(1980), https://supreme.justia.com/cases/federal/us/447/303/.

资源转让文件等。就惠益信息角度而言,其所涉及的范围非常广,如惠益分享主要的方式方法或者是性质等。[1] 根据信息特性可将生物遗传资源惠益信息分为基础信息、商业化信息和研发信息三种类型。通过对知情权进行分析,能明晰社会公众参与环境法制定的目标要求,同时,在《生物多样性公约》的相关规定中,知情权也是其事先知情同意制度的重要构成之一。

第二,占有权。科研主体或商业主体不同,则享有的占有权也会存在一定的差异。从个人角度来讲,在某种意义上,生物遗传资源的获取情况很大程度上能够影响科研主体或者商业化主体的生存情况。所以,这些主体为了实现生存或者是发展而采取对生物遗传资源的占有权利,可被视为自动取得,在法律上,这种权利无须获得行政主管部门或者是法定程序的审批与批准。

第三,使用权。在生物遗传资源中,应法律关系要求,主体可享有生物遗传资源的各项使用权利,即使用权。其主要指的是以现有生物遗传资源作为核心,个人可以享有对此项资源利用或者是开发的各项权利。此外,法律关系中生物遗传资源还被赋予允许他人使用权,但这项权利在行使时,必须遵循国家制定的相关规定,如若滥用或者是盗用,个人则应承担一定的法律责任。为了防止使用权出现滥用的情况,法律还规定了使用权具体的使用方式或者是使用期限等。例如,利用者在得到国家或者是相关部门授权审批后,要以生物多样性保护作为核心,为提供者提交资源利用的方式与方法等,并向提供者作出承诺,在授权期内,利用者不会将现有生物资源转交于第三方进行使用。

第四,惠益分享请求权。作为生物遗传资源的核心价值目标,利益分享请求权的重要性不言而喻。在生物遗传资源的开发利用过程中,利用者通过所获生物遗传资源所创造的一系列价值或者效益等

[1] 牟桐、于文轩:《我国生物遗传资源惠益分享法律机制的优化路径》,载《生态与农村环境学报》2021 年第 9 期。

均需要与提供者进行分享。同时,提供者享有对资源获取或者资源利用技术等方面的共享权利。一般情况下,惠益主要包括两种形式,非货币惠益和货币惠益。此外,货币惠益包括多种形式:一是生物开发费。利用者在获取或者是使用这些资源时,需要支付相应的开发费用。二是样本费。利用者每次取得生物遗传资源样本时,需要向提供者支付相应的样本费用。三是阶段费用。利用者在对生物遗传资源进行利用时,每个阶段均要向提供者支付相关费用。四是分享特许费。利用者以现有生物遗传资源为基础,将各类研发出的产品进行销售,必须向提供者支付相应的特许费。

第五,监督权和参与权。在法律关系要求下,生物遗传资源的各方利益主体可以享有监督权和参与权。无论是国家采取的保护活动,还是行政管理部门采取的管理活动等,个人均有权参与其中,并享有参与权和对这些部门开展活动的监督权,通过让个人享有这些权利,进而体现出权利拥有的民主性。[1] 此外,在生物遗传资源利用过程中,国家围绕着惠益分享开展立法活动,个人有权参与其中并提出合理化的个人意见;同理,行政监管部门在对生物遗传资源进行有效监督和管理时,个人也可参与其中,利用监督权和参与权来监督部门行为是否违反了相关规定。另外,在监督权和参与权中,利用者开发或者是利用此项资源的整个过程,个人同样参与监督,如资源获取监督或资源研发监督等。

综上所述,个人在生物遗传资源中除享有上述权利外,还可以享受等同的知情权和使用权等相关权利。同时,在生物遗传资源管理或者是保护中,个人也可参与其中。

(五)小结

在生物遗传资源中,惠益分享利益平衡主体有着非常显著的多样性和多元性等特性,这种特性决定了惠益分享法律关系主体所呈现出的互动关系也具备这种特性。政府主管部门是国家设立的主要

---

〔1〕 张璐:《再论环境民主原则》,载《河南省政法管理干部学院学报》2003 年第 1 期。

管理部门,在生物遗传资源中享有监督权、管理权以及使用权等多项权利,而按照职能和职权来进行划分,可将其归纳到“公法法人”范畴;私人部门在生物遗传资源中主要是想通过这些资源来扩大自身利益,但整个环节中必须承担法律规定的责任和义务,因此,可将其归纳到“私法法人”范畴。按照主体地位拥有的法律关系是否平等来对两者进行划分,可将公法法人归纳到平权型法律关系范畴,私法法人则可归纳到隶属型法律关系范畴。[1] 在生物遗传资源中,公法法人拥有的法律关系主要来自行政主管部门等,而私法法人拥有的法律关系则出自个人或者是特定机构等,因此,由于主体拥有明显的多元性特性,主体间将会产生多元化类型的互动关系,而这种互动关系正是处在上述两种法律关系相交的重叠部分。

在生物遗传资源中,惠益分享利益平衡法律关系主要是法律关系主体以合作为前提而形成的一种权利义务关系。就本质上而言,这种关系主要是以意思自治作为核心,以主体平等作为导向,以竞争自由作为基础,是倡导契约精神的一种关系。而这种关系主要体现在三方面,一是资源开发或者是利用环节政府和利用者两者形成的协商沟通关系;二是政府主管部门围绕着资源提供者制定的权利保护关系;三是政府主管部门围绕着资源利用者制定的权益保护关系。此外,在生物遗传资源中,惠益分享利益平衡拥有的法律关系主要是以国家行政主管部门作为核心,通过该部门行使行政权来对各方资源主体签署的关于惠益分享协议有关内容或者行使等进行有效监督和管理。一般关于这种法律关系定义,主要有两种定义方式,即一是权利定义,二是权利交织形成的网络关系定义。就某种意义上而言,针对这种关系进行定义,不仅可以提高法律中法律关系主体的法律地位,而且能强调行政主管部门享有的权利在整个生物遗传资源中的优越性。

---

〔1〕 张文显主编:《法理学》(第3版),法律出版社2007年版,第185页。

第三节　生物遗传资源惠益分享利益平衡法律关系的具体分析

法律调整的目标具有多样性,但是最终的目的是相关的利益主体能够稳定在平衡的状态。通过对全社会的成员的行为进行调整,进而让他们为达到社会利益而努力奋斗。[1] 生物遗传资源惠益分享之间的法律平衡关系是一个结构复杂的利益综合体,目前形成了以国家与生物遗传资源持有者(地方或少数民族地区或个人)的法律关系、国家与生物遗传资源获取利用者间的生物遗传资源惠益分享行政许可协议法律关系为基础,以生物遗传资源提供者与科研机构和商业机构间的合同关系为中心,以生物遗传资源获取利用者与提供者间知识产权法律关系为保障的法律关系体系。

一、生物遗传资源提供者之间的法律关系

生物遗传资源的提供者可以是国家政府、单位或者个体。在《生物多样性公约》中明确规定获取生物遗传资源的决定权在于政府,需要在法律规定的范围内,对遗传资源的获取行使权利,并且在获取生物遗传资源时要遵守资源提供国的相关法律法规,但是如果有其他约定的除外。这也进一步说明生物遗传资源享有绝对的国家主权。

古罗马法学家曾提出将所有权的内容划分为不同的权利职能。所有权的含义是各种权利职能的集合,每一项权利职能都可以独立存在,并且这些权利集合在一起就是一个综合的所有权,所以说所有权的职能就是组成所有权的所有权利。[2] 所有权的性质与权能有

---

〔1〕［法］霍尔巴赫:《自然政治论》,陈太先译,商务印书馆1994年版,第45页。

〔2〕王涌:《自然资源国家所有权三层结构说》,载《法学研究》2013年第4期。

着不可分割的关系。[1] 站在生物遗传资源的国家主权的角度来讲，宪法中提到国家的所有权，就是全民都拥有的一项权利，从国家全民的所有制度出发，保障权利主体是国家的全体公民。[2] 所以生物遗传资源的最终所有者是国家的全体公民，生物遗传资源的开发、利用以及分享关乎着国家全体人民的利益，在对生物遗传资源的国家所有权进行使用时，全体人民的价值观念对其国家所有权具有一定的法律限制权利。另外，全民所有不是让全国范围内的人民都具有享有财产使用的权利或者能够对财产进行处理和使用。[3] 对全民范围内的某一个个体而言，不是每一个人都具有全民所有物支配的权利。宏观层面上，全民所有并不是指全民范围内的每一个人都享有该所有物的权利，只有该集体组成的全体才是自然资源的主体。质言之，全民所有是一个有双重性的权利结构，即全国范围内生物遗传资源所有权中的公共权以及所有权是共同存在的。对内部关系进行分析，全国范围内的每一个公民对生物遗传资源都拥有共有权利，它既是国家经济发展的基础力量，也是全民中的每一个成员享有自然资源共有权和所有权以及共享收益的依据；对外部关系进行分析，每一个个体组成的全体对生物资源享有绝对的所有权。所以，公有权对全民所有进行了法律环境上的限制，他要求必须是由每一个个体所形成的整体的公共利益。

一方面，国家以及地方的少数民族区域对生物资源具有一定的掌控权和所有权。按照《生物多样性公约》中的条例规定，每一个缔约国应酌情采取立法、行政或其他政策措施，以期私营部门为生物技术、有关生物多样性保护和持续利用的技术或利用生物遗传资源而不对环境造成重大损害的技术的取得、共同开发和转让提供便利，以惠益于发展中国家的政府机构和私营部门，并同时遵守相关共同商

---

〔1〕 韩松：《农民集体土地所有权的权能》，载《法学研究》2014 年第 6 期。

〔2〕 马俊驹：《国家所有权的基本理论和立法结构探讨》，载《中国法学》2011 年第 4 期。

〔3〕 高富平：《中国物权法：制度设计和创新》，中国人民大学出版社 2005 年版，第 86 页。

定条件、设立财务机制以及符合知识产权的相关条件。[1] 根据该约定内容来分析，将生物遗传资源的提供政府进行排除，商业化机构也是资源中的享有权益的主体。另一方面，《波恩准则》提到在对资源进行管理、提供以及开发、使用的过程中，对这一过程付出努力以及贡献方面共享惠益。[2] 该项规定站在本质性的角度，来对生物遗传资源的提供国家进行保护，允许提供国对生物遗传资源进行使用和获取，享有共享资料的权益，同时对生物遗传资源的分享惠益作出贡献的利益主体也是享有优惠的利益相关者。所以国家政府、地方政府以及少数民族区域、科研机构以及商业化单位、个体都是生物遗传资源的利益分享者。[3] 在实际的生物遗传资源的利益相关者中，生物遗传资源惠益分享协议的主体在性质上具有一定的特殊性：当国家内的生物遗传资源分布范围较广时，就会存在生物遗传资源的提供对象，国家就是生物遗传资源的提供者，也是协议的签订者。当生物遗传资源在国家范围内的分布有限时，对生物遗传资源进行开发希望能够从中获益的利益主体就是生物遗传资源的提供者，但是最方便的惠益是财产上的共享以及知识产权的共享；而对生物遗传资源进行开发、并提供研发场所以及对专业人员进行培训的利益获得需要有一定的技术和物质基础才能够支持对生物遗传资源的提供，在这一方面，国家与对生物遗传资源进行开发的获益者相比，国家要更具备优势，所以可以将生物遗传资源的实际提供者与国家共同作为生物遗传资源的提供对象国。当生物遗传资源的实际提供者提供的生物资源类型相似时，国家作为主要的提供者签订协议，也可以有效地降低协商之间发生矛盾，并且避免利益主体因为资源利用的多

---

〔1〕《生物多样性公约》第16条。

〔2〕Executive Secretary of the Convention on Biological Diversity, *Bonn Guidelines on Access to Genetic Resources and Fair and Equitable Sharing of the Benefits Arising out of their Utilization*, UNEP/CBD/COP/6/20, VI/24, 2002(5), Guideline 48.

〔3〕秦天宝：《遗传资源获取与惠益分享的法律问题研究》，武汉大学出版社2006年版，第448页。

少来进行争夺。[1]

二、生物遗传资源提供者与科研机构之间的法律关系

科研活动在遗传资源中的利用范围很广泛，所以在一般情况下会使用《生物多样性公约》来对生物遗传资源提供者与科研机构之间的法律关系进行划分。遗传资源的含义是具有市场价值的遗传材料。遗传材料的含义来自自然界的生物、微生物以及其他具有遗传功能单位的材料。在对遗传资源进行利用时，是指遗传生物遗传资源利用生物化学技术来对生物遗传资源进行开发和使用，通过《生物多样性公约》对生物技术的定义来对生物遗传资源进行合理的应用。遗传资源的来源多样化，既可以是野生的、天然的，也可以是在环境中养育出来的。科研活动中的获取与惠益分享活动既能够对生物遗传资源进行就地取材，亦可以在别的地方对遗传资源进行采集。同时，科研活动中的惠益分享不包括人类的生物遗传资源。

科研活动中通常包含与农业有关的植物遗传资源，植物遗传资源是指对粮食业以及农业具有价值的生物遗传资源。将《生物多样性公约》、《名古屋议定书》与《粮农条约》作为主要的法律规定内容，这些法条结合使用并不会对生物遗传资源的开发利用活动造成任何的矛盾影响。所以，在科研活动中将与粮食、农业有关的植物生物遗传资源归类于专门文书管理。

科研活动中包括生物遗传资源的提供以及相关传统知识的获取，这些生物遗传知识一般都是地方性的少数民族遗传下来的。关于生物遗传的传统知识，现阶段在国家层面上并没有对知识内容进行具体的划分，一般都是地方性的土著居民利用他们传统的生活方式以及对生物的多元保护及利用的知识内容。在对生物遗传资源进行科研技术的获取时，既会对资源进行就地取材，也会将别处的资源进行移动，或者使用第三方机构来对资源进行获取，都是在科研活动

---

〔1〕 秦天宝:《生物遗传资源法律保护的多元路径》，载《江汉论坛》2014 年第 6 期。

的惠益分享规则基础上进行的。

《生物多样性公约》在管理的范围内发现生物遗传资源具有绝对的主权权利。所以拥有生物遗传资源的主权国家有权利对生物遗传资源进行获取,并且有权规定生物遗传资源的获取方式。获取生物遗传资源的主要目的是用于科研活动,并且利用科研活动来帮助商业化的机构从中获取利益,后者关乎到在法律规定的环境内对生物遗传资源的资源以及传统知识进行利用的惠益。同时在公约中明确规定缔约国应当履行自己的义务,避免生物遗传资源在获取过程中破坏生态环境,抑或对其他生态环境造成不良的影响,尤其是不能修复的不良影响。例如,在对生物遗传资源进行获取时,有可能对生态环境造成了严重的不可逆转的损害。在这些原则的基础上应当保证每一个缔约国都能严格履行自己的义务,并且各个缔约国应当根据本国的生物遗传资源的开发现状来制定相关的政策和实施方案,缔约国有权力规定使用方是否遵守公约以及如何履行《名古屋议定书》关于获取生物遗传资源的义务。

如果科研机构或者科研人员在某缔约国境内对该缔约国的生物遗传资源的传统知识进行研究,该国已建立了相关的生物遗传资源的学术研究的获取以及惠益分享程序,那么该科研机构或者科研人员在对生物遗传资源的传统知识进行研究时,需要先征得该国的事先知情同意,同时应当与生物遗传资源的提供国协商,确定共同商定条件。如果在进行该项研究时,涉及与该生物遗传资源的传统知识,那么还要与拥有该项生物遗传资源的传统知识的持有者达成事先知情同意,并与其另行签订相应的共同商定条件。共同商定条件中规定的内容取决于生物遗传资源的提供国的内部的法律环境以及相关的管理规定。从从事科学研究的使用方的角度进行分析,在对某一个国家的生物遗传资源以及传统知识进行使用之前,需要对该生物遗传资源的提供国的资源以及知识获取与惠益分享的立法环境、行政内容进行调查,并且在进行过程中应当严格遵守该生物遗传资源提供国的规定。

在科研研究过程中产生的研究数据管理方面,由于生物遗传资源及相关传统知识在获取的过程中产生的科研成果可以使用任意平台,如纸质和电子杂志、公共可获取的在线数据库、关于遗传资源序列信息的数据平台等发表科研成果,内容还应当包括对生物遗传资源及相关传统知识的提供国以及移地收集库的惠益分享。此外,在信息库对生物遗传资源进行发布时,应当通过提供国际认可的遵约证书等方式披露生物遗传资源提供方的基本信息。

如果生物遗传资源的提供方在事先知情同意中对生物遗传资源的适用范围进行规定,将生物遗传资源用作科研开发,并且不参与商业化的建设和使用,那么生物遗传资源的提供方与使用方在合同上规定的协商条件中必须对生物遗传资源的非商业化适用范围进行规定,并且在对科研结果进行发表时,应当在附件部分加上非商业化资源利用的声明。基于这一背景,在发表成果时还应当对科研成果的提供对象以及数据的提供者的信息进行说明,非商业化的资源使用亦需要得到资源提供国家的认可和允许。

三、生物遗传资源提供者与商业机构之间的法律关系

随着现代科学技术的发展,生物技术以及对生物遗传资源和传统知识的利用为人类的生活带来了极大便利。生物遗传资源的商业使用需要将实践作为主要的应用基础,并且在应用过程中有三个主要阶段。

(一)关于所获取生物遗传资源的基础研究

基础研究主要包括项目规划、研究前的准备工作、开展研究和惠益分享等四个阶段。

1. 对项目进行规划的阶段。生物遗传资源获取利用方应全面了解研究所涉遗传资源的潜在提供国关于生物遗传资源获取与惠益分享的规定,包括立法、行政和政策措施,并对该生物遗传资源提供国出口该遗传资源的条件规定进行全面了解。其中,对生物遗传资源的获取方式有两种:就地获取和移地获取。对于就地获取而言,获取

利用者需要为生物遗传资源的获取与惠益分享的谈判安排一定的时间和经费。当生物遗传资源存在多个潜在的提供国或提供方时，可以根据《生物多样性公约》及其《名古屋议定书》对缔约方的规定，优先选择国内已有明确的获取与惠益分享相关法规措施的提供国。对于移地获取而言，其包括移地收集和第三方获取两种途径，应确定最近的获取方式和途径。如果打算获取的遗传资源来自第三方，在此情况下，则应当确保该“中间人”最初从原始的提供方获取该份遗传资源时，得到了事先知情同意，并订立了共同商定条件或者材料转让协议，并且须确保研究所指的特定用途是合法的。

2. 生物遗传资源的获取利用者应当向生物遗传资源的提供国，或者指定的利益相关方递交相关材料和信息以申请事先知情同意。依据提供国的法律以及对生物遗传资源的相关研究方案，应当事先获取以下机构的知情同意，包括国家主管机构、利益相关方（如土著与地方社区）、中央及地方政府机构等相关政府部门。此外，除了需要取得提供国的事先知情同意，还应明确所涉研究项目是否还需要获得其他类型的许可。例如，勘探许可、保护地准入许可、研究许可等。在申请事先知情同意过程中产生的所有文件都必须进行书面存档，同时将过程中所有与生物遗传资源获取与惠益分享有关的信息予以保存，尤其是当使用方具有尽职审查的义务时，信息的留存与文件存档就显得尤为重要，能够为后续的惠益分享提供监测与评估依据。

3. 在对生物遗传资源正式开展研究之前，生物遗传资源获取利用者必须取得事先知情同意，并与生物遗传资源的提供方及其行政主管部门达成共同商定条件，与其就惠益分享的条件达成一致，尊重提供方的地方法律以及传统价值观，对土著与地方社区使用传统方式利用生物遗传资源的做法予以尊重。同时，在正式开展研究之前可以借鉴《波恩准则》，结合遗传资源当地提供方的诉求，事先起草一个关于潜在惠益的清单，包括货币惠益和非货币惠益。

4. 关于基础研究阶段的惠益分享，生物遗传资源的获取利用者应当与提供国的利益相关方共同对科研成果进行分享，并积极、及时回应当地民众、社区以及机构针对科研信息提出的问题和意见。在不涉及机密的情况下，向提供国的获取与惠益分享主管机构提交其研究成果，分享科研信息。如果拟将研究所用的遗传资源转让给第三方，则需要确认此种做法是否符合协议双方最初确定的事先知情同意和共同商定条件，只有在符合共同商定条件所确定的条款时，才能将相关信息和成果转让给第三方。

（二）关于所获取生物遗传资源的应用研究

从商业化的角度来看，应对合理获取资源的方式进行确定。生物遗传资源的获取者应从研究目的以及获取目的的角度对共同商定条件以及协议进行考虑，其内容应当包括知识产权以及货币惠益的内容。如果内容并不包含协议中的相关事项，应当重新进行商定，并获得双方的许可。一般情况下，科研机构在基础的研究阶段只能取得事先知情同意和共同商定条件。对于商业化资源的获取目的，即使没有明确的法律规定，也需要重新获得相关机构的同意，并达成共同商定条件。此外，生物遗传资源的获取者与提供国在对研发目的进行确定和协商时，如果研发成果导致项目的获取性质发生调整，则需重新获得事先知情同意，并建立共同商定条件。

（三）关于所获取生物遗传资源的商业化研究

一方面，应当对最初的事先同意权以及协商条件的内容进行规定，如果没有商业化的内容，就需要重新获得事先知情同意权，并且建立共同商定条件。但是因为生物遗传资源的开发利用被冠以商业化的标签，如在申请上市时、对专利进行申请时，都会被提供国认为具有商业化性质。在允许的条件下，生物遗传资源的获取者应当为提供国的研发人员提供机会，在国内进行生物遗传资源的研发工作。当商业化产品进行上市申请时，应当提供审核声明，表明该资源在提供国的获取过程是合法合理的，并且满足资源惠益分享的条件。

另一方面，将生物遗传资源、传统知识的研发成果、产品在市场中的专利和知识产权进行公开会损害地方社区以及少数民族甚至国家的利益。专利是对发明者赋予的一种法律利益,专利发明者可以在规定的时间内让发明成果不能对外进行使用。作为交换条件,专利的发明者需要缴纳专利申请费以及延续费,并且在社会上公开发明成果,允许他人实施或操作。

长期以来,专利权保护与生物多样性保护的立法之间一直处于紧张态势。申请专利时若对生物遗传资源及相关传统知识的获取以及使用过于依赖,则极易导致生物遗传资源以及传统知识被盗取。在专利申请过程中,专利申请相关文件要求信息具体,并且具有创新性,但是在文件中不需要说明遗传资源以及传统知识的获取来源,因为这些内容与发明过程相关。当专利申请者满足创新性以及实用性时,可以在专利申请材料中主动对资源以及知识的来源进行说明,但是法律上并不会对其进行强制性的规定。

为了对本国的生物遗传资源进行合理的保护,大部分的国家在制定专利制度时会对基础信息进行额外的规定,部分国家要求专利申请者应当公开下列信息:第一,生物遗传资源以及传统知识的来源;第二,提供国在事先知情同意协议中对其研究中使用资源以及传统知识的证明,在特殊情况下,根据提供国的相关法律规定,使用方应当取得当地土著的事先知情同意权;第三,按照共同商定条件的证明来执行规定。

四、国家与生物遗传资源获取利用者之间的行政许可协议法律关系

从生物遗传资源获取或者惠益分享协议来看,国家主管机关并非上述两项内容的当事人,虽然可以参与到上述活动中,但也仅仅是在协议确定的时候对其进行审批,在执行的过程中对其进行监督。

《生物多样性公约》规定,不同国家对自己所拥有的自然资源享有所有权,但是对于经过一代一代改良之后的生物遗传资源是否能够获取,则要依据各国政府所制定的规则而定。因此,在获取或使用

遗传资源的过程中,我们必须依据相关法律法规与有关措施才能获得。根据《生物多样性公约》和《名古屋议定书》,任何国家设置的各个联络点或者是相关管理人员都有权利与义务提供该类信息。依照《生物多样性公约》中的相关规定,所设置的相关机构与联络点需要对各国当前所拥有的自然资源进行确定,并拥有其主权。但关于遗传资源的获得,则要依照当地政府的各项规定为准。《名古屋议定书》第 13 条对国家所设立的各个联络点与主管部门进行了规定,要求在各类事项开展之前,必须要进行通知以保证对方的知情权,并且通过惠益分享与谈判的方式获得事先知情同意、签订共同商定条件要求、完成对惠益分享协议的评估工作以及监督,对后期提交上来的相关资料进行审核与审批。依照《名古屋议定书》中的有关规定可知,假如该国拥有生物遗传资源,那么在为其他国家提供惠益分享的过程中,由于事先拥有知情权,所以应该从各个法律法规上对其进行惠益分享的规定。此外,《名古屋议定书》规定,参与缔约的两个国家在对信息进行绝对保密的前提下,提交至惠益分享的各项信息必须全面且完整,其信息内容应当包括生物遗传资源的获取规定、后期的惠益分享规定、各种行政措施,以及国家联络点之间的信息交流与分享等。

在我国,党中央在颁布的《深化党和国家机构改革方案》中决定建立自然资源部,将全民所有的自然资源的所有权进行统一划分,明确每一个个体的责任;建立生态环境部,按照统一的规定对生态和城乡不同类型的污染排放进行监督与管理,并进一步落实行政部门的管理职能;建立农业农村部和国家卫生健康委员会。同时,《国务院关于机构设置的通知》对国务院的下属部门、直属机关以及办事部门的部门职责进行了明确的划分。根据党中央以及国务院对自然资源所有权以及监督权的职责管理模式进行改革,在对改革方案进行制定时,明确农业农村部以及国家卫生健康委员会对农业以及医药领域的生物遗传资源的合同审批流程进行管理;自然资源部作为我国生物遗传资源所有权的行使者,承担合同审批并代表国家参与获取与惠益分享；生态环境部对生物遗传资源以及惠益分享协议进行统一的管理，并进行统一的执行。因此，在对生物遗传资源的获取与惠益分享协议的管理中，自然资源部、农业农村部、国家卫生健康委员会以及其他主管部门有权对合同进行审批流程的管理，可以第三受益人的身份代表国家政府参与所涉生物遗传资源的惠益分享。生态环境部是惠益分享的执行者与管理者，拥有对生物遗传资源提供、开发、惠益分享等资料和信息的管理权。

第五章　生物遗传资源惠益分享利益平衡的法治基础

通过完备的法治建设，为生物遗传资源多样性、可持续利用提供了基本保障。法治建设为实施生物遗传资源惠益分享利益平衡法律机制奠定了基础。在环境法学范畴中，生物遗传资源惠益分享的法治目标是优化惠益分享机制，实现内外协调，平衡生物遗传资源提供者、利用者以及其他相关利益主体的惠益分配，并保障国家的安全和生态系统的可持续发展。

为保障生物遗传资源多样性以及持续性，规范生物遗传资源开发利用，我国政府积极响应《生物多样性公约》及其他相关国际条约的规定，并在2010年原环境保护部（现生态环境部）制定了《中国生物多样性保护战略与行动计划（2011—2030年）》，在该计划中首次提及了生物遗传资源保护机制以及惠益分享机制，对机制实施、顶层设计等作了详细描述。目前，有关生物遗传资源立法还是空白，出台的相关政策、方针虽然有指导意义，但是法律位阶不高，约束规制不强。作为西方舶来物，关于生物遗传资源惠益分享法律机制的研究还属于起步阶段，机制建设还有很多提升空间。至今，我国颁布实施的与生态环境相关的立法，主要有《环境保护法》《野生动物保护法》《森林法》《种子法》《畜牧法》《中医药法》等，对生物遗传资源获取、利用及开发等进行了宏观性规定，部分立法还提及了生物遗传资源惠益分享的内容。参考这些基础法律内容，为构建生物遗传资源惠益分享利益平衡法律机制提供了援引和支撑。我国中央政府高度重视生态文明建设,相关部门提议加快促成生物遗传资源立法的建设,为生物遗传资源惠益分享制定规范标准,并鼓励条件成熟的地方可以先行试行生物遗传资源立法建设工作,积累立法经验。在学术研究领域,已有不少学者开始研究生物遗传资源及惠益分享的内容,逐步形成了一定的理论成果,为制定具有我国特色的"共同商定条件"或"示范合同条款"提供参考。

第一节 我国生物遗传资源惠益分享利益平衡的法制资源

当前,我国施行的生物遗传资源惠益分享利益平衡的法制资源,主要涉及生物遗传资源的权属、行政监管、获取与惠益分享以及相关的知识产权保护等。实践中,这些法制资源贯穿整个开发、利用生物遗传资源的全过程。

一、生物遗传资源的权属

有关生物遗传资源权属与最终研发生物遗传资源技术成果有紧密关系,起初在生物遗传资源领域都是茫然未知的,随着信息技术的提升,很多生物遗传资源研究难题都被攻克。诸多遗传信息从生物遗传资源中分离出来,脱离了资源载体,转化为技术成果。发达国家凭借研发优势,提取了众多生物遗传资源的遗传信息,组建数据库,由此创造了很多商业价值。但是作为提供生物遗传资源的一方,让对方获取资源后,对后续工作无法把控,应该获得的回报也没有及时兑现,因不公待遇,促使发展中国家更加关注资源权属的问题。[1]

---

〔1〕 徐信贵:《遗传资源的权属问题研究》,载《四川理工学院学报(社会科学版)》2012 年第 3 期。

确定生物遗传资源权属，有助于为惠益分享奠定基础，实现提供者和利用者之间的利益平衡，从而保障我国资源安全管理。目前，《宪法》《民法典》《森林法》《草原法》《野生动物保护法》等多部立法均明确了生物遗传资源所有权归属。

其中，《宪法》第 9 条第 1 款规定，矿藏、水流、森林、山岭、草原、荒地、滩涂等自然资源，都属于国家所有，即全民所有；由法律规定属于集体所有的森林和山岭、草原、荒地、滩涂除外。同时，《宪法》第 9 条第 2 款明确了国家保障自然资源的合理利用，保护珍贵的动物和植物。禁止任何组织或者个人用任何手段侵占或者破坏自然资源。可以看出这一规定与国家所有、集体所有原则是契合的，为明确生物遗传资源权属奠定了坚实基础。《民法典》第 246 条规定，法律规定属于国家所有的财产，属于国家所有即全民所有。国有财产由国务院代表国家行使所有权。法律另有规定的，依照其规定。《民法典》第 247 条规定，矿藏、水流、海域属于国家所有。《民法典》第 250 条规定，森林、山岭、草原、荒地、滩涂等自然资源，属于国家所有，但是法律规定属于集体所有的除外。《森林法》第 14 条第 1 款亦规定，森林资源属于国家所有，由法律规定属于集体所有的除外。《草原法》第 9 条第 1 款中明确了草原属于国家所有，由法律规定属于集体所有的除外。《野生动物保护法》第 3 条第 1 款规定，野生动物资源属于国家所有。综上所述，我国立法中均提及了包含生物遗传资源在内的自然资源归国家所有，法律另有规定的除外。但是这些立法中对于生物遗传资源定义却没有专门界定，仅仅是对其权属安排予以了确定，明确了国家所有权、集体所有权。此外，《种子法》《畜牧法》《畜禽遗传资源进出境和对外合作研究利用审批办法》等多部立法也没有明确生物遗传资源概念界定，仅仅是讨论了“种质资源”“畜禽遗传资源”的权属问题。[1]

作为生物遗传资源不是独立存在的，它是依附于某一载体的。

---

〔1〕《种子法》第 8～11 条。《畜牧法》第 9、12、15～16、18 条。

例如,植物资源依附土地而生存,动物资源依附自然系统而生存。这些依附的部分也属于生物遗传资源的构成。为此,国务院办公厅发布了《关于加强生物物种资源保护和管理的通知》对生物物种定义进行梳理,包含生物遗传资源的定义。确定生物遗传资源权属,对确立生物遗传资源法律地位而言至关重要。那么对于生物遗传资源所有权主体的界定,除了生物遗传资源本身之外,还应考虑其依附载体,我国确立的生物资源权属制度如表 1 所示。

表 1　不同类型生物资源权属制度

<table>
<tr><th>分类</th><th colspan="2">规定</th></tr>
<tr><td>基本原则</td><td colspan="2">自然资源属于国家所有(《宪法》第 9 条)</td></tr>
<tr><td rowspan="3">动物资源</td><td>国家所有</td><td>《野生动物保护法》规定的野生动物资源</td></tr>
<tr><td>集体所有</td><td rowspan="2">《野生动物保护法》保护之外,归集体或个人所有的野生动物资源(参考《民法典》)</td></tr>
<tr><td>个人所有</td></tr>
<tr><td rowspan="3">植物资源</td><td>国家所有</td><td>国家所有的野生植物资源(参考《土地管理法》及民法一般原理)</td></tr>
<tr><td>集体所有</td><td>集体所有的野生植物资源(《土地管理法》及民法一般原理)</td></tr>
<tr><td>个人所有</td><td>私人主体所有的植物资源(参考《民法典》)</td></tr>
<tr><td rowspan="2">草原资源</td><td>国家所有</td><td>国家所有的草原资源(《草原法》第 9 条)</td></tr>
<tr><td>集体所有</td><td>法律特别规定集体所有的资源</td></tr>
<tr><td rowspan="2">森林资源</td><td>森林作为整体</td><td>国家或集体所有(《森林法》第 14 条)</td></tr>
<tr><td>森林中的林木</td><td>国家、集体或个人所有(《森林法》第 20 条)</td></tr>
</table>

二、生物遗传资源的行政监管

保障生物遗传资源惠益分享利益平衡机制有效运行,最关键的是要建构行政监管机制。国内现行的行政监管机制主要监管范围是生物遗传资源保护、获取、惠益分享以及出境监督检查等。

生物遗传资源行政监管活动是国家政府主导的活动，国家政治、经济、文化以及社会因素对行政监管都会产生直接影响或间接影响。我国当前实施的行政监管机制都是根据国内开发、利用生物遗传资源的现状进行构建，因生物遗传资源立法活动还处于起步阶段，相关行政监管机制还有很多不足。从理论方面看，生物遗传资源是自然资源的特殊部分，因此本章讨论的生物遗传资源行政监管机制，也与自然资源行政监管机制有必然联系。通过清晰定位、深入分析，进而厘清行政监管机制的建构目标、明确权责划分，为完善生物遗传资源惠益分享利益平衡法律机制提供更多参考。其中，《环境保护法》第10条第1款规定："国务院环境保护主管部门，对全国环境保护工作实施统一监督管理；县级以上地方人民政府环境保护主管部门，对本行政区域环境保护工作实施统一监督管理。"我国环境保护管理机制为统一监督、分级管理、分部监督。对于生物遗传资源管理也是根据上述管理机制实施的。国务院环境保护主管部门对生物遗传资源实施统一监督管理。国务院农业、林业、住建、卫生计生、海洋、中医药等相关主管部门在各自职责范围内对生物遗传资源实施监督管理。[1] 这些监控与管理为构建生物遗传资源惠益分享平衡机制奠定了基础。

结合前文内容可知，国内生物遗传资源管理是一项复杂工程项目，它与多个行政机构有直接关系，在保护实施中需要各部门协同互助，共同分担。明确了各部门的权责，并实现多样化、持续化管理。例如，野生动植物资源的监督管理，会有专门的部门跟进，负责对保护区进行综合监控；林草部门主要负责本区域的森林资源、草木资源的综合监控；农业行政主管部门主要负责农作物、畜禽等相关资源的监督管理。上述部门结合具体监督管理内容、区域制定监管措施，通过行政手段有效监督与控制。除了上面所列举的几个部门，还有其他政府部门、职能机构与生物遗传资源利用保护管理工作有密切关

[1] 《生物遗传资源获取与惠益分享管理条例(草案)》第11条。

系,包括技术研发机构获取生物遗传资源样本,开展研究活动,最终转化为技术成果,创造了较高的商业价值。其中,中国科学院专门成立了生物遗传资源保护和利用课题研究小组,将研究成果应用于生物遗传资源多样性保护工程中,进而促进资源持续性发展;知识产权部门近些年来审批了大量与生物遗传资源有关的知识产权,并对产权的应用推广进行监督管理;市场监督管理部门对生物遗传资源交易活动进行监督管理。

为全面贯彻《生物多样性公约》的精神,在 2011 年,我国就成立了中国生物多样性保护国家委员会组织,组织框架分别设立分管副总理、小组成员。组织功能定位生物遗传资源多样性保护。同时还联合其他几个相关部门,建设了生物遗传资源多样性管理机构,从而发挥了生态环境部、农业农村部、住房和城乡建设部等机构的作用。2014 年 6 月,国家林业和草原局成立了全国林业生物多样性保护委员会。各地方政府也紧随其后,大力推进地方立法,完善了生物多样性保护机制及相应的工作协调机制。其中,云南省相继成立了生物多样性保护基金会、生物多样性保护委员会及其专家委员会,形成了很多可推广的经验;广西壮族自治区成立了资源战略编制小组;河北省创新提出了野生动植物保护联席会议制度。[1] 这些地方实施的多样性资源保护措施、制度均有可圈可点之处,为建构生物遗传资源惠益分享利益平衡机制提供了可供借鉴的实践经验。

1993 年,我国原国家环境保护总局联合多个部委组织,共同成立了“中国履行《生物多样性公约》工作协调机构”(以下简称协调机构)。该组织成立的目的是协调关于生物多样性保护的相关工作,保障生态系统合理开发、科学利用。它归于生态环境部自然保护司直接管理。经过多年的发展,至 2004 年组织成员数量拓展至 22 个部委组织,成为生物遗传资源管理、保护的核心力量,对遏制资源破

---

〔1〕 中华人民共和国生态环境部:《中国履行〈生物多样性公约〉第六次国家报告》,中国环境出版集团 2019 年版,第 19~20 页。

坏、生物遗传资源系统侵犯发挥了重要作用。在2003年,根据协调机构的会议精神,由原国家环境保护总局牵头,并与其他部门共同建设生物物种资源保护部际联席会议制度,但是需要说明的是,部际联席委员会组织并非实体机构,职权范围也是有限的。此外,我国还针对生物遗传资源保护成立"国家生物物种资源保护专家委员会",为资源的保护利用提供技术、人才以及政策支持,以实现资源系统的科学开发、利用以及研究。

三、生物遗传资源的获取

生物遗传资源的获取是为开发、利用、研究生物遗传资源,与提供者共同商定,从其处获得生物遗传资源的全过程。实际上,获取生物遗传资源与生物遗传资源的惠益分享是相辅相成的两个环节,通过获取生物遗传资源,研究开发并转化为技术成果,创造更大的商业价值,并为提供者、利用者以及管理者提供惠益。如果没有前面的获取,后面惠益分享也就失去了基础。我国《生物安全法》提出的立法目标是"保护生物资源",还将生物资源安全管理放在立法的重要位置上。[1] 《生物安全法》第58条规定:"采集、保藏、利用、运输出境我国珍贵、濒危、特有物种及其可用于再生或者繁殖传代的个体、器官、组织、细胞、基因等遗传资源,应当遵守有关法律法规。境外组织、个人及其设立或者实际控制的机构获取和利用我国生物资源,应当依法取得批准。"就国内立法看,目前关于生物遗传资源获取的立法亟须填补,生物遗传资源获取程序的规定仍局限于农作物种质资源、畜禽遗传资源、植物新品种资源等领域。

(一)农作物种质资源的获取

关于农作物种质资源的获取。《种子法》在2021年修正中提到国家对种质资源享有主权。任何单位和个人向境外提供种质资源,或者与境外机构、个人开展合作研究利用种质资源的,需要报国务院

〔1〕《生物安全法》第1、2条。

农业农村、林业草原主管部门批准，并同时提交国家共享惠益方案。国家宏观机构每年都会普查、收集、整理、鉴定、登记、保存、交流和利用种质资源，定期更新公布可供利用的种质资源目录，建立种质资源库、种质资源保护区或种质资源保护地。国务院农业农村、林业草原主管部门也会针对农作物种质资源多样性与持续性给予保护策略，设计一系列可行措施，根据地方具备农作物种质资源特征、种类、数量等设计保护措施，从而稳定农作物种质资源的合理利用、多样性开发、平衡资源系统。[1]

《农业法》提出农作物种质资源保护的条款。例如，农作物种质资源制度、品种保护制度、农产品地理标志制度以及农作物种质资源知识产权保护制度等。这些均是农作物种质资源保护体系的重要构成，也为建设与农业生产有关的生物物种资源保护机制提供了参考。同时还着重强调了要切实保护好农作物种质资源多样性，尤其是那些稀有、濒危、珍贵的生物遗传资源。对于从域外引入的农作物种质资源，要依照程序办理登记、审批，配套的安全措施要完善。[2]《农作物种质资源管理办法》确定了农作物种质资源权属问题，它是国家掌握绝对控制权，其他组织或个人不经过审批程序，不得向境外提供农作物种质资源。如果需要外输，则需要提前告知所在地省、自治区、直辖市农业行政部门，按照程序通过审批才可实施对外输送。若与外资企业合作中涉及农作物种质资源，需要在签署合同前，做好农作物种质资源审批获取手续，否则视为私自采集农作物种质资源，将会依法予以处理。[3]

（二）畜禽遗传资源的获取

关于畜禽遗传资源的获取。我国《畜禽遗传资源进出境和对外合作研究利用审批办法》规定：凡是向外输出畜禽遗传资源保护名

---

〔1〕《种子法》第9、10条。
〔2〕《农业法》第64条。
〔3〕《农作物种质资源管理办法》第27、29、30、38条。

录的畜禽遗传资源者，需要向所在辖区行政主管部门提交申请，要告知输送境外目的、途径、方式、期限，并注明畜禽遗传资源开发利用及国家共享惠益的方案[1]。通过这样的约束规制，可以减少出口贸易活动对国内畜禽遗传资源的危害，保障惠益分享的公平公正。同时，该办法中还规定了禁止对外输出的几类畜禽遗传资源，禁止向境外输出或者在境内与境外机构、个人合作研究利用我国特有的、新发现未经鉴定的畜禽遗传资源以及国务院畜牧兽医行政主管部门禁止出口的其他畜禽遗传资源。[2] 2015 年《家畜遗传材料生产许可办法》对获取、惠益分享作出详细补充，还创建了配套的管理制度、责任制度、产品质量监控制度、销售记录制度等，[3]强化对相关主体的监督管理，保护了畜禽遗传资源的安全利用，保障公众利益最大化，减少不当开发。

（三）植物新品种资源的获取

关于植物新品种资源的获取。2014 年修订的《植物新品种保护条例》中就提出了"植物新品种权"的概念，并规定了植物新品种资源获取、开发以及利用的相关程序，还对其技术转化、知识产权保护作出规范。该条例肯定了植物新品种权归属、利用获取的条件，保障了植物新品种多样性。[4]《植物新品种保护条例》规定：完成植物新品育种的组织、个人享有品种权。它是一种排他的权利，其他部门、个人未经所有人允许不得擅自获取利用植物新品，不能擅自开发与植物新品种相关的商业产品，变相开发类似繁殖材料为商业所用也是不被允许的。[5]

关于野生植物资源的获取。根据《野生药材资源保护管理条例》相关规定，国家会定期采集、汇总、更新野生植物资源名录，对开

---

[1] 《畜禽遗传资源进出境和对外合作研究利用审批办法》第 6、7 条。
[2] 《畜禽遗传资源进出境和对外合作研究利用审批办法》第 10 条。
[3] 《家畜遗传材料生产许可办法》（2015 年修订）第 4 条。
[4] 《植物新品种保护条例》第 6 ~ 11、13 ~ 18 条。
[5] 《植物新品种保护条例》第 6 条。

发野生植物资源的条件予以限制,进入野生药材资源保护区从事科研、教学、旅游等活动的,必须经该保护区管理部门批准。[1]《野生植物保护条例》强调要加强对野生植物资源的多样性、持续性的保护,合理利用野生植物资源,必要时应当建立繁育基地、种质资源库或者采取迁地保护措施。[2] 该条例第9条明确了"国家保护野生植物及其生长环境。禁止任何单位和个人非法采集野生植物或者破坏其生长环境"。同时,第21条明令外国人不得在中国境内采集或收购我国重点保护野生植物。

(四)生物遗传资源的进出境管理

关于生物遗传资源的进出境管理。《海关法》是进出口管理的基础法,对进出口的商品设定申报流程、查验流程。[3]《进出境动植物检疫法》针对出境生物遗传资源检疫进行规范,设立了检疫标准与流程。[4]《濒危野生动植物进出口管理条例》以及《进出境动植物检疫法实施条例》对进出口生物遗传资源检疫办理流程进行详细解释,标注了具体的程序性事项。

四、生物遗传资源的惠益分享

生物遗传资源的惠益分享,是指生物遗传资源以及与之相关的传统知识提供者、利用者以及其他主体,通过利用开发、研究使用生物遗传资源获得惠益结果,按照事前共同商定条件,遵循国际法、国内法规定,公平公正配置惠益结果的措施。[5] 该机制是一种保障利益配置的措施,其核心是惠益分享,其概念中包含了生物遗传资源、惠益分享、机制等关键词,也是影响该机制完整性的重要因素。生物遗传资源主体可以是国家、个体、集体组织。只有确定了主体才可明

---

〔1〕《野生药材资源保护管理条例》第5~9、12条。

〔2〕《野生植物保护条例》第3、14条。

〔3〕《海关法》第47条。

〔4〕《进出境动植物检疫法》第10、28条。

〔5〕王灿发、于文轩:《生物安全国际法导论》,中国政法大学出版社2006年版,第142页。

确惠益分享。基于公平公正的原则，结合现有法律规定，明确生物遗传资源主体的权益、责任以及惠益分享。同时，还有一些特殊主体，涉及权益分配也需要考虑到。例如，最初提供生物遗传资源的主体，虽然它们在后期研发并无直接作用，但是惠益分享也需要考虑到它们，以保障公平性。目前，我国与生物遗传资源惠益分享有关的立法已对惠益分享机制有了初步构建，主要包括《生物安全法》《种子法》《畜牧法》《畜禽遗传资源进出境和对外合作研究利用审批办法》《中医药法》。

《生物安全法》第59条第2款中明确了利用我国人类遗传资源和生物资源开展国际科学研究合作，应当保证中方单位及其研究人员全过程、实质性地参与研究，依法分享相关权益。

《畜牧法》作为我国第一部明确规定生物遗传资源惠益分享问题的法律，要求畜禽遗传资源的提供者向境外输出或者在境内与境外机构、个人合作研究利用列入保护名录的畜禽遗传资源的，应当向省级人民政府农业农村主管部门提出申请，并同时提出国家共享惠益方案。[1]《畜禽遗传资源进出境和对外合作研究利用审批办法》作为《畜牧法》的配套措施，进一步强调了“惠益分享”的规定。国家作为畜禽生物遗传资源的最初提供者，应当享受惠益分享。要求提供者与利用者签署惠益方案，保障“国家共享惠益的合理性”。[2] 对于纳入生物遗传资源保护名录的在境内与境外机构、个人合作研究利用列入畜禽遗传资源保护名录的畜禽遗传资源的单位，应当按照原申请程序重新办理审批手续。[3]

《种子法》第11条也提到国家共享惠益分享的相关规定，还强调了国家掌握种质资源的主权权利，其他组织及个人如果想向境外输出该资源，必须经过监管部门的批准，要提前向行政监管部门提交

〔1〕《畜牧法》第17条。
〔2〕《畜禽遗传资源进出境和对外合作研究利用审批办法》第6~8条。
〔3〕《畜禽遗传资源进出境和对外合作研究利用审批办法》第16条。

共享惠益的方案,明确了受理申请的部门包括农业农村部、国家林业和草原局等。

《中医药法》规定了野生动植物资源的保护机制、获取中药生物遗传资源的程序制度、惠益成果分享机制。[1] 该法第 43 条规定医药传统知识持有人享有知情同意和利益分享等权利。这里采用了"持有人"的措辞形容提供者。在中药领域的传统知识并非实体,持有人的身份与《民法典》的所有人、占有人具有本质区别,其突出了法律主体管理功能、控制功能的现实性。如果从字面解释"持有人",其范围大于所有人、管理人、占有人。这样的措辞与表述,从法律层面对惠益分享者提供了保护,减少因信息不对称引发的惠益不公,在一定程度上有利于惠益分享目标的实现。

我国关于生物遗传资源的获取与惠益分享,以及配套政策、措施、政令等,都是建立生物遗传资源立法基础之上。丰富的政策是促进立法尽快实现的驱动因素。[2] 本书梳理了近几年我国制定、印发与生物遗传资源惠益分享有关的政策文件。列举几个代表性政策并进行分析:2010 年制定了《中国生物多样性保护战略与行动计划(2011—2030 年)》,它是综合性政策,明确了生物遗传资源的保护措施,确定了利用资源及获取资源的程序。该计划中包含指导思想、基本原则、战略任务、优先领域与行动、优先项目多个内容。其中,指导思想,是指满足生物遗传资源多样性保护目标、促进经济效益和生态效益共同发展、公平合理分配惠益成果、保障生物遗传资源系统的平衡;基本原则包括保护优先、持续利用、公众参与以及惠益共享;战略任务包括稳步推动生物遗传资源利用研发,所得结果公平配置收益,通过学习国外成功经验和做法,从小范围试点到慢慢进行推广,完善生物遗传资源获取与惠益共享制度,保护生物遗传资源多样性,并调节利用者、提供者以及管理者的利益分配,减少社会矛盾;确立优先

[1] 《中医药法》第 25、43 条。
[2] 于文轩:《生物多样性政策与立法研究》,知识产权出版社 2013 年版,第 123 页。

领域与行动以及优先项目，则侧重于采取动态调研、评估监督等手段研究生物遗传资源多样性，合理利用生物遗传资源技术成果，从而建设生物遗传资源获取与惠益分享机制，并完善传统知识索引更新以及补充等内容，建设数据共享数据库，为研发工作提供基础材料。[1]

2014 年原环境保护部（现生态环境部）、教育部、科学技术部等六部门联合印发《关于加强对外合作与交流中生物遗传资源利用与惠益分享管理的通知》，规定中外合作的生物遗传资源利用项目必须明确惠益分享方案，要严格按照流程实施生物遗传资源输出，监管机构要实质性参与到研发过程中，进行动态监督与管理，以免受到信息不对称影响，导致惠益分享受损。此外，该通知还特别强调：第一，提供者向外输出生物遗传资源时，需要向管理者报备生物遗传资源来源、研究方案、前景预测等，对知识产权、技术转让以及其他惠益要共同协定。严格遵守履行定期报告的会议制度。第二，强化研发利用生物遗传资源项目的动态管理，规范获取行为，设计采集生物遗传资源样本的措施，保障生物遗传资源不被恶意破坏。第三，制定生物遗传资源技术成果查验制度，及时追踪成果及产权登记，做好知识共享管理、技术转让管理，并保障国家这一提供主体的惠益兑现。第四，管理部门要继续优化登记制度、查验制度，除了事前、事中监督外，还需要做到事中监督，形成闭环管理，一旦发现违反规定的行为，应及时追责、惩处，也给其他利用者起到示范与警示的作用。

五、生物遗传资源的知识产权保护

生物遗传资源惠益分享机制内容比较复杂，既包括促进生物遗传资源科研的部分，也包括创新知识产出的部分。该机制设立目标是为保障主体惠益公平，保障生物遗传资源多样化、持续化发展。其中，无形的知识产权是惠益分享的常见方式，其具有“双刃剑”的作

---

〔1〕《中国生物多样性保护战略与行动计划（2011—2030 年）》优先领域三、优先领域六；优先项目 4、优先项目 11。

用。一方面,通过设立知识产权制度,促进知识成果创新、研发,保护了成果利用;另一方面,知识产权是特殊性资源,其发展固化,且在全球范围内呈现不平衡发展,发达国家掌握了绝大多数的产权技术,发展中国家不由得担心发达国家会垄断、集中使用产权,从而丧失了开发利用生物遗传资源的主动权。如何处理好上述利弊,值得我们关注研究。生物遗传资源惠益分享的方式丰富多样,且申请流程也比较复杂,包括信息披露制度、品种权保护制度、产权部署安排等。至今,我国建立实施的知识产权制度还停留在起步阶段,它是生物遗传资源惠益分享制度的重要构成。在该体系中涉及主权划分、监测管理生物遗传资源利用,提供者惠益分享的权利以及知识产权成果保护。我国《专利法》《专利法实施细则》《种子法》《植物新品种保护条例》等立法也涉及生物遗传资源惠益分享的相关内容,为制定惠益分享保护提供法律援引。

其中,《专利法》第 5 条第 2 款规定:“对违反法律、行政法规的规定获取或者利用遗传资源,并依赖该遗传资源完成的发明创造,不授予专利权。”生产方法转化为专利权后,该法第 11 条规定:“发明和实用新型专利权被授予后,除本法另有规定的以外,任何单位或者个人未经专利权人许可,都不得实施其专利,即不得为生产经营目的制造、使用、许诺销售、销售、进口其专利产品,或者使用其专利方法以及使用、许诺销售、销售、进口其外观设计专利产品。”综上所述,法律对生产方法也作了专利保护规定,它间接保护了生物遗传资源开发方式。《专利法》第 26 条明确了披露生物遗传资源来源的条款,要求基于生物遗传资源发明创造成果,申请者需要在专利申请资料中标注生物遗传资源最初提供者。对于最初提供者没有办法确认的情况,需要补充解释。

《专利法实施细则》第 27 条至第 29 条亦集中对遗传资源来源披露制度的程序方面作出了细致规定。该细则第 24 条主要针对申请专利的发明所涉及的生物遗传材料不可公开的,且申请说明不充分的,不能证明该发明成果是申请者发明创造的,对此申请人需要按照规定程序进行补充申请。第 28 条主要针对发明专利申请人依照上述第 27 条的规定保藏生物遗传材料样品的，公开专利发明后，其他主体生物研究需使用到该生物遗传材料，则需要向国务院专利行政部门提出请求，并按照规定程序执行申请。第 29 条主要针对就遗传资源和依赖遗传资源完成的发明创造的具体概念予以界定。

《种子法》和《植物新品种保护条例》提出了人工培育或发现某一野生植物，经过人为培育开发，符合授权资质的，可对培育者颁发品种权，从而更好地保障生物遗传资源研发成果。根据《种子法》第 25 条的规定，植物新品种保护制度是对人工培育、改良植物品种资源的保护，保障了植物资源的新颖性、特异性、一致性、稳定性，并赋予其品种权，保护培育者、改良者的惠益分享。同时还规定了植物新品种权的内容和归属、授予条件等内容。

《植物新品种保护条例》第 2 条补充规定了植物新品种的界定，是指通过人工培育或对发现的野生植物加以开发，具备新颖性、特异性、一致性和稳定性的植物品种。第 11 条还提出了强制要求，规定为了国家利益或者公共利益，审批机关可实施植物新品种强制许可的决定、登记以及公告管理。取得实施强制许可的单位或者个人应当付给品种权人合理的使用费，其数额由双方商定；双方不能达成协议的，由审批机关裁决。

第二节　我国生物遗传资源惠益分享的合同式调整

“合同”最早产于罗马法，用罗马语表达为 contractus，实际上这一概念分为两个部分，con 和 tractus 翻译过来就是共同、交易的意思。[1] 合同的法律内涵，是指合同是双方当事人合作意志的体现，

〔1〕 王家福：《中国民法学 · 民法债权》，法律出版社 1991 年版，第 256 页。

合同是法律形式的体现。那么对于生物遗传资源惠益分享的合同式调整则包含了两个内容:一方面合同主体根据协定意思确定了合同主体的权责;另一方面通过合同展现了未来惠益分享的成果、方式以及途径等,因此实际上它也可解释为协议模式。生物遗传资源惠益分享合同,是根据提供者、获取者基于双方意思自治,经过共同商定,结合开发利用生物遗传资源进程签订并实施的,同时根据《生物多样性公约》以及其他国际条约,对合同调整规则优化、完善,以合同约束相关主体的行为。质言之,合同是保障主体权益的模式,同时也是生物遗传资源惠益分享履行的依据,对相关主体权益予以保障的法律工具。[1]

生物遗传资源惠益分享最核心的部分即为生物遗传资源的提供者、使用者在签订相关的合同以及协议后进而实现利益共享。生物遗传资源获取与惠益分享协议,是指利益主体双方将生物遗传资源作为主要的针对对象,将对生物遗传资源的开发、使用以及转让、惠益分享之间的权利和义务等内容在合同以及协议中进行详细的规定。现阶段,在我国的民法典中并没有对生物遗传资源的惠益分享协议进行内容以及形式上的规定。但是根据现有立法,若在《民法典》以及其他法律法规中没有对内容进行具体规定的合同,应当使用标准的统一法则,或者使用与其法律内容相关的法律规定对合同内容进行规定。生物遗传资源惠益分享协议的合同内容与买卖合同以及技术合同相似,同时具有两类合同的特性。其中,如果合同不对后续的利益分享内容进行具体的规定,只规定能够直接实时对材料费用进行支付时,生物遗传资源惠益分享协议和普通的买卖合同具备的特征相似;但是如果后续利益分享与知识产权有关,就可以参考技术合同以及技术转让合同的法律规定。

---

[1] Daniel M. Putterman, *Model Material Transfer Agreement for Equitable Biodiversity Prospecting*, Colorado Journal of International Environmental Law and Policy, Vol. 7:1, p. 149 – 177(1996).

一、生物遗传资源惠益分享合同的定义及类别

生物遗传资源惠益分享合同是特殊类型的合同，它非有名合同，融合多种类型合同为一体。此类合同存在的共同特征，即惠益分享性。根据世界知识产权组织（WIPO）的规定，生物遗传资源惠益分享合同翻译过来就是“the Contractual Agreement Access to Genetic Resources and Benefit - Sharing”，中国知识产权官方解释是“遗传资源获取与惠益分享合同性协定”。由此可看出，这一类型的合同是保障提供生物遗传资源一方以及获取生物遗传资源一方权益的工具。在合同中明确提供者、获取者的权责，并以多种形式存在，如附带种质装运清单的意向书，协议备忘录等。在获取生物遗传资源时，合同发挥了重要作用，尤其涉及转让生物遗传资源的活动，不论是否出于商业目的，通过合同载体可以保障主体权益，确立获取数量，明确获益结果。根据 WIPO 公开的《遗传资源获取与惠益分享中与知识产权相关的合同性实践与合同条款》，[1]总结了生物遗传资源惠益分享合同类型，主要包括[2]：

（一）意向书或协议标题

从拥有合作意向到签署正式合同还有很漫长的调研考证之路，这是签约前期，需要准备意向书、协议标题等，也有国家将其称为“备忘录”“协议原则”。它可以为提供者、获取者提供彼此意思表达，相互理解对方意图。主要内容包括有关合作框架、初步确定的合作内容、商业性部署及安排、共同商定达成的内容等，这些都会形成初步意向，成为正式合同的基础内容。

意向书法律成果受到本国法律机制的影响，即便意向书法律约

---

〔1〕 WIPO, *Contractual Practices and Clauses Relating to Intellectual Property, Access to Genetic Resources and Benefit Sharing*, WIPO/GRTKF/IC/5/9 (2003).

〔2〕 此处为便于分析，将合同分为了四类。但实际上很多协议是这四种类型或其中几种类型的综合，这取决于每个合同的具体的协商情况。谈判者通常首先考虑签署协议的性质，然后思考如何起草合同，而不是局限于现有法律所规定的合作机制。

束力是零,基于正式合同签订而言依然发挥重要影响。在该意向合作协议中包含惠益分享利益平衡、知识产权归属等问题。利用开发某一生物遗传资源,最终获得专利成果,对其权属划分是结合学科贡献确定的,无论贡献多寡的情况,都会与专利归属有联系;如果事先确定联合所有权模式,最终获得专利费用如何划分也需要事先达成一致。例如,签订了生物遗传资源专利许可协议,那么权利归属为谁?协议排他性是否成立?改进产权的权利又归于谁?等等。又如,发明专利后的收益如何分配?许可费分配是否会关联最初提供生物遗传资源的一方?若关联最初提供者,而在技术研发环节的提供者又没有什么实质性贡献,对此权益分配该如何确定?是为提供生物遗传资源一方分配短期利益,还是为他们分配长远持续的专利收益?以上所列举的问题都需要在意向阶段厘清。质言之,该协议即为正式合同的草稿版,只有罗列详细问题,才可保障后面正式合同的规范性与全面性,真正约束提供者、利用者以及管理者的行为,让其发挥主体作用。避免获取、利用以及开发生物遗传资源过程中出现扯皮、推诿的情况。

(二)非公开协议或保密协议

在正式合同签订前,合同主体有权保密协议内容,其形式是非公开的、秘密的。经过协商后,确定合同主体缔约之前的义务范围,它是合同构成内容,也体现了雇用者的素养、资质等条件。为客观公正地评估,保障技术安全,有必要签署保密协议。它可以约束合同主体履行保密义务。专利制度的重要原则之一就是保密原则,因为一旦专利技术泄露,将会影响专利申请。因此,言简意赅的保密协议对正式合同是非常有作用的。它是生物遗传资源惠益分享合同的一环,但是协议形式还没有明文规定非要书面才可签署。

(三)材料转让协议

材料转让协议(material transfer agreement)与前几类合同材料相比是最完整的类型,也是最符合“生物遗传资源获取与惠益分享合同”定义的类型。材料转让协议一般应用在商业领域,为促进研究与开发生物遗传资源，获取更好的成果，将生物遗传资源以及相关材料转让给合同另一方。转让材料包含具有遗传功能的生物材料，例如，有形的种质资源、微生物和细胞等，它们具有学术价值以及商业开发价值。发展中国家因技术缺失、资金不足，无力自行开发提取生物遗传资源商业价值、学术价值，但是因国家生物遗传资源丰富，为此不少发展中国家就将生物遗传材料转让给发达国家，从发达国家获取与自己所提供的生物遗传资源相关的平等的合作。[1] 材料转让协议与常规协议有区别，它具有特殊性。发达国家生物技术研究领域常会使用到材料转让协议，以此保障合作者之间平衡利益、分享获益。一般情况，材料转让协议包含协议缔约者的权利、义务以及第三方主体义务。该协议内容比较简单，要比正式合同更加灵活。由此看，设立材料转让协议是为了鼓励生物遗传资源研究进度，促进发展技术成果，规范传统知识管理，一定程度上保障发展中国家的利益。

根据《生物多样性公约》的规定，材料转让协议被解释为“表示支配基于合同的所有遗传资源交换、协定方与非该协定方惠益分享的法律文书”[2]。其内容覆盖了交换生物遗传的类型、内容、时间、方式等。明确获取生物遗传资源的条件，获取来源地等。协议成为研究者与提供者的沟通载体，也是二者协商共识的达成表现。通常，标准化材料转让协议应该包含以下几项基本内容：承认原始取得、后续使用材料限制、权益清单。后来随着实践发展，在材料转让协议中还整合了其他内容，如整合之后形成了合作研究和发展协议

---

〔1〕 Charles R. McManis, *Intellectual Property*, *Genetic Resouroes and Traditional Knowledge Protection*: *Thinking Globally*, *Action Locally*, Cardozo Journal of International and Comparative Law, Summer, 2003, p. 23.

〔2〕 UNEP/CBD/COP/4/23/Rev. 1.

(CRADAs)。[1] 对提供生物遗传材料一方权利包含了知识产权,还包含了事前知情同意权、转移材料衍生物所有权等,协议中规定了第三方转移条款、知识产权用途等,让该权利可以得到充分利用。综上所述,提供生物遗传资源的一方与国外组织简单合作也罢,与国外组织深入持续合作也罢,事前签署协议都可让其发挥该有的法律作用。

(四)许可协议

许可协议是最容易理解的协议,是指生物遗传资源被许可给获取者使用的协议,其充分体现了提供者的同意、允许以及承诺。例如,将许可的生物遗传资源视为研究内容,将许可的传统知识视为研究工具,实现这些目标的前提条件是必须得到提供者的许可。如果没有获得许可,任何擅自获取、利用生物遗传资源的行为都是违法操作。许可协议常用于知识产权领域中,知识产权作为无形资源,本身并没有经济价值,经过产权转让、许可可以获取产权费,进而创造了商业价值。同时,产权商业化也承担了诸多风险,甚至一些风险超过商业机构、研发机构的承受范围。为此利用者提出生物遗传资源获取申请时,不会过于计较知识产权商业化,而是会选择适合的产权管理方法,获得最大的商业价值,降低风险系数。其主要方式有知识产权许可、知识产权转让、共同投资管理。前文提及许可协议就是基于生物遗传资源知识产权领域常用的合同类型,它标志着发明者允许其他非发明者使用生物遗传资源知识产权,发明者保留了知识产权控制。基于某一商业目标,签署许可协议需要准备一些材料,如生物遗传资源获取材料、协议回报方案、惠益分配等。[2] 许可协议确定了许可权类型,结合相关法律规定,知识产权所有人需要根据产权使

---

〔1〕 其中规定了各种研究和开发投入的协议,包括资金、材料(包括生物遗传资源)和知识贡献,特别是各种与研究和开发新产品和方法有关的义务,并规定该研究和开发的货币或非货币惠益如何管理和分享。WIPO, *Genetic Resources: Draft Intellectual Property Guidelines for Access and Benefit Sharing Contracts*, WIPO/GRTKF/IC/6/5 (2004).

〔2〕 WIPO, *Contractual Practices and Clauses Relating to Intellectual Property, Access to Genetic Resources and Benefit Sharing*, WIPO/GRTKF/IC/5/9 (2003).

用情况,设计合理的监控方式。

二、生物遗传资源惠益分享合同的主要内容

(一)合同签署方与利益分享主体

关于生物遗传资源惠益分享合同的研究,目前有研究认为生物遗传资源惠益分享合同是关系惠益落实的法律工具,为此需要厘清以下几个问题:生物遗传资源惠益分享合同签署人与惠益主体的关系、其他相关利益主体是否能参与惠益分享。其中,对于生物遗传资源的所有权人的确定,可以根据生物遗传资源来源确定其主体,由此确定的惠益标准也会有所区别。例如,生物遗传资源是自然性资源及产物,没有经过人为加工、改良以及培育,这类资源惠益主体应该是纯粹自然的生物遗传资源,是自然的产物,未经人类的劳动影响,这类生物遗传资源的惠益属于国家;具有生物遗传资源贡献的少数民族或地方社区,基于这些社区群体的代代传承、改良培育而形成的现在的具有研究或商业价值的生物遗传资源的,这类生物遗传资源提供国的政府或科研机构或商业公司在签署相关转让合同时,应确立自身生物遗传资源"代理人"的身份,而不是权利的完全享有者。又如,转让材料是属于移地材料,法律层面给出的解释"收集并脱离自然环境而保存的种子、植物、微生物和其他生命行使",它也包含了基因库信息。这些材料的形成激励了研发智慧,经过反复试验最终形成数据,被存储到数据库中,为此负责收集的数据管理者会在"就地保护"时,受到社区组织、民众的帮助,为此他们也有权享受惠益结果。

因此,生物遗传资源惠益分享合同中待分享利益的归属应当有三种机制:国家、社区和社区居民、个人所有。对于前两种所有权是基于国家、集体组织设计的,它与个人私权有本质区别。从现实情况来看,保护生物遗传资源多样性与持续性发展,单独依靠政府力量是完全不够的,很多社区及居民也身体力行,保护生物遗传资源环境及系统,运用他们的劳动经验、智慧形成了传统知识以合理利用与开发

资源,保护生物遗传资源。这一过程所形成的惠益在社区内部是开放的、公有的。为此有论者提出,生物遗传资源多样性保护和持续性利用进程中传统和土著社区与社区居民发挥着重要作用,尚未形成西方国家所谓的"私权"的概念。获取的生物遗传资源来自社区,在社区系统中共有、开放,提供者与获取者签署合作协议,分配项目利益时,如何界定提供国、社区及居民的比例,可参考私权合同,进而厘清生物遗传资源的惠益归属在提供者、利用者中的分类。此外,私权是与国家主权、集体主权对立的一种权利,因生物遗传资源惠益分享主体较多,社区形成的传统知识与个人知识可能会不一致,为此签署生物遗传资源惠益分享合同会更受局限。它不仅限制公权,还限制了集体权属、个人私权。

生物遗传资源权属的明确,为处理提供国、利用国的利益配置发挥着重要作用。假设某一生物遗传资源存在提供国,它属于提供国某一土著社区所有或者某一特定区域所有,在生物遗传资源惠益分享的过程中,除了考虑提供国惠益,还要考虑其他公众的惠益。本书认为,可以通过制度确立权归问题,若是制度还没有设定,可以要求主体签署合作,确定相对关系。按照规定提交监管部门审批、同意、登记,并保障少数民族、社区居民的惠益分享,也能够让代表者参与到生物遗传资源项目中,减少信息不对称带来的惠益不均问题。

签订合同的主体一般是提供生物遗传资源的一方与利用开发生物遗传资源的一方,如提供者与利用者签署"材料转让协议"。通常生物遗传资源惠益分享合同包含了很多内容,如行政监管内容,会明确监管机构与关联研究机构、生物遗传资源研发成果与技术、提供生物遗传资源的相关主体。[1] 利用者一般是研究机构、研究公司,合同中会明确提供者与利用者的权益、责任以及义务,减少后续的扯皮。

---

〔1〕 WIPO, *Draft Guide on Intellectual Property Aspects of Agreements on Access and Equitable Benefit Sharing Relating to Genetic Resources*, WIPO/GRTKF/IC/7/9 (2004).

根据主体性质可划分惠益分享类型。如果生物遗传资源惠益分享合同一方主体是研究所,则惠益分享方式多为非货币惠益、货币惠益。如研发成果转让、知识产权许可、研发经费等。如果生物遗传资源惠益分享合同一方主体是国家、社区及公民,惠益分享方式多为公共利益,如资源管理、能力建设、技术转让等。[1] 实际上,生物遗传资源惠益分享合同确立了惠益分享的主体,一定程度上补充了生物遗传资源惠益分享法律机制的立法空白。

(二)合同范畴

生物遗传资源惠益分享合同范畴包括获取生物遗传资源惠益的类型和范围,以及生物遗传资源惠益是否持续到后代、分离提取的化合物及衍生物处理等。不同范畴的生物遗传资源惠益分享合同对应的惠益分享标准也不同。

为此需要关注以下几点:第一,生物遗传资源范围。生物遗传资源是自然资源的一种非常规类型,包含了动植物、微生物以及遗传材料。通常在生物遗传资源惠益分享合同中都会提前界定获取资源的类型,且还会补充知识产权相关内容。例如,基于植物遗传资源签署的惠益分享合同,它会确立育种者权与品种权等的关系。[2] 第二,生物遗传资源载体。生物遗传资源惠益分享合同需体现与生物遗传资源载体一起转移且无显著特征的资源,如寄生在动植物身上的寄生虫、微生物等,这些样本的获取可能也会影响后续的操作,为此需要通过附件说明。未来惠益分享与生物遗传资源范围一一对应。第三,生物遗传资源背后的知识产权。知识产权是无形的资源,一经转让、许可就可创造高利润空间。很多生物遗传资源不可直接投入市场,它需要通过开发、研究,转化为商品后,才可实现商业化操作。有

---

〔1〕 WIPO, *Genetic Resources: Draft Intellectual Property Guidelines for Access and Benefit Sharing Contracts*, WIPO/GRTKF/IC/6/5 (2004).

〔2〕 *ProCorn Inbred Release and Licensing Agreement between Agriculture and Agri – Foods, Canada (AAFC) and Commercial Corn Companies*, WIPO. int, https://www. wipo. int/tk/en/databases/contracts/texts/cornlicence. html.

形商品蕴含开发者的智慧、前人传统知识和经验,得到的知识产权也会受到专利保护。因此,在生物遗传资源惠益分享合同中需要区分生物遗传资源、生物遗传材料以及衍生物,进而有效保护生物遗传资源利用者的知识产权权益。第四,传统知识。合同亦需涵盖生物遗传资源所关联的传统知识。

(三)权利与义务

生物遗传资源惠益分享合同明确了缔约者的权利、义务。它也是利益主体的分享方式。

1. 提供生物遗传资源一方的权利义务

提供者权利主要有:(1)了解生物遗传资源用途,并有事前知情同意权;(2)经济补偿、技术补偿以及能力建设输入;(3)要求利用者公布资料中标注提供者贡献情况;(4)全程跟踪并参与生物遗传资源开发;(5)开发生物遗传资源商品许可费;(6)共有生物遗传资源知识产权。

提供者义务主要有:(1)协定内容核心;(2)允许、协助获取者获取生物遗传资源;(3)保密义务。

2. 利用生物遗传资源一方的权利义务

利用者权利主要有:(1)依法获取生物遗传资源样本及材料,并实施研究开发;(2)知识产权所有权或共同所有权。

利用者义务主要有:(1)出具生物遗传资源惠益分享合同的开发战略、计划以及方案,包含未来商业预估;(2)向提供者支付样本费、兑现承诺惠益、输入技术等;(3)遵循合同为提供者及其他持有者提供补偿,可以是非经济类补偿;(4)为指定保藏部门提供样本及分类数据;(5)搭建数据系统,导入生物遗传资源研发数据,及时汇报开发进度;(6)定期向提供者披露商业化进度,并以书面方式提交。

(四)争端解决机制

前文已提及在生物遗传资源惠益分享合同中涉及很多利益主体,包括提供生物遗传资源的主体,也包括利用开发生物遗传资源的主体,还包括管理部门。他们所处的立场不同,利益目标也不同,在合作中极容易发生纠纷、争端。尤其是生物遗传资源惠益分享缔约者处于不同国家，合同就具备涉外性，解决争端应该选择什么样法律标准就会成为新问题。它与常规合同不同，解决合同主体纠纷会相对较复杂；解决方式却与常规合同类似，包括合同当事人共同商定、调解、仲裁以及诉讼等。实际中，很多缔约者在签署生物遗传资源惠益分享合同时，就事先确定了解决方式，多数合同采取了“双方友好协商”作为解决方式，还有部分合同将“协商”视为唯一解决方式。根据成本效益优先原则，解决过程中若彼此无法达成共识，那么应当选择由共同认可的第三方机构调解。[1] 经过调解依然无法达成一致意见的，可以选择提起诉讼或采用替代性争议解决机制（Alternative Dispute Resolution，ADR）解决。ADR 包括但不限于调解和仲裁。替代性争议解决机制的方式灵活，程序简易，具有节约时间与成本的优势。由于程序选择大多基于合同主体双方意愿，当出现涉外生物遗传资源惠益分享合同纠纷时，当事人更愿意选择用 ADR 程序来调解争端。联合国大会曾建议国际商业合同使用联合国国际贸易法委员会（United Nations Commission on International Trade Law，UNCITRAL）的仲裁法则，生物遗传资源惠益分享合同当事人可以以书面形式达成协议，规定与该合同相关的争端都诉诸 UNCITRAL 的仲裁法则的解决方式。在生物遗传资源惠益分享合同中，当事人签订书面协议，明确解决争端的方式，应尽量保持多元化与灵活化。

三、生物遗传资源惠益分享合同的特殊性

根据世界知识产权组织制定发布的《关于遗传资源获取与惠益分享协议知识产权条款的工作原则》，各国国情不同，合同的拟定各有特征，为此遗传资源获取与惠益分享协议也需要参考本国合同法进行相应的调整。合同法是规范合同的根本，遵循本国合同法，尊重

---

〔1〕 赵富伟：《生物遗传资源获取与惠益分享协议研究》，科学出版社 2021 年版，第 121 ~ 122 页。

国际准则,还要兼顾到竞争法、税法、海关法以及生物遗传资源保护相关立法等内容。由于合同义务是签署生物遗传资源惠益分享合同当事人基于双方意思自治,自觉、主动承担的,为此合同法对权利、义务并无强制执行的规定,更多的是倡导限制原则。签署合同的当事人本着自愿、协商原则,确立当事人的权利、义务,并自觉履行合同约定。生物遗传资源惠益分享合同作为合同的其中一种类型,理应遵循合同法约束,但相较于许可使用合同、技术合同以及销售合同,生物遗传资源惠益分享合同的主体、程序、原则以及条款设计方面具有其独特性。

(一)惠益分享合同主体的特殊性

生物遗传资源惠益分享合同主体的特殊性:根据《民法典》"合同编"第464条第1款内容,合同是民事主体之间设立、变更以及终止民事法律关系的协议。那么对于生物遗传资源惠益分享合同中主体——提供者、利用者的法律关系即通过该合同确认。首先,根据合同约定,提供者为利用者提供生物遗传资源及材料,提供主体是自然人、法人以及混合体。其次,根据协商约定利用者获取生物遗传资源后,为提供者支付经济补偿与非经济补偿,利用主体可以是自然人、法人或其他组织。若提供者是国家,为利用者提供的是公有资源,那么管理、利用生物遗传资源的必然是政府组织。若是组织从事涉外生物遗传资源交易活动,则可为公众争取更多利益。

《生物多样性公约》第15条"关于获取生物遗传资源"确认了各国对其自然资源拥有的主权权利,因而可否取得遗传资源的决定权属于国家政府,并依照国家法律行使,且要求生物遗传资源的取得需经提供这种资源的缔约国事先知情同意,除非该缔约国另有决定。我国《宪法》《民法典》《野生动物保护法》亦已经确立了生物遗传资源主权由国家所有。当前,国家政府虽然不可能成为所有生物遗传资源惠益分享合同的主体,但可通过管控组织代为履行相关权利、义务。合同双方要求当事人关系平等,如果对方是政府组织,合同是可行的,利益分配也会得以权衡。

还有一些富有商业价值、学术价值的生物遗传资源，它得以保存下来与土著民有关系，他们运用传统经验和知识，一代一代培育着生物遗传资源，对开发资源作出了重要贡献。对于因技术条件没有被开发的野生生物遗传资源，其资源价值还没有为人们所知，当地民众的权利也就失去意义，此时与生物遗传资源获取利用者的谈判则不利于掌握主动权，加之信息不对称的影响，很容易导致利益分配的不公平。国家组织则不同，其作为公民利益的代表，也是行政主管机关，与利用者谈判更具有优势。而且《生物多样性公约》提出调查生物遗传资源多样性、监测生物遗传资源持续性利用。国家政府具有监督、调查职能，对法定机构赋予部分支配生物遗传资源的权利，可以充分发挥其主观能动性，有利于找到影响生物遗传资源的风险因素，及时制定保护措施，并且还能组织技术人员建设保护系统。借助国家力量，有助于真正保护生物遗传资源的安全，通过流调、检测以及评估，对生物遗传资源开展全面且完整的本底调查，提取价值数据，形成丰富的资源数据，建设生物遗传资源数据库，进而更好地保护生物遗传资源。因此，无论是基于市场视角分析，还是基于政府管理视角分析，他们都有权利代表民众、国家行使相关权利，并将惠益结果反馈给地方组织，从而保障生物遗传资源，使居民利益最大化，保障生物安全、国家安全。值得注意的是，若自然人拥有生物遗传资源，则合同标的物可以由其承担，这种情况下与利用者谈判不具有优势地位。因此，以国家、政府组织为代表代替民众与利用者谈判，并以适当方式介入其中，势必可以为公众争取更多的权益。

（二）惠益分享合同生效程序的特殊性

常规合同签订是根据合同缔约双方意愿去执行，它包含了自由表达、要约、承诺兑现多个环节，最终才算是真正的订立。而生物遗传资源惠益分享合同主体复杂，除了自然人、法人之外，还有可能是国家。为此，在合同意志体现方面应该包含国家意志，必要情况下还需要行政机构介入其中。基于此，合同当事人获取生物遗传资源，必须经过国家主体的审批、同意才可。我国《对外贸易法》规定，特殊情况下国家有权介入对外贸易合同。为保障国家安全、社会公众权益,民众生命健康,保护生物遗传资源安全,国家法律规定禁止进出口、限制进出口的资源名录与技术名录。作为非常规的自然资源,生物遗传资源是国家宝贵财富,也是珍贵财产,它影响生物遗传资源开发研究、生物多样性保护,还影响民众公共权益,生物遗传资源的重要性不言而喻。获取、利用生物遗传资源以及惠益分享必须具有坚实的法律保障,预防潜在风险,保障我国的生态安全和国家安全。生物遗传资源惠益分享需要行政主管机关介入,并设计相关的惩处措施。当前生物遗传资源惠益分享法律机制尚未成型,生物遗传资源惠益分享合同范本普遍无行政干预。[1]

(三)惠益分享合同订立原则的特殊性

合同订立遵循的原则包括公平自治、诚实守信、尊重社会公共利益,这些原则同样适用于生物遗传资源惠益分享合同。根据《生物多样性公约》《名古屋议定书》《波恩准则》的相关规定,确立惠益分享作为保护生物遗传资源的核心制度的同时,还明确了多项根本原则,包括法律确定性、便利获取、公平合理分享惠益、书面协议等原则,这些原则也是订立生物遗传资源惠益分享合同应该遵循的根本原则。其中,共同商定条件制度为订立生物遗传资源惠益分享合同提供协商保障。除了上述几个原则之外,还要兼顾其他原则,如优先发展原则、可持续发展原则等。部分发展中国家为获取更多回报,过度开发利用生物遗传资源,造成生态环境损害,甚至埋下了全球化生态危机的隐患。一旦危机爆发,消耗的不仅是资金,更是社会人类的生命安全与健康。因此,为持续利用生物遗传资源,保障生物遗传资源多样性,国家制定了很多规制、约束,要求可持续利用资源,不能盲目追求经济目标,忽略生态目标,不能为满足当代人需求,影响子孙后代的资源需求,要求监管部门要定期跟踪监督、科学评价环境,及

---

[1] 赵富伟:《生物遗传资源获取与惠益分享协议研究》,科学出版社 2021 年版,第 110~111 页。

时发现并整改问题，为生物遗传资源惠益分享合同的实施提供有利环境。

（四）惠益分享合同条款的特殊性

作为特殊性的自然资源，生物遗传资源的商业价值体现在获取样本、利用开发、商业转化的过程之中。从生物遗传资源中提取出的样本都是从千万材料中优选而出的，这些样本是研究的灵魂，之后转为商业产品，投放市场销售，从而获得商业盈利。但是通常而言，从开发利用生物遗传资源到转化为生物遗传资源商品，不是一两年就可以实现的，动辄五六年，甚至可能十年也无结果。此外，生物遗传资源研发风险较多，如果按照后续盈利分成方式返给提供者，那么很难保障资源提供者在相当长的时间内能够获取较为可观的收入。结合利用开发生物遗传资源项目预计收益结果，除了不涉及后期惠益分享的协议以外，其他持续期都是浮动变化的，为此应在生物遗传资源惠益分享合同增加"特殊监督"条款。由于提取生物遗传资源、签订惠益分享协议都涉及专业内容，法律名词、科学名词等专业词汇较多，为避免误解，需要作专有名词解释，可以在合同底部做角标，方便当事人精准理解合同内容。此外，在生物遗传资源惠益分享合同中最为关键的内容是知识产权利益分享、第三方转让与利用以及货币惠益分享，合同缔约方似乎更倾向于关注提供者能否获得技术转让、知识产权能否共享、优惠条件能否落实等条款。

四、我国典型合同范本分析

生物遗传资源惠益分享合同式调整工作并非易事：主体的多样化、标的物复杂化、条款内容丰富、内容专业性强，如果没有专业功底，很难把控合同条款。不同类型的生物遗传资源惠益分享合同虽然具有其自身的独特性，但这些合同构成框架主要包括合同当事人权益、惠益分享、纠纷解决方式等，其与常规合同构架非常相似，再加上以成熟合同立法做指导，可为生物遗传资源惠益分享合同范本调整提供援引。例如，湖南省湘西土家族苗族自治州黑猪遗传资源及传统知识获取与惠益分享协议的范本(以下简称湘西黑猪范本)[1]、“保靖黄金茶”研究与产业化开发合作协议书范本(以下简称保靖黄金茶范本)[2]、瑞士巴塞尔农作物种群保护组织与我国湖北省武汉市农业科学学会的研究协议范本(以下简称瑞士巴塞尔范本)[3]、2018年国家自然科学基金委员会(National Natural Science Foundation of China, NSFC)国际合作项目协议书范本(以下简称NSFC范本)[4]中分别就黑猪、茶叶、农业物种以及植物四类生物遗传资源达成惠益分享协议,且还有与国际组织合作的惠益分享项目。上述协议可以从多个方面进行归纳分析。

(一)合同范本形式概述

目前所收集的合同范本的形式和内容都较为完备。在湘西黑猪范本中设计了总则、法律依据、协定期限、资源范围、版权报告、专利权归属以及法律责任七个章节;在保靖黄金茶范本中设计了当事人权利与义务、研发成果权益归属;在NSFC范本中设计了国际项目计划书、项目主持及参与、项目计划进度、资金支持及预算、知识产权归属等八个章节,且还对每一个章节附以说明文字。这样可以让当事人了解合同程序、限制条件等,也可以作为义务权利履行的法律依据。

(二)合同签订方

在生物遗传资源惠益分享合同中,当事人一般是提供者、利用者双方。提供者主要负责提供生物遗传资源;利用者主要投入技术、资

---

〔1〕 薛达元主编:《遗传资源及相关传统知识获取与惠益分享案例研究》,中国环境出版社2014年版,第164~172页。

〔2〕 薛达元主编:《遗传资源及相关传统知识获取与惠益分享案例研究》,中国环境出版社2014年版,第228~231页。

〔3〕 *Research Agreement between Syngenta Crop Protection AG, Basel, Switzerland and HUBEL Academy of Agricultural Science, Wuhan, China, dated November* 1997, WIPO, https://www.wipo.int/tk/en/databases/contracts/texts/syngenta.html.

〔4〕 赵富伟:《生物遗传资源获取与惠益分享协议研究》,科学出版社2021年版,第92~97页。

金研发生物遗传资源，并与提供者惠益分享成果。从合同范本案例来看，上述合同规定的主体有古丈县遗传资源管理机构、保靖县人民政府、湖北省农业科学院。可实践中合同履行的普遍做法是，由当地人民政府或生物遗传资源管理机构作为国家的"代理"，代为签订相关合同。其中，在保靖黄金茶范本和 NSFC 范本中，确定了主体，并本着协商原则，确定主体责任、义务，针对考虑事宜，双方在日后合作中协商处理；湘西黑猪范本则强调了制定合同、监督合同履行都应由政府主导。

(三)合同目的

前文所提及四类生物遗传资源惠益分享合同范本中，均明确了签署合同目的，并在合同开篇注明：为合理开发利用生物遗传资源，将其转为商业产品，创造商业价值。在湘西黑猪范本中，同时也提到了签署该协议是为了促进湘西黑猪的生物多样性保护，促进生物遗传资源信息的交流等非商业化目的。可见，目前各生物遗传资源惠益分享合同的制定，其关注的焦点在于生物遗传资源的商业运用和经济利益的公平、有效地实现，以及产生的先进的专业和科学技术的利用。

(四)双方的权利义务(利益分享)

NSFC 范本要求简明扼要，内容清晰，明确定位合同当事人的权利义务，同时还预留了灵活空间，让双方自行谈判与商定。在整个协议书框架中，会明确标注出协商内容、成果分配等。以湘西黑猪范本、保靖黄金茶范本以及瑞士巴塞尔范本看，合同详细规定了主体权利义务，并设置了诸多限制，尤其是生物遗传资源利用后的知识成果分享方面条款占据了较大篇幅。除了明确了生物遗传资源惠益分享合同的商业目的外，还明确了合同确立的当事人产品、方法、知识等与项目后续知识产权保护具有紧密关系。

(五)向第三方提供生物遗传资源

湘西黑猪范本增加了"利用者向第三方提供湘西黑猪资源，必须经过最初提供者的同意许可，应保障第三方认同最初提供者与之平等惠益";保靖黄金茶范本除了法律规定特殊情况,获取者不能随意向第三方提供保靖黄金茶遗传资源及材料,或者在保靖县境外使用该资源。可以看出,这些合同范本中规定了生物遗传资源使用、获取的权利,除了生物遗传资源之外,与资源相关的材料也在管控范围中。

(六)争端解决机制及其他

前文所列举的四类生物遗传资源惠益分享合同范本,其争端解决机制都存在不足,或者合同中没有争端解决的内容,或者以较为简单表述带过。整体来看,争端解决机制的权威性不高、可操作性不足、法律效力不强。其中,在湘西黑猪范本和保靖黄金茶范本中均提及,如果合同当事人出现争端,可选择协商、仲裁以及司法解决;瑞士巴塞尔范本则规定了出现争端后遵循瑞士国家法律解决;NSFC 范本没有提及争端解决的方式,有一些条款提到了研究期限、变更和退出以及法律效力的规定,细究发现这些分散条款也暗含解决争端的意思。

(七)合同范本小结

国内实施生物遗传资源惠益分享合同机制还没有固定模板,有些是根据标准合同模式设计的,有些则是根据具体签订内容设计的。合同中均明确了当事人权利义务。合同履行中,惠益成果分享以经济惠益方式为主,还有主体更看重非经济惠益方式,如信息共享、技术共建、促进产地经济发展等。基于生物遗传资源惠益分享合同文本确定了惠益分享,并约束合同主体的行为,减少信息不对称引发的风险。案例合同较为精准、完备地界定主体权利、义务的同时,惠益分享也都作了详尽规定,包括资源所有权、知识产权、货币利益以及非货币利益等均有提及。尤其是在知识产权与技术归属方面作了诸多限制。例如,涉及有关专利归属、专利信息保密、公开出版时间周期等。在湘西黑猪范本中还提到了签订该生物遗传资源惠益分享合同的目的,除了商业目的之外,还有生态保护目的。对当事人争端解决采取协商处理,协商不能达成共识,则按照提供方国家立法解决。作为跨国交易合同之一的瑞士巴塞尔范本明确了出现争端一律按照利用者所在国法律解决,也就是按照瑞士国家立法解决,这些形式均是协商原则下确定的。因此,想要实现真正的公平及信息对称,还需要辅助国内外法律的保障,尽快完善有关生物遗传资源惠益分享合同的立法工作。

第三节　我国生物遗传资源惠益分享利益平衡的现状评析

为保护生物遗传资源多样性、可持续性利用生物遗传资源,我国制定一系列法律法规,为生物遗传资源获取、惠益分享、平衡利益关系提供了法制资源。但是有关获取生物遗传资源及惠益分享的专门立法还在筹划阶段,很多工作目前仍尚未落实。与生物遗传资源有关条款大多分散在家养动物种质资源管理、农作物种质资源管理、植物新品种管理等立法中,还没有建立完整的生物遗传资源惠益分享法律体系。通过对我国生物遗传资源惠益分享利益平衡现状的分析,生物遗传资源惠益分享体系存在问题主要集中在理念定位偏差、管理体制不合理、调整范围不全面、合同机制不完善、保障机制不健全等五个方面。

一、理念定位偏差

建立健全生物遗传资源惠益分享利益平衡机制有助于合理开发利用生物遗传资源,保障公平公正的惠益分享。其中,《生物多样性公约》第 15 条提出获取生物遗传资源与惠益分享有必然联系,只有通过生物遗传资源获取、利用以及开发,才可转化惠益结果,并实现公平分配。《波恩准则》和《名古屋议定书》也确认了惠益分享是建立在获取生物遗传资源基础上。[1] 生物遗传资源具有资源价值、生

---

[1] 《名古屋议定书》第 1、5 ~ 6 条。

态价值、商业价值等，这些价值可以相互转化、相互影响，进而影响国家经济发展。为此，在设计生物遗传资源惠益分享利益平衡机制体系时，应该基于生物遗传资源与惠益分享原则，从根本上厘清利益关系，保持社会公共、经济、生态以及个人利益的平衡。

当前，多数立法侧重保护生物遗传资源，注重采集规范，但是关于惠益分享与持续开发利用资源之间的必然联系，并没有具体的表述。获取资源机制与利用资源机制衔接不够紧密，而且利用生物遗传资源的过程就是资金、技术投入的过程，这种情况下很容易产生投入风险。此外，还有不少立法侧重货币惠益回报，主体也更倾向于选择货币惠益，对非货币惠益持续性认识不足。在生物遗传资源规制中对惠益回报方式并无强制性要求，受到利益驱动，很多生物遗传资源主体会选择货币惠益，而放弃产权共有、技术转让、能力建设惠益。恰恰这些非货币惠益对保护生物遗传资源多样性、持续性有积极影响，非货币惠益产生的效应是持续的。

二、管理体制不合理

国内生物遗传资源管理已经确定归口，实施归口管理办法，[1] 但对于生物遗传资源惠益分享管理归口尚未确定，管理交叉或空白常发生，一旦出现问题管理部门推诿扯皮。只有小部分立法确定了管理机构权责、分工，还反复强调加强生物遗传资源惠益分享的管控，其他立法在生物遗传资源惠益分享利益平衡管理机制方面存在短板。

第一，管理的侧重问题。管理过分关注问题管理。例如，保护生物遗传资源多样性的规定，以畜禽、农作物常见资源为主，设计了很多条款。从条款内容分析体现了资源经营管理，很少有条款提及"生物遗传资源进出口管理、惠益分享管理、保护生物遗传资源多样性管理"，整体看管理规制过于抽象，给不法者预留钻空子的漏洞。

---

〔1〕 于文轩：《生物多样性政策与立法研究》，知识产权出版社 2013 年版，第 197 页。

同时生物遗传资源惠益分享管理需要关注提供者、初始提供者的惠益保障，以实现真正的生物遗传资源惠益分享的利益平衡，主管部门应该建设动态管理机制，及时更新信息，联合其他部门力量，建设联动管理机制，这样才可保障管理全面到位。

第二，惠益分享协同机制的建立问题。生物遗传资源管理是一项复杂工作，尤其在惠益分享管理方面，需要多个部门协同合作。可以参考域外有益经验，依照“统一协调、分工负责”原则，明确管理部门分工，建立协同机制，让生物遗传资源惠益分享可以循环起来。其中，共享信息、更新数据应及时上传平台，搭建协同系统，借助大数据技术进行生物遗传资源惠益数据交换，创新线上惠益审核。同时，将交叉重合的职能扁平化处理。例如，中医药、生态环境、农业农村、林草主管部门对于野生动植物资源的管理有重叠，建议重新梳理管理职能，减少管理资源的浪费。此外，根据信息管理、平衡利益的原则，发挥好高层主管的引导、监督、协调能力。当前不少生物遗传资源管理机构都是从本领域进行管理，如蚕种业协会、种子行业协会，这些协会组织都具有专业背景，但是管理上又具有行业色彩、部门特征，对于保护生物遗传资源的力度、法律威慑力不高。将行政主管部门与行业组织协调起来，让彼此充分发挥各自优势，更好管控生物遗传资源惠益分享，保障利益平衡机制的顺利运行，对此值得尝试。

第三，专门协调机构的权责问题。目前负责管理、协调生物遗传资源工作主要是行政管理部门，除了本职工作外，还要兼顾其他工作，工作压力大、工作分工模糊，有职权交叉重叠、空白遗漏的地方，对实施系统生物遗传资源管理并不利。总体上看，协调处理生物遗传资源的机构建设还处于空白，咨询服务、管理服务缺失。现行的生物遗传资源管理机构沟通障碍，配合中摩擦较多，一定程度上遏制了建设生物遗传资源惠益分享的利益平衡机制。《生物遗传资源获取与惠益分享管理条例（草案）》提及生物遗传资源协调机构，包括“生物遗传资源委员会”“生物遗传资源专家咨询委员会”“生物遗传资源办公室”等三大机构分别承担了协调、监督、执行功能。通过明确权责,明晰工作程序,充分发挥三大机构的整合作用,将获取生物遗传资源机制与惠益分享机制融合一体,加速建设生物遗传资源惠益分享利益平衡法律机制,从而保障生物遗传资源获取和惠益分享的合理性与公正性。

三、调整范围不全面

总结各地实践情况看,关于生物遗传资源惠益分享利益平衡法律机制调整范围存在不足,主要是调整范围较小、调整范围存在漏洞。具体分析如下:

第一,调整范围较小。作为特殊的资源,生物遗传资源包括有形体现、无形体现,这些都是被划入生物遗传资源范畴中。生物资源,包括动植物、微生物、遗传信息等,这些生物遗传资源具有多重价值,促进了地方经济发展,带动了生物技术进步,保障自然系统的可持续。此外,《生物多样性公约》及其《名古屋议定书》规定了惠益分享机制的调整范围,除了有形生物遗传资源之外,还纳入无形遗传信息、传统知识。我国相关规定确立了获取生物资源条件,但是我们不得不注意到“生物资源”与“生物遗传资源”是两个不同概念,它们约束目的不同,除了常规利用之外,还有惠益分享。加上研发技术日益成熟,有很多未知的生物遗传资源逐步得到开发。《生物多样性公约》及其《名古屋议定书》对“遗传资源利用”和“衍生物”获取条件适当延伸,并将其界定为“开发、利用和创新遗传资源及其衍生物和相关知识产权申请”,这一范围调整大于我国生物遗传资源范围调整。[1] 参考国际生物遗传资源法制资源,结合我国实际情况,有必要明确与生物遗传资源相关的法律概念,对其内涵可适当延伸。当

---

〔1〕[德]Thomas Greiber、[哥伦比亚]Sonia Peña Moreno 等:《遗传资源获取与惠益分享的〈名古屋议定书〉诠释》,薛达元、林燕梅校译,中国环境出版社 2013 年版,第 59 ~ 61 页。

前实施的制度、指令以及政策仅适用开发利用生物遗传资源的某一具体环节，却无法从全局达成最优的生物遗传资源惠益分享。

第二，调整范围存在漏洞。首先，生物遗传资源惠益分享立法及制度建设不健全。生物遗传资源包括动植物、微生物资源，目前大多数立法都是围绕动植物遗传资源设立的，与微生物遗传资源相关的立法较少。其次，野生生物遗传资源管理保护工作不到位，保护对象为“国家重点保护名录”的动植物，仍有很多未知的、新开发的动植物遗传资源尚未得到保护。最后，名录更新相对滞后。例如，《名古屋议定书》第 17 条第 1 款提及利用生物遗传资源的主体具有监测资源义务，保障资源透明利用；第 4 款 f 项提到遵守证书内容，应包含生物遗传资源名录及遗传信息。目前，我国还没有全面从事生物遗传资源信息收集、数据上传和资源开发利用情况调查、评估的专门机构，也缺失动态监督制度、资源分类制度等。以上均对生物遗传资源全面管理与保护产生不利影响。

四、合同机制不完善

目前，我国很多科研机构与国外或国际农业研究组织进行种质资源交换合作，并签署了协议。约定联合建设信息交换网站，方便用户查询、获取种质资源信息。根据数据统计，进出口生物遗传资源的比例是1∶10，可以看出生物遗传资源流失风险较高，而导致这种不平衡的根本原因包括：其一，监管部门不作为、监管制度不健全，无法保障生物遗传资源的安全；其二，实际转移生物遗传资源过程中，因协议经验不足、信息不对称，导致生物遗传资源在合同规范下流失。为促进生物技术提升，我国政府对交换生物遗传资源是鼓励支持的态度，但是作为发展中国家，我们国家的研发技术略显不足，加上研发资金不足，在我国研究机构与国际组织合作中，很少有实质性参与，因此生物遗传资源合同都是由科研机构自发地制定和使用，引发的问题较多。在协商过程往往更注重某一利益点，而忽略了全局利益、长期利益，导致惠益分享无法持续。总体来看，生物遗传资源惠益分享合同机制不健全，主要体现在以下方面：

第一，生物遗传资源惠益分享合同机制无法保障真正的公平。合同效力基于当事人意思自治，其实现条件是必须在当事人能力范围内，例如技术、资金、人才等。如果是发达国家的生物研究集团，与发展中国家签署合作，势必掌握技术优势，而发展中国家则会失去议价优势，在这样的情况下谈判生物遗传资源交换合作，合同中对于生物遗传资源获取、利用和收益分配的合同条款通常会有利于处于主导者的一方，也就是发达国家更具有优势。如果没有法律措施，很难保障真正平衡的生物遗传资源利益分享。其他主体权益、国家安全、生物遗传资源管理都会因此受到影响，对于真正公平的惠益分享就会成为“纸上谈兵”而已。[1]

第二，生物遗传资源惠益分享的合同机制适用范围存在不足。在生物遗传资源交换合作中，订立合同的目的是约束合同当事人——提供生物遗传资源的一方、利用开发生物遗传资源的一方，进而保障主体权益和国家权益。合同所约定的内容是自行协商形成的。[2] 一些特殊合同还承认生物遗传资源主权归国家，这固然不是问题，但是针对国家所有的生物遗传资源，在没有国家许可或行政监管部门审批的情况下，即便与利用者签署合同，该合同也可视为无效合同。因此，保障合同有效的前提，是必须厘清生物遗传资源归属。

五、保障机制不健全

保障机制不健全主要体现在：一方面，生物遗传资源开发本身就是一个复杂的、动态的、充满不确定性的过程，导致生物遗传资源惠益分享也同样会经历漫长的周期。从采集分析生物遗传资源样本到最终研发成功商品，并将其投放到市场中去销售，获取商业价值，在

---

〔1〕 何平：《论遗传资源的财产属性和权利构造》，载《法学评论》2019 年第 2 期。

〔2〕 秦天宝：《遗传资源获取与惠益分享的法律问题研究》，武汉大学出版社 2006 年版，第 246 页。

这样漫长的商业化过程中随时会面临很多不确定风险，有可能后期做出诸多努力，开发的生物遗传资源商品不被市场认可，项目最终宣告失败，导致难以实现风险和利益两者的科学分配。另一方面，现行的立法多数侧重保护生物遗传资源的采集与获取，平衡后续生物遗传资源惠益分享发挥保障作用的生物遗传资源惠益分享补偿制度、生物遗传资源惠益分享信息管理制度、生物遗传资源惠益分享基金制度等尚不健全，且各个制度之间的协调和衔接不畅，在难以对生物多样性提供有效保护的同时，也导致对生物遗传资源开发、利用和惠益分享的动态的、全过程监管研究困难重重。

第四节　域外生物遗传资源惠益分享法律机制的综合考察

《生物多样性公约》提出生物遗传资源归所在地国家所有。这一规定确立后，预示着生物遗传资源公共财产时代已经结束。由此，各个国家纷纷开发利用生物遗传资源并形成了丰富的传统知识资料。这也为大陆法系与英美法系国家设计生物遗传资源立法提供了依据。[1] 然而由于国情、体制不同，立法设计也存在诸多问题，立法模式各具特征。

一、立法形式多样

当前，全球已经有55个国家、地区制定了生物遗传资源惠益分享机制、策略以及措施等，为实施惠益分享提供了依据。其中，36个国家或地区专门设立生物遗传资源性规范，并对惠益分享进行了详细规定。通过梳理，域外生物遗传资源惠益分享法律模式主要有

---

〔1〕 薛达元：《遗传资源获取与惠益分享：背景、进展与挑战》，载《生物多样性》2007年第5期。

三类:

第一类综合立法。它的覆盖范围大,有关生物遗传资源惠益分享的规定比较宏观、宽泛,多数法律表述都是基于多样化生物遗传资源展开的。例如,早在1988年,墨西哥政府颁布了《生态平衡与环境保护基本法》;2009年挪威政府制定了《自然多样性法案》;南非共和国于2004年制定《生物多样性法》;哥斯达黎加于1998年制定了《生物多样性法》等,为保护生物遗传资源多样性提供了法律保障。

第二类专门立法。它是围绕生物遗传资源专门设立的法律。与前一类综合立法比较,规定条款细致,指向更加明确,如菲律宾、巴西和澳大利亚等国家就专门设立生物遗传资源立法。值得一提的是,澳大利亚立法部门除了创新专门立法之外,还将综合立法与之结合。菲律宾政府从1995年开始,先后制定《为科学、商业和其他目的开发生物与遗传资源、其副产品和衍生物确立指南、建立框架的第247号行政令》(以下简称《第247号行政令》)、《野生生物资源和保护法》等;2001年巴西政府公开了《保护生物多样性和遗传资源暂行条例》;随后澳大利亚也公开了《北领地生物资源法》。

与综合立法相比,第三类专项立法更具体、详细,还专门围绕生物遗传资源惠益分享作出规定。比如,2008年南非共和国制定了《发布生物勘探、获取和惠益分享法规》;巴西早在1998年的《遗传资源获取法》中也提及了生物遗传资源惠益分享的内容;1999年以及2002年秘鲁先后制定《遗传资源获取管制法》和《关于建立保护与生物多样性相关的土著社区集体知识产权保护制度的法律》,这些国家制定并实施的立法,为保护、获取生物遗传资源提供法律保障,也为我国制定生物遗传资源惠益分享法律机制提供了很多有益参考。以上所列举的例子中,以南非共和国、巴西、哥斯达黎加为代表的国家,联合综合立法、专门立法,实现了对生物遗传资源的多样性保护,保障了惠益分享的目标。以秘鲁、肯尼亚、乌干达为代表的国家多应用专项性立法,还配套完善了相关法规、政策以及指令等,规范生物遗传资源惠益分享机制。

综合上述内容,三种立法模式各具特征。从立法技术看,专项立法与其他两种立法相比,难度系数小,可操作性大,立法效率高;专门立法难度处于另外两种之间,与综合立法相比,专门立法较简单,但与专项立法相比,专门立法则较难。对比可知,三种立法中难度高、范围广、协调关系复杂的当属综合性立法。三种立法并无显著优势或不足,因为国情不同,只要满足保护生物遗传资源需求、适合本国生物遗传资源惠益分享,就是最佳的立法模式。

二、立法核心内容具有一致性

前文提及域外生物遗传资源惠益分享立法建设的情况,除了智利之外,其他国家均建设了生物遗传资源获取以及惠益分享的法律制度、规章政策等,还确立了获取生物遗传资源、惠益分享的程序,并形成了一套完备的制度体系。常见的制度内容主要包括生物遗传资源获取程序、共同商定条件与事先知情同意、惠益分享以及事后的利用监督等。

(一)生物遗传资源获取程序

获取程序是利用者按照生物遗传资源提供国的法律规定向其表达诉求、提出获取生物遗传资源的申请过程。[1] 目前,各国根据本国实际情况确立了生物遗传资源获取程序,并加以规范。比如,安第斯共同体颁布并实施了《获取共同制度》,在该制度的第五章就以较长篇幅论述了"生物遗传资源获取程序",整个程序包含提出申请、提供国同意、公布信息、获取允许、签发认证、对外公布等。在这些环节中最关键的是提出生物遗传资源获取申请、双方签署获取生物遗传资源协议、提供国授予利用者获取权限。哥斯达黎加《生物多样

---

〔1〕 Lyle Glowka, Françoise Burhenne - Guilmin & Hugh Synge, *A Guide to the Convention on Biological Diversity*, in collaboration with Jeffrey A. McNeely and Lothar Gündling ed., IUCN Gland and Cambridge, 1994, p. 55.

性法》中第 69 条提出了许可证制度,这一特色制度设立是为保障多样性资源系统,让提供国可以知晓开发利用计划,减少因信息不对称带来的国家安全风险。基于《生物多样性法》衍生了实施条例,确立了获取程序的五个步骤:登记、获取事先知情同意、获取共同商定条件的谈判、申请批准以及事后监控。2005 年,澳大利亚颁布了《环境保护和生物多样性保护修订条例》,将获生物遗传资源获取程序划分 6 个环节,分别是申请许可、签署协议、评估申请、通过许可、等级许可、处理记录。菲律宾在公开的《第 247 号行政令》中,对获取生物遗传资源依据、程序作出详细说明:申请者首先需要向生物遗传资源提供国提交获取申请;监管部门收到申请后,要求申请者补充事先知情同意附件。美国对于生物遗传资源获取程序都是分散规定的,并无专门立法管理。如《联邦科学技术转让法》《濒危物种法》都有关于调整生物遗传资源获取的条款。就生物遗传资源保护方面,美国依据自然状态将生物遗传资源划分为人工培育类、自然类两种[1]。因本土多数生物遗传资源都被保存在国家公园系统中,研究机构需要获取公园署的许可凭证,才可获取生物遗传资源进行研究。它的流程分为两个关键部分——申请许可、通过审核并颁发许可。

(二)共同商定条件与事先知情同意

首先,共同商定条件可以保障提供者、获取者以及管理者的平衡利益,通过事前协商确定开发生物遗传资源后的利益回报。其次,事先知情同意是申请者必须提前告知提供国开发利用生物遗传资源的计划,这决定了提供国是否愿意为其提供资源。上述二项原则是保障公平公正分享惠益的基础条件,即保障生物遗传资源惠益分享的实现,必须做到共同商定、事先知情同意。哥斯达黎加《生物多样性法》和《生物多样性遗传和生化成分与资源获取通则》都规定了事先

---

[1] 在美国,对于自然状态以外的遗传资源,即包括上述人工培育的资源和迁地保存在种质库的生物遗传资源,只要不属于国家特别保护的濒临灭绝的生物,其获得都是开放的,只需要支付一定的费用,并没有强制性的法律限制。

知情同意。前者规定获取者必须向提供生物遗传资源一方提交事先知情同意证据,从本土农场、社区主管部门获得事先知情同意;后者规定共同商定条件是保障申请许可通过的基础条件,通过协商达成共识,并拟定示范合同,最终完成合同签署。而在示范合同中需要包含 20 个注意事项。巴西《保护生物多样性和遗传资源暂行条例》第 16 条解释了事先知情同意主体,还结合生物遗传资源范围大小详细罗列了 6 种场景:获取某一生物遗传资源是在土著管辖的领域内;获得土著社区或相关监管部门的事先同意;获得保护区主管机构的事先同意;获取私有权利人的事先同意;获得国家安全管理部门的事先同意;获得海洋机关的事先同意。通过上述论述可看出,对于事先同意主体主要有 5 类。印度《生物多样性法》虽然没有直接提及共同商定条件和事先知情同意,但是确立了申请生物遗传资源获取的程序,必须按照书面文件的范式,严格程序与标准,国家管理机构要做到事前调研与批准,这一描述与事先同意相似。菲律宾的《第 247 号行政令》强调了生物遗传资源勘探活动,需要经过本国政府的同意、研究,并与之缔结协议后才可实施,该行政令还规定了协议形式。对于事先知情同意的相关规定,行政令将其定位为"获取资源的前提",只有经过主体事先同意才可进行下一步程序。将主体范围延伸到土著文化社区、当地社区、保护区管理委员会以及私有土地所有者。

(三)惠益分享以及事后的利用监督

惠益分享从表面看是公平正义的问题,从本质看则是激励机制的问题。通过惠益分享机制保障了提供生物遗传资源一方与利用生物遗传资源一方可以平衡最终的利益成果,激励并约束了他们的开发利用行为,也间接地保护了资源多样性与可持续利用。为此很多国家意识到惠益分享的重要作用,纷纷制定了相关立法。[1] 其中,

---

〔1〕 张小勇:《遗传资源的获取和惠益分享与知识产权》,知识产权出版社 2007 年版,第 227 页。

安第斯共同体《获取共同制度》规定，利用者与提供者除了签署示范合同外，还需要补充附件。附件内容主要是：关于事后惠益分享、公平合理的分享条件、地方科研力量参与、知识技术保护与转让机制。通过这些详细规范的附件内容，揭示了安第斯共同体为生物遗传资源惠益分享建设了灵活的法律机制。哥斯达黎加《生物多样性法》第63条第3款提及应用许可、协定、特许内定等方式，以此保障惠益公平性；第76条确立了主体惠益分享的比例，其中预算金是预算研究的10%、使用费的50%，在开始之前需要向提供国、土著社区或个人交付预算金。巴西《保护生物多样性和遗传资源暂行条例》也提到了惠益分享的内容，对于国内机构、国外机构通过利用开发生物遗传资源获取的知识类、物质类以及其他类型的财富，都应该被合理分配；即便巴西不是合同当事者，也应该保障巴西获得一份回报。印度《生物多样性法》详细论述了惠益分享，根据该法的规定，主管机构通过申请，并向申请者授予批准，利用者与提供者签署共同商定条件的条款，其内容必须保证是公平、公正、共同惠益的。而在该立法还规定了多种惠益方式：主体共同享有知识产权、技术转让、参与开发研究、风险基金账户、支付补偿、非货币惠益分享。根据印度《生物多样性法》的规定，主管机构可建设多样性生物遗传资源保护账户，并预存一定费用，实施条例也提到了分享惠益的标准。

综上可知，有关生物遗传资源惠益分享需要通过立法、制度以及合同方式确立，这样才可保障惠益分享的公平与公正。多数国家在立法中均确立了惠益方式、类型以及惠益内容。

三、基于权属安排的生物遗传资源惠益分享实施途径多元化

生物遗传资源权属直接影响了最终惠益分享的结果，它是构建生物遗传资源惠益分享利益平衡法律框架的地基，如同盖一座高层建筑，如果不能明确权属，很容易导致建筑倾倒。自从生物多样性立法明确了生物遗传资源归国家所有后，各国都加速建构生物遗传资源惠益分享的法律，以保证国家利益最大化，平衡各方主体的利益，

维护生态系统的持续性、多样性。尤其是发展中国家,非常重视与关注资源权属与权益。发达国家因生物技术优势独占鳌头,也关注技术成果的保护。基于生物遗传资源权属规则,大致形成了以下三类生物遗传资源惠益分享机制类型。

(一)基于国家所有权的惠益分享机制

有不少主权国依据《生物多样性公约》确定了生物遗传资源主权权力。在国家发展战略中也增加了生物遗传资源内容,坚持生物遗传资源归国家所有。在这样的模式下,资源所有权和载体所有权则是独立关系,两种权利是并行的存在物。国家掌握了生物遗传资源所有权利。所有权对载体所有权并无直接影响,于是就形成了载体所有权主体多元化,可以是国家的,也可以是组织的,乃至个人的。此外,生物遗传资源所有权也不会影响载体所有权,对于掌握生物遗传资源的国家,他们会专门设立管理机构,并代表国家行使权利。对生物遗传资源进行获取、利用以及保护进行统一安排。

在国家所有权模式中,生物遗传资源载体所有权约束相对较宽,可以是集体,也可以是个人。例如,安第斯共同体及其成员方、埃塞俄比亚、菲律宾等都采取了该模式,承认生物遗传资源所有权归国家,载体所有权可以归国家、个人以及集体所有。《关于遗传资源获取共同制度的第 391 号决议》第 6 条提道,“本国境内的生物遗传资源以及衍生物,归本国家所有,组织内部成员国需要根据国内情况进行具体规定。确立的生物遗传资源所有权并不影响载体所有权的划分”。1998 年哥斯达黎加实施的《生物多样性法》第 2 条提及,“生物遗传资源主权是排他的、国家垄断的权利”。第 6 条提及,“对于多样性的生物遗传资源,不论其培育方式、衍生结果以及遗传功能,都属于国家所有,是公共财产”。2006 年埃塞俄比亚《关于提供利用遗传资源及其公有知识和公有权利公告》第 5 节申明“生物遗传资源的所有权属于国家和埃塞俄比亚人民”。综上可以看出,上述国家将生物遗传资源视为公共财产由国家享有所有权。

在国家所有权模式中,主张生物遗传资源归国家所有的国家多数都是发展中国家。为此有论者提出:拥有生物遗传资源的国家是最适合的主体,生物遗传资源立法是国家根据国际法,结合本国实际情况制定的,并将生物遗传资源定位为公共财产与国家资源,制定了获取生物遗传资源、利用生物遗传资源的法律程序。[1] 通过确立国际所有权模式,可实现统一、科学、规范的管控,保障生物遗传资源多样性与可持续利用。也间接补短申请、审批、惠益分享机制的不足,保障权益人。当然任何一种模式有优点也存在不足。实施该模式容易产生两个问题:第一,极容易酝酿"公地悲剧",若是将生物遗传资源归国家所有,它就如同公共财产,从逻辑角度来看,很容易再次发生"公地悲剧"的风险,如何应对与预防,关键是健全监督管理体系,为生物遗传资源利用、获取提供安全保障。第二,在该模式下生物遗传资源所有权与生物遗传资源载体所有权并行,那么它们从属主体不同,主体之间就会产生利益纠纷,客观角度看,若主体间不能配合则容易产生矛盾,获取资源就会更加困难。

美国促进了生物遗传资源惠益分享的发展,但是美国政府对私人主体获取生物遗传资源、惠益分享生物遗传资源成果并没有阻挠或干涉,只是要求监管部门要做好审批工作。美国《国家公园科学研究和资源收集许可基本条例》规定了获取国家公园系统内生物遗传资源,需要按照程序提交申请。对于其他国家申请、获取美国生物遗传资源却提高审批门槛,干涉较多,其虽然提出了合同机制,但是获取生物遗传资源并非易事,还需要获得审批、许可,此外还有很多额外限制。[2]

(二)基于生物载体所有人所有权的惠益分享机制

生物载体所有人所有权,并不难以理解,它诠释了生物遗传资源载体所有权归属给谁的问题。在该模式中,生物遗传资源构成复杂,

---

[1] 张海燕:《遗传资源权利主体的分析——基于遗传资源权复合式权利主体的构想》,载《政治与法律》2011 年第 2 期。

[2] 王明远:《美国生物遗传资源获取与惠益分享法律制度介评——以美国国家公园管理为中心》,载《环球法律评论》2008 年第 4 期。

由很多生物元素构成，其中，特定部门就是物质载体。载体同样具有所有权，从而依附载体之上的资源所有权，随着载体所有权而确定。如掌握特定动植物的人，同步拥有动植物资源。在前文提及生物遗传资源具有遗传信息，而这些抽象信息需要借助一载体体现出来。脱离了载体也就没有信息存在。[1] 为此，确立生物遗传资源载体所有权模式，是为了保障更多主体的利益。载体身份可以是国家、个人，也可以是法人。这与自然性质有直接关系。实施该模式的情况主要有两种：

第一，经确认掌握生物遗传资源的就是掌握生物遗传资源的所有者。国家无特殊管制的合同模式，在不违反法律规定的情况下，资源所有权就是载体所有权。简言之，私人之间进行资源成果惠益分享，并不受到国家干涉。野生动植物生存发展借助土地资源，而掌握土地的所有者也是野生植物资源的所有者，即便是土地上微生物资源也同样适用该权属划分标准。土地所有人是土地的载体，间接成为生物遗传资源的载体，并掌握了大量生物遗传资源。通过上述举例可看出：如果确定了生物遗传资源载体所有权，那么在载体上附着的生物遗传资源也是应该归载体所有人掌握。在惠益结果分享时，需要考虑载体所有人的回报，国家不得干涉。实施该模式的国家包括美国、澳大利亚、德国、加拿大等。其中，澳大利亚立法并没有直接提及生物遗传资源权属，也没有专门围绕生物遗传资源权属立法，这一做法说明了遗传资源主体可以是政府组织，也可以是个人。谁拥有载体所有权，在载体上所形成的生物遗传资源就归其所有。澳大利亚实施联邦体制，这一制度对生物遗传资源所有权归属似乎也产

[1] 秦天宝：《遗传资源获取与惠益分享的法律问题研究》，武汉大学出版社 2006 年版，第 11 页。

生了影响,从联邦到地方州,都有可能是生物遗传资源所有人。[1] 例如,生物遗传资源是在联邦土地发现的,则归联邦所有;在私人农庄发现的,则归私人农户所有。为此可看出,澳大利亚对生物遗传资源权属并不太较真,只要在获取与分享惠益时履行了事先知情同意义务便可。又如,欧盟及成员国拥有成熟的生物研发技术,这是客观条件,但是有不少国家反对实施公法管制,认为“生物遗传资源获取与结果惠益与所有人有紧密关系,只需要符合现行法律,不违背法律即可,至于政府不应该干预太多”。[2] 巴西《保护生物多样性和遗传资源暂行条例》第16条第9款第3项提出,“获取的生物遗传资源是土地所有者所有,那么需要事先征求土地所有者同意”,第10款明确了“惠益分享也应考虑到许可人”。

第二,经确认生物遗传资源所有权属于其物质载体的所有人,虽然如此,国家依然可行使监督权。如今多数国家都选择该模式,一方面灵活设计获取生物遗传资源,让惠益覆盖到所有主体;另一方面也维护了国家宏观调控的能力,赋予了一些特殊管制权。[3] 国情不同,管制程度及条件也有很大差异。比如,对土地所有者进行管控,主要是通过行政管制实现的。如肯尼亚立法中尚未提到“生物遗传资源所有权、控制权归于私人主体”;后来肯尼亚司法机关处理案件时,参考英国普通法财产概念,肯定了生物遗传资源所有权与控制权可以延伸至私人主体。根据肯尼亚2006年实施的《环境管理与协调(生物多样性和资源养护、遗传资源获取和惠益分享)管理条例》第9条规定,“获取生物遗传资源、利用开发生物遗传资源,必须获取国

---

〔1〕 Jorge Cabrera Medaglia, *Overview of National and Regional Measures on Access to Genetic Resources and Benefit - Sharing: Challenges and Opportunities in Implementing the Nagoya Protoco*, CISDL(April ,2018), https://www. cisdl. org/wp - content/uploads/2018/04/Global - Overview - of - ABS - Measures_FINAL_SBSTTA18. pdf.

〔2〕 秦天宝:《欧盟及其成员国关于遗传资源获取与惠益分享的管制模式——兼谈对我国的启示》,载《科技与法律》2007年第2期。

〔3〕 徐信贵:《遗传资源的权属问题研究》,载《四川理工学院学报(社会科学版)》2012年第3期。

家环境局的研究许可,获取土著社区及私人主体的事先知情同意"。若以普通法与宪法权利为依据,土地所有者掌握并控制土地上的生物遗传资源,这是说得通的;而国家立法又规定,获取利用以及惠益分享必须经过主管机构准许。《塞舌尔共和国宪法》第26条第1款也提及,"生物遗传资源所有权归属可以是私人主体,也可以土地委托代理人",对此可看出其规定比较笼统。第26条第2款a项提及,"本国境内发现的一切生物遗传资源,其所有权和控制权归政府,为保障公众权益,政府按照规定行使上述权利"。可以看出:在该国领域内,土地私人主体可以拥有本土地上的资源所有权,但是利用开发生物遗传资源,惠益结果分享还是会受到国家管控。塞舌尔通过行政监管进行干涉,主要目的是基于集体组织监管,可协助利用开发生物遗传资源,保障公众利益最大化,减少不当开发迫害国家系统与生态系统。

(三)基于社区共同所有权的惠益分享机制

社区共同所有权模式主张生物遗传资源所有权、控制权归社区所有。早在1998年孟加拉国就在《生物多样性与社区知识保护法》第6条提出:"本国境内的生物遗传资源以及衍生物,不论其存在、表达形式如何,这些资源都是本国人民的所有,为当代、未来下一代的人民而服务。"生物遗传资源主要分为有形部分与无形部分,一旦确立为生物遗传资源,也可将其理解为社区公共财产,与生物遗传资源相关的制度不可撤销、篡改或侵犯,除非是法律另行规定的。社区以及境内其他地区的人民共同拥有生物遗传资源,他们是所有者,是监督者,也是管理者。面对生物遗传资源及创造的财富,同样归集体所有。若所有权问题出现争议,按照"共同所有权规则处理"。综上可知,该国政府确立了生物遗传资源是人民所有,社区是人民构成的基本组织,它代替人民行使权利。社区共同所有权模式体现了集体管控的特征。生物遗传资源以及传统知识也是经过代代传承、社区共同维护得以保存。但是保护开发生物遗传资源时,对于贡献大者或贡献小者不容易区分,为此将其直接划拨到社区组织中是最合适不过的。

伴随生物遗传研发技术的成熟发展,人们开始意识到生物遗传资源的潜在价值以及开发空间,各国也纷纷致力于生物遗传资源立法的建设,以求规范且持续地发展该项事业。其中,《生物多样性公约》第 15 条规定“各国对本国领域内自然资源享有绝对的权利”,通过权属确立,为其他国家设计本国生物遗传资源立法奠定了基础,虽然各个国家都在极力争取生物遗传资源的控制权、所有权,但是设计的法律、制度以及指令等都有不同的法律效益与位阶。为保障开发生物遗传资源效益成果,保障国家公共权益,多数国家都主张“国家掌握生物遗传资源的所有权”,权属还没有完全私有化。[1] 部分国家基于私有财产的法理基础,主张生物遗传资源是私有财产。例如,哥斯达黎加在确认国家掌握生物遗传资源的基础上,还补充了私人主体、部落组织的所有权规定。[2] 之所以界定私人主体的权利,是希望可以实现真正的资源开发惠益分享,平衡各方主体的利益,尊重私人财产权。还有一些国家规定,公共管理部门不可直接介入私有财产的管控,这些规定在一定程度上保障了私有财产权。

此外,还有一些国家直接将生物遗传资源定义为国家遗产、国家财产,并根据本国的实际情况,制定了生物遗传资源立法,明确了生物遗传资源无论是以何种方式存在,都将视为国家财产、国家遗产。还有一些国家对私人主体所有权并不赞同和认可,如菲律宾政府提出本国领域内生物遗传资源以及相关经验、知识都属于国家。通过这样的规定,国家主体取代了私人主体,并直接对生物遗传资源惠益结果作出安排,从而可以保障公众利益最大化,减少不当开发威胁国家安全与生态安全。

---

〔1〕 [美]丹尼尔·H. 科尔:《污染与财产权:环境保护的所有权制度比较研究》,严厚福、王社坤译,北京大学出版社 2009 年版,第 48 页。

〔2〕 吴汉东:《知识产权国际保护制度的变革与发展》,载《法学研究》2005 年第 3 期。

第六章　我国生物遗传资源惠益分享利益平衡法律机制的完善

完善我国生物遗传资源惠益分享利益平衡法律机制，应从优化生物遗传资源惠益分享利益平衡的法治理念、健全生物遗传资源惠益分享利益平衡监管体制、完善生物遗传资源惠益分享利益平衡合同机制、构建生物遗传资源惠益分享利益平衡的保障机制等方面展开。

第一节　优化生物遗传资源惠益分享利益平衡的法治理念

无论是法律原则的确定，还是法律规则的内容制定均需要建立在价值基础上。[1]《名古屋议定书》规定，通过鼓励、促进等方式加强生物遗传资源和相关传统知识的利用，并发挥其最大的作用，以此来规避资源出现浪费的情况，为生物遗传资源真正意义上实现可持续发展提供保障。关于生物遗传资源的获取或者利用，主要的目的是让此项资源的最大价值得到充分发挥，并以公平公正的方式将生

---

〔1〕［美］迈克尔·D. 贝勒斯：《法律的原则——一个规范的分析》，张文显等译，中国大百科全书出版社1996年版，第8~12页。

物遗传资源获得的各项利益实现惠益分享,这样一来,一方面,能够确保生物多样性实现良性循环发展;另一方面,更能为国家安全提供强有力的技术保障与资金保障。所以,我国在为生物遗传资源确定相应的法治理念时,应当注重惠益分享利益平衡潜在的价值理念。

一、明晰我国生物遗传资源权属规则

明确而科学的权属规则安排,是有效协调价值冲突和公平公正实现惠益分享利益平衡的逻辑起点。[1] 本质上生物遗传资源应当归国家所有。所以,明确国家在生物遗传资源上的所有权,防止因生物遗传资源不同而转变了这种所有权的性质。国家之所以享有生物遗传资源所有权,是因为该资源的重要性。首先,生物遗传资源能够推动国家实现良性循环发展,此项资源的利用是否合理、获取是否科学,不仅会影响国家生物技术发展,更会影响国家在国际社会中的竞争力和地位等。在生物遗传资源中,生物资源作为其重要载体,通常情况下归国家所有,这点也是国家围绕着生物遗传资源制定相关制度的初衷。其次,生物遗传资源具备一定的相异于自然资源的特性,所以,无论是程序设置,还是制度安排上,传统自然资源与之相比必然会有着一定的差距。最后,当前数字序列信息受到了国际社会的高度重视和关注,关于这类信息同样应当明确国家所有权地位。然而,受到其不具有附属特性的影响,制度安排上必须围绕着无形性特性或者资源的权属安排来进行。

从生物遗传资源角度来看,其涉及的各项传统知识在权属规则上展现出的复杂程度更高。一般情况下,传统知识属于地方或者是少数民族等历经千年发展形成的人民智慧结晶。从劳动所有权理论角度来看,在传统知识上社区具备一定的生产性,在社区人民共同努力下,传统知识"从早期的野生逐渐转变到有序,再从有序之间转变

---

[1] 于文轩、牟桐:《论生物遗传资源安全的法律保障》,载《新疆师范大学学报(哲学社会科学版)》2020 年第 4 期。

到当前的有意义"[1]。基于此,应将所有权归属于通过创造和传承等方式为该传统知识予以付出的劳动集体。这里的集体主要指的是少数民族或者在地方社区等生活的人民群众。人民群众是传统知识的创造者,更是传统知识的继承者和传承者,所以,在传统知识所有权上,传承人也应当享受这种权利。制定这种制度安排,一方面,能够调动社区在传统知识保护上的积极性和热情;另一方面,更能推动传统知识向更好的方向发展。对处于公共领域的传统知识,同样需要明确国家在此拥有的所有权地位,这不仅有助于提高国家对相关传统知识的保护,而且更有利于国家为惠益分享提供完善且健全的法律依据。

近年来,我国致力于研究获取生物遗传资源、生物遗传资源利用惠益分享的法律设计,并于 2017 年颁布《生物遗传资源获取与惠益分享管理条例(草案)》(征求意见稿)(以下简称《条例(草案)》)。《条例(草案)》第 33 条规定,获取人每年都要向国家支付惠益,可以根据利用生物遗传资源所得利润的 0.5% ~10% 比例支付,设立专门的生物遗传资源惠益分享基金。可以看出该规定确定了提供生物遗传资源的国家主体有权享受惠益分享结果;同时还界定了提供生物遗传资源的一方、享有生物遗传资源所有权的一方以及最初提供者不统一的情况下,分享惠益成果需要考虑他们所持比例、方式以及形式等。它侧重保护了提供者的合法权益,尤其是最初提供者,间接保障了惠益分享的平衡性。

二、明确生物遗传资源惠益分享利益平衡法律机制的价值选择

生物遗传资源惠益分享利益平衡法律机制构建中不可避免会出现价值冲突和价值选择问题。"如果法律制度牵涉到多个主体,或者价值观不同的情况下,需要作出价值选择、必要情况下还需要对主

[1] 于文轩、牟桐:《论生物遗传资源安全的法律保障》,载《新疆师范大学学报(哲学社会科学版)》2020 年第 4 期。

体利益进行调和,让各个利益主体都能获得最佳利益。"[1]具体体现:第一,在价值选择过程中,应该倾向于多数人利益、幸福,这也是经济发展的目标,在法治领域中则将目标转化为理念。[2] 第二,运用正当性价值观解决不相容的问题。面对价值选择,人们往往会陷入两难困境。[3] 比如,生物遗传资源惠益分享利益平衡最大的干扰是多元主体之间平衡利益,需要根据具体情况,结合基本法律知识、程序等作出价值选择。[4] 此外,价值选择问题主要体现在对于日益显著的生物遗传资源价值,很多现代生物技术公司希望通过开发生物遗传资源获得盈利,对基础性生物遗传资源开发价值观除了经济获益之外,是否还有其他价值,这一问题值得我们思考,也为法律上的生物遗传资源惠益分享利益平衡机制的构建提供理念基础。

(一)明确价值选择的目标

针对生物遗传资源惠益分享利益平衡法律机制框架中的价值冲突问题,可以结合现行法律制度进行解决。具体可解释为价值冲突应该从正义、秩序以及效率三个方面予以协调处理:首先,价值冲突可从正义价值方面协调,提供生物遗传资源一方与利用生物遗传资源的一方,对惠益成果分享是否满足正义价值的要求,在利用过程中是否遵循了自由权利与平等地位等原则,这些都可度量正义价值。其次,价值矛盾可从秩序价值方面协调,因生物遗传资源惠益分享利益平衡机制中提到了安全秩序、行为秩序,为此需要评估利用开发的生物遗传资源价值是否满足秩序要求。最后,价值冲突可从效率价值方面协调,在开发利用过程中会涉及技术、产业等要素,这些也是隐性成本,反过来又会影响生态系统、社会经济系统以及人体健康。综上,面对价值冲突的问题,首要考虑的应是正义价值。根据现有立

---

〔1〕 易军:《无因管理制度设计中的利益平衡与价值调和》,载《清华法学》2021 年第 1 期。

〔2〕 晏辉:《现代性语境下的价值与价值观》,北京师范大学出版社 2009 年版,第 215 页。

〔3〕 梁上上:《利益衡量论》(第 2 版),法律出版社 2016 年版,第 84 ~ 85 页。

〔4〕 杨京彪、朴金丽、薛达元:《遗传资源与相关传统知识获取与惠益分享民间实践案例分析》,载《中央民族大学学报(自然科学版)》2018 年第 4 期。

法的相关约束,对秩序价值内容进行科学调整,并找到效率价值追求,从而满足正义价值的规定,以实现秩序化发展。[1]

（二）价值选择的实现路径

1. 正义—秩序价值的选择

基于生物遗传资源惠益分享利益平衡法律机制框架,形成了正义与程序,它们二者的协调关系展现了正义价值、秩序价值,也是惠益分享中最关键的问题。从根本上看,形式正义要求法律、制度均要与法律主体契合,保障公平公正。实质正义要求按照实体法规定去约束,从而保障公正性,并不受程序法的影响。[2] 按照这样的逻辑分析,实质正义保障了法律主体能够获得法律规定的利益,并对权属作出科学安排,合理实施惠益分享,保障利益主体平衡关系。当出现价值矛盾,可通过有效条件、手段以及方式解决问题。同时,对生物遗传资源惠益分享利益平衡法律机制框架的实质正义解释,可以参考罗尔斯提出的“最少受惠者的最大利益”原则。回归到生物遗传资源开发利用活动中,虽然发展中国家提供了生物遗传资源,但是他们并不占优势,绝大部分利用生物遗传资源取得的开发成果被发达国家所垄断,这对于弱势边缘的生物遗传资源提供国而言是不公平的,需要在平衡法律机制设计中予以一定倾斜。

形式正义体现了生物遗传资源惠益分享各主体正当地行使权利,实现其惠益分享。这些正义实现的前提条件是法律主体具有生物遗传资源惠益分享权利、自由权。根据法律规定,获取生物遗传资源一方可正当行使研发权、经营权以及收益权,按照法律程序规范与生物遗传资源惠益分享机制,让提供者与利用者之间达到动态平衡。

2. 正义—效率价值的选择

效率价值是基于正义价值和秩序价值的统一形成的。法的效率

---

〔1〕 于文轩:《生物安全立法研究》,清华大学出版社2009年版,第273~274页。

〔2〕 [美]约翰·罗尔斯:《正义论》,何怀宏、何包钢、廖申白译,中国社会科学出版社1988年版,第58~59页。

价值实现基础是明确法律主体的权利与义务,并保障效率目标。[1]那么对于生物遗传资源开发利用活动,其效率价值就是基于生物研发技术引导,避免过于功利性的目的。换言之,开发利用生物遗传资源过程中要保护资源,并服从正义价值和秩序价值,[2]开发利用生物遗传资源的活动具有正当目的性,避免因生物遗传资源技术影响了人、社会以及国家的利益。实践中,很多法学学者对正义的研究都是从经济学效率角度讨论的,并赋予了正义的经济属性。对于宏观法律制度的设计,会对内在规定特别关注,这亦契合了技术风险、制度风险的控制要求。[3] 值得一提的是,与其他自然资源相比,生物遗传资源具有遗传性和开发价值,因此很多生物研发技术公司重视开发生物遗传资源,并挖掘资源内在价值。按照生态伦理学"尊重生命"原则进行修饰,从而保障生物遗传资源可持续发展、稳定生物遗传资源系统的安全,进而保护国家的利益。[4]

在生物遗传资源惠益分享的过程中同样会面临正义价值与效率价值的选择问题,如何选择,会直接影响提供者、利用者的利益分配结果。对于提供者而言,保护其利益与利用生物遗传资源主体的共享,除了惠益结果共享之外,还有信息共享的问题。这一利益保护展现法律公平与法律正义属性。提供者作为生物遗传资源的来源,也是保护生物遗传资源的主要力量,需要为其提供法律保障。"若将经济形式界定为交换,在主体之间就会形成平等关系,其具体内容就是促进人们可以向对方交换信息或物质资料,进而实现自由发展"[5]。对生物遗传资源的获取和惠益信息的共享,体现了市场

〔1〕 张文显主编:《法理学》,法律出版社1997年版,第317页。

〔2〕 [加]詹姆斯·D.盖斯福德等:《生物技术经济学》,黄祖辉、马述忠等译,上海三联书店、上海人民出版社2003年版,第8~23、68、82~87页。

〔3〕 [英]安东尼·吉登斯:《现代性的后果》,田禾译,译林出版社2000年版,第148页。

〔4〕 蒋志刚:《生物遗传资源的元所有权、衍生所有权和修饰权》,载《生物多样性》2005年第4期。

〔5〕 《马克思恩格斯全集》(第46卷·上),中共中央马克思恩格斯列宁斯大林著作编译局译,人民出版社1980年版,第197页。

对效率的把控，如果提供者与利用者不去公开共享有形物质材料与无形信息，获取者就没有办法收集样本信息，其开发利用都会受到影响。从公平和效率的关系出发，依靠市场配置无法实现操作，一旦市场失灵，就会引起更多矛盾，为此需要法律机制从中予以调和。

综上，生物遗传资源惠益分享利益平衡法律机制的价值理念存在差异，价值取向也各有不同。其中，正义价值突出主体地位、机会以及待遇的平衡，从而保障权利与义务；秩序价值是指保障生物遗传资源、开发利用者的行为，并对生物遗传资源预见分析；效率价值展现了适当方式、适当状态下生物遗传资源开发利用效益可以实现。通过正义、秩序、效率价值的互动、协调，从而形成了生物遗传资源惠益分享利益平衡法律机制的价值框架，保障各个利益主体的价值统一。

第二节　健全生物遗传资源惠益分享利益平衡监管体制

在生物遗传资源中，想要保障惠益分享利益平衡目标能够顺利实现，就必须完善现有的监管制度，健全现行法律制度和行政监管体系。在健全的制度和体系保护下，一方面，能够明晰各监管主体需要承担的监管职责和具体监管内容；另一方面，更能提高监管效果和监管质量。为了防止资源获取或者资源开发出现问题，还需为之建立健全准入法律制度和政府追责制度等，并将各行政主体作用充分展现，倡导社会公众踊跃参与到监督工作中，为生物遗传资源实现惠益分享利益平衡奠定基础。同时，在生物遗传资源惠益分享环节需要重视和关注各方主体的目标追求情况，利用公平公正的方式为各方利益主体享受合法利益权益提供强有力的保障。

在生物遗传资源中，惠益分享主体拥有明显的合作性与多样性等特性，受到这种特性影响，无论是资源开发，还是资源利用，客观上均会对公共利益造成一定的影响，严重的更会引发众多公共问题出现。所谓公共问题主要指的是，当集体理性和个人理性两者出现矛盾与冲突后延伸出的公共利益问题。[1] 曼瑟尔·奥尔森曾是美国历史上非常有名的经济学家，其曾表示，集体理性虽然是个体理性在受到局限性特性影响后延伸的，但是在集体行动中，个体为了扩大自身利益而采取的一系列行为并不会受到影响和限制，因此，集体理性本质上自动实现的可能性非常小。为了转变这种情况，提升个体对集体的重视和关注，需要采取有效的方式来要求个人应当围绕着共同利益开展各项活动或者是作出相关行为。[2] 同理，在生物遗传资源中，惠益分享涉及的各方主体同样需要以共同利益作为出发点。此外，开发和利用现有的生物遗传资源所创造出的各项利益由于存在非常明显的不确定性特性，仅依靠利用者自觉遵循公平的惠益分享原则来实现惠益分享，显然不现实；并且生物遗传资源中绝大部分资源拥有非传统资源属性，这些资源一旦出现滥用或者随意开发，轻则会影响生物多样性发展，重则会影响国家安全。因此，借助外部监督机制来严格监督和管理获取和利用生物遗传资源的行为，无论是对生物资源发展，还是对国家发展均有百利而无一害。

一、明确生物遗传资源惠益分享监管部门及其职权

（一）生物遗传资源惠益分享监管部门

以我国目前的发展情况而言，在生物遗传资源监督和管理上，我国可采取多部门协调式的管理模式来进行，待此模式发展成熟后，便可将这种管理模式转向部门排他主管模式。

所谓协调主管，主要指的是以各部门现有的管制职权为核心，以其分工为基础，搭建一种跨部门和多参与类型的管制机制，让各部门

---

〔1〕 潘伟杰：《制度、制度变迁与政府规制研究》，上海三联书店 2005 年版，第 4 页。

〔2〕 [美]曼瑟尔·奥尔森：《集体行动的逻辑》，陈郁等译，上海三联书店、上海人民出版社 1995 年版，第 70～72 页。

实现相互协同互相沟通。在协调主管模式中,无论是农业部门和林业部门,还是医药部门和环保部门等,在生物遗传资源上均享有相应的管制权。与此同时,将现行立法中并未规定或者提及的相关管制权赋予环保部门,并由该部门来承担综合监管职责。另外,明确要求各部门只能享有部门范围以内的各项权限,在跨部门中不享有其他部门的职权。同时,国家应当对跨部门机构进行明确规定,明晰此部门具体的职权范围和责任范围,让其对生物遗传资源涉及的获取工作或者惠益分享工作等进行统一领导。在生物遗传资源中,跨部门机构还享有对各项资源审查和资源申请受理等各项权力。例如,利用者在资源利用前向跨部门机构提交了申请书,该部门需要对申请书进行有效的初步审查,并将审查意见交付到农业等相关主管部门手中,由这些部门出具意见;待得到业务主管部门的批准后,利用者才能开展后续的资源获取和资源开发等活动。关于这点,我国可以参考菲律宾等国家拥有的经验,即将资源保护部际联席会议进行优化和改组,赋予其相应的审查权力和受理权力。

此外,关于国家主管部门有关的设置,需要重视和关注下述几点内容:其一,对于多部门协调主管模式。正常情况下,一个完整的协调机构主要是由多个部门相融合后组成的,为了提高各部门间的协同效果,应当从这些部门中挑选出最具有代表性的部门作为牵头主管部门,其主要的职责是负责对整个协调机构进行统筹管理。其二,基于生物遗传资源拥有的管制特性和历年来国际惯例,在生物遗传资源惠益分享管理环节,生态环境主管部门应当承担主要的监管职责,并承担资源获取或者惠益分享环节的联络职责。在日常工作中,生态环境主管部门亦应倡导其他主管部门和各方主体参与到惠益分享监督和管理工作中。其三,优化和更新遗传资源保护专家委员会原有的职能属性,让其成为遗传资源管理环节的专业咨询机构。其四,新增公开登记处,利用其为社会公众提供相应的查询服务。

(二)生物遗传资源惠益分享监管部门的职责

根据我国《宪法》和其他法律法规的规定,对于生物遗传资源,国家拥有所有权。作为生物遗传资源的重要提供者和所有者,在生物遗传资源有关的惠益分享工作上,国家和相关主管部门应当承担起惠益分享的统筹安排责任。

在生物遗传资源中,我国是全球遭受生物剽窃最为严重的国家之一,按照我国当前的经济实力和现有的技术能力,针对生物遗传资源进行有效的自我开发和自我利用,显然有着一定的难度。此外,我国拥有的生物遗传资源总量上十分丰富,而资源提供者在为利用者提供资源时展现出的公平谈判能力非常弱,所以,以“合理限制”作为核心,强化国内资源提供者拥有的谈判能力,发挥出惠益分享环节国家拥有的主导作用,进而实现维护和保护国家利益。

需要注意的是,本质上无论是遗传资源,还是生物资源,国家均是两者的所有权主体。然而,在特殊环境中遗传资源所有权主体可能是个人,也可能是集体组织等,此种情况下所有权主体便会发生明显变化。与此同时,传统知识作为遗传资源的重要构成部分,其所有权应当为创造传统知识的地方社区或者组织所有。只有在不能追溯到传统知识来源的情况下,国家才能成为传统知识的所有者。所以,面对上述情况,在生物遗传资源开发和惠益分享环节,其他所有权主体也应当享有相应的资源提供权利和资源惠益分享权利。因此,安第斯共同体在生物遗传资源惠益分享上所采取的一系列措施值得我国参考,即申请者和国家主管部门两者就惠益分享签署相应的合同,而提供传统知识的主体可以在主合同中签署附属合同,利用这种方式来协调惠益分享各方主体的利益。

此外,我国地广物博,国土资源非常丰富,各项遗传资源蕴藏较多,在对生物遗传资源惠益分享进行管理时,应当采取分权管制的方式进行。印度等国家设置的主管部门采取分级管理的方式对资源利用者作出的资源获取行为或惠益分享行为等进行监督和管理,有利于帮助国家主管部门分担较多的监管压力,而且更能提高地方主管部门参与监督和管理活动的积极性。

二、调整生物遗传资源惠益分享利益平衡法律机制的规制范围

生物遗传资源惠益分享利益平衡法律机制能够有效约束各利益主体在资源利用过程中作出的各类行为,[1]就规制范围角度而言,在保护和管理生物遗传资源时,应当注重规制范围的实用性和全面性。若利用者在未经主管部门同意或者违反了法律规定的前提下对现有资源进行开发和利用,则这种行为和期间创造出的各项成果等将不会受到法律保护。

(一)细化生物遗传资源来源披露要求

在知识产权申请过程中,利用者需要详细披露生物遗传资源具体的来源和涉及范围等,所以,这就要求惠益分享利益平衡法律机制应当重视利用者披露信息的真实性和准确性。目前,现行国际公约中关于遗传资源的来源披露尚未给出明确的解释与说明,仅对生物遗传资源有关的惠益分享制定了两项基本要求,一是事先知情同意,二是共同商定条件。因此,仅以这些要求来实现惠益分享利益平衡,显然不足以满足我国当前的需求。基于此,在今后发展中,我国可以参考欧盟等国家或地区制定的条例并结合我国国情,在《专利法》中创新出一套适用于我国的生物遗传资源来源披露机制,利用这种方式防止披露信息出现失真,切实提高对各方主体利益的保护。

(二)构建多元化生物遗传资源惠益分享模式

正常情况下,生物遗传资源惠益分享所采用的方式有两种类型,一种为货币形式,另一种为非货币形式。对于非货币形式的惠益,其分享方式主要是让资源提供者能够享受到研发技术转让等相关惠益。围绕生物遗传资源搭建多元化和多样化类型的惠益分享模式,一方面,能够充分调动其利用者和提供者在资源保护上的积极性;另一方面,更能为现代生物科学技术实现良性循环发展提供保障。我

---

〔1〕 秦天宝、董晋瑜:《论我国专利法框架内遗传资源来源披露制度的优化路径》,载《江苏行政学院学报》2020年第6期。

国经济的快速发展带动了国内各项技术的创新发展，随着各项新兴技术的出现，我国已经逐渐从早期的资源提供国转为向资源利用国方向发展，因此，采取多元化的惠益分享模式能够保障我国根本利益的实现。

此外，《条例（草案）》第四章明确了“生物遗传资源的惠益分享”，具体条文包含了获取生物遗传资源及惠益分享协议、惠益分享形式、主体惠益保护、惠益再分配机制等。《条例（草案）》第32条规定了对提供生物遗传资源主体可采取多种惠益形式对其进行补偿。惠益分享的类型有货币类、非货币类的惠益分享。货币惠益分享方式可通过支付调查采集费、使用费、许可费以及商业利润分成等多种渠道进行，另外一些地区创建联合投资、科研经费支持等方式，保障提供主体的惠益公平。非货币惠益分享方式主要有提供者与利用者共同研发产品、共同分享生物遗传资源利用所得的知识产权、为研发团队提供专业培训、技术转让减免转让费、利用者对提供者出售产品或服务仅收取成本价、相关利益主体合作项目、增加生物遗传资源所在地劳动就业、促进地方经济发展等。此外，欧盟采取的方式主要是以《生物多样性公约》为核心，通过有效的激励方式来倡导资源利用者和提供者就惠益分享签署协议，大量实践证明这种方式的确取得了应有的作用和效果。[1]

三、形成多元协同的生物遗传资源惠益分享利益平衡监管监督机制

在生物遗传资源保护和利用过程中，想要顺利实现惠益分享利益平衡目标，就必须健全现有的监管制度和相关法律制度，通过这些制度来明确监管主体或者监管内容，明晰各利益相关者拥有的权利和职责，以确保实现惠益分享利益平衡。此外，在对此项资源获取或

[1] 马旭：《遗传资源获取与惠益分享国际规则研究》，吉林大学2016年博士学位论文，第120页。

者开发时，还需为之建立相应的法律准入制度，健全信用等级制度，完善政府追责制度等，为协调和处理各方利益主体间的关系，保护各方主体享有的合法权利等提供一定的帮助。

质言之，与生物遗传资源有关的惠益分享主体在实践中有着非常明显的多元化和多样性等特性，这些特性也直接决定了分享主体可能会因利益出现公共问题或者为了扩大自身利益而作出损害公益的行为等。这里的公共问题主要指的是，集体理性和个人理性在利益对抗环节出现的公共性利益问题。[1] 曼瑟尔·奥尔森作为美国历史上著名经济学家，曾表示，个体理性在受到局限性影响后虽然可以延伸出集体行动理性选择，但是，如若集体中的成员个人利益不受约束或者控制时，那么集体理性完成既定目标或者想要达到某种目的基本不能实现。所以，在对公共问题进行解决时，特殊情况下需要采取有效的方式来更正集体中各成员的思想，让其能够正确认识共同利益，并向共同利益作出自身应有的贡献；[2] 在生物遗传资源中，惠益分享各主体呈现出的合作行为便是为了完成和实现共同利益，事实上生物遗传资源拥有非常明显的非传统资源特性，在某种程度上，其获取程度或者开发程度等可能会对我国生物安全或者国家安全等产生一定的影响。所以，为了规避这种影响的出现，提高生物安全的保护，必须围绕着生物遗传资源来制定合理化和科学化的获取监管或者利用监管等制度。

（一）建立生物遗传资源惠益分享利益平衡的行政监管法律制度

就生物安全管理的角度而言，实际管理中国家需要利用其拥有的生物遗传资源主权来对这项资源实施有效控制和管理。在惠益分享利益平衡中，相比民事合同权利，行政监督管理权拥有一定的优越

---

〔1〕 潘伟杰：《制度、制度变迁与政府规制研究》，上海三联书店 2005 年版，第 4 页。

〔2〕 ［美］曼瑟尔·奥尔森：《集体行动的逻辑》，陈郁等译，上海三联书店、上海人民出版社 1995 年版，第 70～72 页。

性。[1]究其根源主要有以下几点:第一,在惠益分享协议中,国家可以利用现有的权力,如监督权或者处置权等对协议内容或者协议形式等进行有效的监督和管理,确保协议能够拥有法律效益,以此提高协议的有效性和时效性。本质上国家主权有着不容侵犯等特性,为了提高对生物遗传资源的监督力度和管理力度,国家需要围绕生物资源的情况制定合理的立法条例。第二,在惠益分享协议中,国家利用法律明文规定设置了一定的行政管理权,这些权力对于保障各利益主体合法权益有着非常大的帮助。在行政管理权的作用下,各方利益主体想要获取或者利用资源,就必须严格按照国家法律的要求来进行。第三,国家可以利用行政监管的方式对生物遗传资源惠益的产生情况进行有效掌控。国家通过行政行为控制生物遗传资源,能够帮助这种资源以最快的方式实现商业化发展,例如,授予生物遗传资源一定的获取权,利用者利用这些权利开发和利用资源,让这些资源创造出更大的价值。

《生物多样性公约》的实施为与生物遗传资源有关的惠益分享利益平衡实现标准化和规范化发展奠定了良好的基础,亦为生物遗传资源制定了完善的监管机制。根据《生物多样性公约》的要求,为了保护缔约国本国现有的生物遗传资源,缔约国可以制定一些合理的法律措施或者法律方式。[2] 就适用范围角度而言,在生物遗传资源利用环节中,缔约国有义务以有效方式来确保资源利用不会出现问题,[3]尤其是惠益分享环节不会出现问题。从整体上来讲,围绕着生物遗传资源建立的惠益分享利益平衡法律制度主要涉及三方面:一是项目启动阶段制定的准入制度,二是项目运行环节制定的监督和管理制度,三是项目结束后制定的检测制度等。

目前,现行的《生物多样性公约》规定中对于生物遗传资源惠益

---

〔1〕 Matthew Adler, *Law and Imcommensurability*: *Introduction*, University of Pennsylvania Law Review, Vol. 146:5, p. 1170 – 1171(1998).

〔2〕 《生物多样性公约》第 15 条。

〔3〕 《生物多样性公约》第 4 条。

分享，缔约国是否需要采取有效的方式来保障惠益分享环节的公平性并未给出明确的要求，而后续下发的《名古屋议定书》中针对此项要求作出了有效补充。所以，我国今后在对生物遗传资源建立健全惠益分享利益平衡监管机制时，可参考和借鉴此议定书制定的内容和要求。在执行监督上，议定书中提及的内容有两点，一是利用国措施，二是提供国措施。就提供国措施角度而言，其主要是围绕着生物遗传资源在本国的惠益分享情况来制定的相关要求；而利用国措施则是围绕着生物遗传资源在利用国中的利用情况制定的相关要求，这样做主要的目的是对利用国在利用资源时的情况进行有效监督和管理。《名古屋议定书》中的相关内容显示，利用国措施主要包括以下几点：

第一，自《名古屋议定书》正式落地执行后，在生物遗传资源获取或者利用上，这些利用国需要为之制定合理的立法条例，此项要求虽然涵盖了世界上所有的发展中国家和发达国家，但作为生物遗传资源的提供方，发展中国家需要为此项资源提供制定合理化的获取制度和惠益分享制度等，发达国家则是制定了与之相符的利用国措施。[1] 以挪威为例，其早在 2009 年就印发并执行《自然多样性法案》，此立法中明确规定，生物遗传材料在进口时，无论是进口方式还是进口材料的情况，均需要上报于原产国，遵循事先知情同意。另外，若进口材料属于非原生境情况下获取的，那么同样需要向原产国提交相应的证明材料，并按照事先知情同意来进行。从这一点可以明确，缔约国围绕着生物遗传资源建立的国内法规政策明确了本国以外资源获取上拥有的合法性。基于此，利用者在获取或者利用这些资源时，需要遵循资源原产国制定的各项法律制度与监管要求等，只有这样才能提高惠益分享的公平性和公正性。

---

〔1〕 M. W. Tvedt, Tomme Young, *Beyond Access: Exploring Implementation of the Fair and Equitable Sharing Commitment in the CBD*, 10 IUCN Environmental Policy and Law Paper 148 (2007).

第二,《名古屋议定书》规定,关于生物遗传资源具体的利用情况,缔约国必须采取有效的方式对资源利用进行监督和监测,提升资源利用环节的公开性和透明度。此外,为了提高监测效果,缔约国在制定监测制度时,需要从多角度和全方位来进行。[1] 生物遗传资源无论是利用还是开发,均有着一定的知识产权保护特性,正是由于这种特性的影响,诸多国家在为资源设置监测部门时,主要设立在知识产权部门中,[2]通过这种方式来提高资源获取或者资源利用涉及的知识产权保护。从某种意义上来讲,提高资源监测能力,让资源利用实现公开化和透明化发展,详细披露资源的各项情况,这对知识产权涵盖的惠益分享有着非常大的帮助。

此外,由于生物遗传资源的惠益分享过程的复杂性和较长的时间周期,针对惠益分享拟定的各项协议开展监督和管理工作时,必须要实现全方位和多角度的监管,监管工作贯穿到资源利用的前中后三个时期中,并围绕着资源利用或者获取情况等开展不定期监测工作。提供方和利用方就生物遗传资源虽然签署了惠益分享有关的协议,协议中并未提及商业化用途,但最终这些资源在利用过程中却转向商业化方向,那么在商业化过程中,双方均应当遵循事先知情同意提出的要求,并共同商定条件。另外,在合作期间,应当对各方利益主体对资源的利用情况或者惠益情况等进行有效监督,以期能及时、妥善地解决问题。与此同时,政府部门还需承担一定的责任,针对提供者和利用者两者就资源利用产生的矛盾或者冲突等作出有效调解,保障生物遗传资源获取及利用的合法性和安全性。

(二)完善生物遗传资源惠益分享利益平衡的社会监督法律制度

社会监督主体本质上有着非常明显的多元性特性,这种特性也

---

〔1〕《名古屋议定书》第17条。

〔2〕Maria Julia Oliva, *Sharing the Benefits of Biodiversity: A New International Protocol and Its Implications for Research and Development*, 77 Planta Med(Georg Thieme Verlag KG) 1221 (2011).

间接性决定着所建立的监督制度必须围绕着多元化和多样化来进行。从整体上来讲，在生物遗传资源中，针对惠益分享利益平衡制定的各项社会监督制度主要是按照三种类型来进行：媒体监督、社会组织监督、公众参与监督。

第一，媒体监督。是指以与生物遗传资源有关的惠益分享为核心，利用舆论监督来间接性影响媒体对生物遗传资源惠益分享作出的宣传和报道，目的在于通过媒体宣传和媒体报道，让社会公众熟知并了解惠益分享的具体情况，进而实现全民参与到惠益分享监督工作中。正常情况下，媒体舆论监督制度主要从两方面来规范内容，一是信息披露，二是信息获取。将这两种方式进行融合，一方面，能够让社会公众享受到惠益分享有效的监督权，减少利用者和提供者受信息不对称情况产生的不利影响，让资源项目在运行环节真正实现公开化与透明化发展；另一方面，媒体舆论监督或者宣传的各项内容必须具备真实性和可信度，满足国家现行法律提出的相关要求，注重事件的客观报道，切勿出现夸大其词、恶意伪造等情况。

第二，社会组织监督。为与生物遗传资源有关的惠益分享利益平衡制定的社会组织制度，是指行业协会等组织作为社会监督的重要主体，目的是为生态环境提供有效保护，其本质上拥有一定的公益性特性。与此同时，社会组织监督制度要求社会组织对资源开发或者资源利用环节使用到的各项技术进行监督，规避因技术缺陷或者专业不足等引起的一系列不良问题。基于此，实践中的社会组织监督常常被认为是第三方监督。对于环保组织而言，其作为社会组织监督的核心构成之一，拥有丰富且精湛的环保知识和环保技术，其发挥应有的职能作用和效果，通过专业角度来解决生物遗传资源在技术或者是专业上出现的问题，以此来提高对现有生物遗传资源的保护力度；对于行业协会而言，其同样属于社会组织范畴，在实践中，行业协会主要是由行业知名度较高的企业构成，这类企业同样具备精湛的技术和专业的资源保护模式，将其融入生物遗传资源的保护中，对于规避生物遗传资源出现使用问题或者开发问题等有着非常大的帮助。

第三,公众参与监督。按照类型划分,一般可以将这种制度分为两种类型,一种为听证制度,另一种为信息公开制度。听证制度作为社会公众及时掌握生物遗传资源惠益分享信息的重要途径,能够帮助社会公众了解到更多真实和可信的生物遗传资源惠益分享信息。正常情况下,社会公众获取这些信息主要是通过新闻发布会或者政府召开的听证会等渠道实现。通过参与这些会议,一方面,可以让社会公众了解到生物遗传资源具体的使用情况等现状,对社会公众参与到资源监督活动中有着一定的帮助;另一方面,可以有效防止社会公众了解到不真实或者是可信度极低的信息,帮助其提高信息真伪的分辨能力。

第三节 完善生物遗传资源惠益分享利益平衡合同机制

在生物遗传资源中,利益主体围绕着惠益分享制定的公私协作合同主要指的是,利用合同签署方式来加强利用者和政府在现有生物遗传资源中的合作力度,并通过制定合同内容来明确各方主体及其应当承担的责任、义务以及享有的权利等。从本质上而言,公私协作法律关系属于公法和私法相融合后产生的延伸品。[1] 另外,生物遗传资源在公私合作上主要遵循两种理念,一种为契约自由理念,另一种则为意思自治理念。这两种理念在实践中有着非常明显的灵活性等特性;同时,在两种理念的帮助下,能够最大限度地减少环境利益或者是经济利益等受到的影响。出于对与生物遗传资源惠益分享有关的公私合作合同拥有的行政性和环境性等相关法律属性的考

---

〔1〕 敬乂嘉:《合作治理——再造公共服务的逻辑》,天津人民出版社 2009 年版,第 83 ~ 84 页。

虑,可以将公私协作合同分为两种类型,一种为公法性类型,另一种则为私法性类型。与此同时,在法律关系中,针对生物遗传资源拥有的法律关系进行规范时从多方面着手,如权责分配或者协作事项等。

一、生物遗传资源惠益分享利益平衡合同法律关系及其表现形式

在生物遗传资源中,惠益分享制定出的公私协作法律关系主要表现在以下几点:第一,公私部门通过合作签署的协作合同。所谓协作合同主要指的是,协作主体为了实现共同价值和共同目标制定的一种约束对方和约束自身的制度和规定,本质上,这种合同拥有一定的灵活性,且还有一定的激励性。第二,在合同中参与主体具备显著的公私混合型特性,特别是在合同内容上专门围绕法律规定为协作主体设置了相应的权利和义务。因此,从这点上看,对比行政合同或者民事合同,协作合同与之有着一定的差异。[1]

在生物遗传资源利用过程中,惠益分享制定的公私协作合同所涵盖的行业或目标不同,则协议内容也会有着一定的差异。为了减少多元化主体因利益分享而引起不必要的矛盾和冲突,需要对生态环境或者社会公共利益等作出相应的调整与优化,在保障各方主体权利和义务不受损的情况下,发挥合同最大的作用和价值。在权责关系上,合同制定的各项内容具备非常显著的可归责性,按照合同规则,各方主体相互监督、互相管理,实现自治。事实上与生物遗传资源有关的惠益分享制定的公私合作协议所提及的合意规范属于合同的主要内容,也是合同拟定的重要依据。

在生物遗传资源中,惠益分享制定的公私协作合同各参与主体主要包含私人部门和公共部门。然而,在实践中此项资源无论是开发利用,还是惠益分享均有着一定的复杂性,为了提高利用效率,保

---

〔1〕 李亢:《PPP的法律规制——以基础设施特许经营为中心》,法律出版社2017年版,第136页。

障分享公平性，还需要各方主体具备一定的专业性。根据《波恩准则》中提及的要求，在对生物遗传资源进行管理或者科研时，需要采取合理化的方式来进行，只有这样才能最大限度地确保惠益分享不会出现严重问题。基于此，公私协作涉及的主体一般有多种，如国家政府或者少数民族地区等，这些主体在资源上有着较高的控制权，可是主体不同，其构建出的法律关系也不尽相同，所以，法律关系上应当拥有连贯性和互通性。

二、生物遗传资源惠益分享利益平衡合同的法律性质厘清

生物遗传资源惠益分享公私协作合同的法律性质的厘清，需要对公私协作合同的法律性质予以清晰界定。由于公私协作主体的多元性以及权益的多元性，公私协作合同融合了公法与私法要素，涉及公私权利的行使和多元利益的平衡保护，防止出现越界或者无效等情况发生。如今，公私协作在当前学术界中给出的法律性质解释主要围绕着四个方面来进行，一是行政契约说〔1〕，二是民事契约说〔2〕，三是经济契约说〔3〕，四是混合契约说〔4〕。由于不同研究者在研究时选取的视角不同，所以得出的观点和定义等也不尽相同。本书则认为，生物遗传资源在惠益分享上形成的公私协作合同拥有明显的混合型契约形式，即"公私兼备"。一方面，公私协作上有着明显的"公私兼备"现象，这种现象体现了公共行政从早期管制转向服务再到满足合作提出的各项要求，不仅拥有"意思自治"提到的私法理念，而且有"契约自由"提到的范围限制。在公私协作环节，行政权和自由精神两者会实现良性互动，而想要达到这种目的，则必须将公私协作涉

---

〔1〕 方世荣主编：《行政法与行政诉讼法学》，中国政法大学出版社2002年版，第245页。

〔2〕 崔建远：《合同法》，法律出版社2007年版，第2页。

〔3〕 李亢：《PPP的法律规制——以基础设施特许经营为中心》，法律出版社2016年版，第157页。

〔4〕 湛中乐、刘书燃：《PPP协议中的法律问题辨析》，载《法学》2007年第3期。

及的各项内容进行完善和健全。[1] 另一方面,“公私兼备”在学术界常被解释成具有混合属性的定义,这种解释赋予了公私协作合同一定的灵活性。基于此,将公私两种法律规范进行相互融合,不仅有助于提高公私部门两者的博弈能力,防止恶性博弈局面出现,而且更有助于协调公私双方的合法利益。

综上所述,在生物遗传资源中,惠益分享制定的公私协作合同拥有非常明显的混合性契约特性。之所以会出现这种特性,是受到合同主体和利益主体拥有的多元性和复杂性等特性的影响。因此,为了发挥出合同独有的特性,在合同拟定时,必须注重“公私兼备”。首先,惠益分享有关的公私协作合同的侧重点往往放在意思自治上,不仅能够迎合契约精神倡导的平等地位理念,更能发挥出协作本质的作用和价值;其次,惠益分享公私合作所采取的行政模式同样有着多元性和协商性等特性,从公私协作角度而言,协作双方所签署的协作合同能够明确指出内部规制的相关方式,并体现出有效的意思自治,注重主体间拥有的公平性和平等性。利用这些方式来减少合作双方在合作途中出现的矛盾,实现环境和社会等多种利益的最大化。

三、生物遗传资源惠益分享利益平衡合同权利义务关系的具体规范

1. 在合同主体的资格方面,合同主体资格作为合同生效的重要前提,“如若合同签署环节,即便是在意思自治的基础上签署的,行为人无任何行为能力的情况下,合同将不具备法律效力”。[2] 在生物遗传资源中,惠益分享有关的公私协作合同是公私部门在意识自治上形成的重要载体,只有提高合同拥有的法律效力,才能最大限度为行为主体提供帮助。首先,公共部门享有法律认同的主体资格。在公

---

〔1〕 李霞:《行政合同研究——以公私合作为背景》,社会科学文献出版社 2015 年版,第 63 页。

〔2〕 陈自强:《契约之成立与生效》,法律出版社 2002 年版,第 171 页。

私协作合同中，我国政府是此合同的主要签署主体，手中掌握着充分的行政主管权，而这些权力涵盖了生物遗传资源惠益分享的诸多领域。以公共部门拥有的主体资格而言，体现在资源开发和资源利用上，涉及主体有两种，一种为实施主体，另一种则为监管主体。所以，受生物遗传资源惠益分享拥有的公共性等特性的影响，生物遗传资源惠益分享中，政府是整个协作合同的重要主体，其不但可以享有上述权利，而且在生态环境中更享有政府一切的行政权力。其次，私人部门享有法律认同的主体资格，生物遗传惠益分享签署的协作合同中，另一方签署主体主要为社会资本主体，这类主体拥有强大的资金实力、技术经验较为丰富，主要出现在科研机构或者相关企业。

2. 在合同权利与义务方面，第一，公共部门享有的合法权利和合法义务。公共部门在与生物遗传资源有关的惠益分享公私协作上享有国家承认的法律权利和法律义务等。公共部门通过充分发挥这些权利作用，进而承担起对国家安全或者生态安全的保护义务，与此同时，公共部门还需承担起对利益相关者利益的维护与保护义务。从整体上来讲，生物遗传资源中国家在惠益分享公私协作环节所扮演的角色非常多，例如，资源制定者或者合同参与者、合同履行者或者合同监管者等。此外，生物遗传资源具备一定的特殊性，所以，在某种程度上，公共部门可以利用审批或者监督等相关方式参与到惠益分享相关协议中，通过参与的方式来凸显自身主体身份。生物遗传资源无论是开发还是利用，所涉及的政府部门或者利益相关者等均非常多，由于牵涉内容多，利益冲突或者利益矛盾等现象也会时有发生。在公共环境的维护或者管理上，政府应当承担一定的责任，通过有效监督或者管理等措施，保障环境等利益不受损。第二，私人部门享有的合法权利和合法义务。私人部门作为惠益分享协作的重要主体，与普通民事合同中的主体相比，本质上存在一定的不同，换言之，私人部门需要从单一主体转向公共利益主体或者私人利益主体。惠益分享公私协作会触及公共利益或者环境利益等，私人部门想要扩大自身现有的利益，就必须对公共利益进行维护。此外，在协作合同中，私人部门同样属于重要的参与者，这样一来，在意思自治上，公私主体需要对现有资源进行有效的开发或者利用，而私人部门则是通过惠益分享来获取属于自身的利益。基于此，在不影响私人部门现有的投资利用基础上，应采取合理的激励方式来强化协作环节私人部门潜在的作用和价值。

第四节　构建生物遗传资源惠益分享利益平衡的保障机制

生物遗传资源惠益分享利益平衡搭建的保护机制主要核心在于提供者在资源提供上确保资源的安全性，而开发者在利用环节同样需要注重保护资源安全。通过这种方式扩大资源价值，增加各方主体享有的合法利益。

一、建立生物遗传资源惠益分享补偿法律制度

法律创设责任制度在实践中的侧重点往往在于补偿问题。[1] 围绕着生物遗传资源有关的开发或者利用建立健全环境补偿责任，搭建与之相符的法律制度，不仅有助于减少环境利益受到的影响，更能约束利用者在资源利用中作出的行为。

（一）生物遗传资源补偿的必要性

生物遗传资源补偿法律制度，是指在特定区域中，生物遗传资源可以采用区域性类型的补偿模式，利用这种模式提高区域资源惠益分享利益平衡。从发达国家角度而言，这些国家针对生物遗传资源所制定的惠益分享模式拥有四种类型，这种模式的核心在于利用现有的科学仪器或者培训等方式从发展中国家获取更多的资源，然而，

---

〔1〕 K. Leigh, *Liability for Damage to the Global Commons*, 14 Australian yearbook of International Law 129(1993).

这些模式均未将知识产权利益融入其中。[1] 从这点上可以看出，现如今，以国家为核心所建立的利益分享模式基本不能实现有效的资源惠益分享，即便能够让群众享受到资源利用产生的利益，也不能为生物遗传资源提供保护创造优质和谐的发展环境。

就生态环境补偿而言，其主要指的是利用者在利用生物遗传资源时，对资源周边的环境造成了严重的影响，而为了消除这种影响，需要为之付出相应的补偿。正常情况下，生态环境资源部门常用的方式有多种，例如，要求利用者支付相应的信用保证金；要求利用者在利用资源后缴纳相应的资金收益；要求利用者缴纳排污费用等。为生态环境建构完善且健全的补偿机制，一方面，能够以经济激励的方式提升国家在社会上的宏观管理能力，确保各项资源能够得到合理开发和科学利用；另一方面，有助于减少资源利用环节对环境产生的严重污染，提高环境治理能力和生态恢复能力等。[2] 然而，本质上生态环境和生物遗传资源两者有着一定的差异，因此，两者补偿所采用的方式和方法也不尽相同。生态环境补偿主要是以生态环境为核心，以环境受到的影响为基础，而生物遗传资源在实际利用中基本不会影响到环境。基于此，在为生物遗传资源制定补偿机制时，可以借鉴和参考生态环境制定的补偿方式，只有这样，才能提高对生物遗传资源的总体保护能力。

(二)生物遗传资源补偿的原则

为生物遗传资源制定的补偿机制设置合理化原则，以确保补偿程序或者补偿方式等能够实现标准化和规范化发展，只有这样才能逐步健全和完善生物遗传资源在我国建立的法律体系和法律规定。基于此，本书认为，生物遗传资源补偿机制必须遵循下述几种原则：

第一，以生物遗传资源最终的受益人作为核心，制定相应的补偿

---

〔1〕 朱雪忠、杨远斌：《基于遗传资源所产生的知识产权利益分享机制与中国的选择》，载《科技与法律》2003 年第 3 期。

〔2〕 王钦敏：《建立补偿机制保护生态环境》，载《求是》2004 年第 13 期。

机制。这种补偿机制主要指的是，生物遗传资源补偿的最终主体应当是受益人，如资源提供区域的提供者可以享受生物遗传资源开发获得的药品专利权或者基因专利权等，并享受由这些权益提供的补偿，整个补偿过程中，国家需要承担相应的协调作用，基于此，受益人直接补偿方式有着较高的可行性与可操作性。国家在对生物遗传资源进行利用时，通过财政向资源地提供补偿同样属于众多补偿方式的一种形式，但是受益人补偿则是众多补偿方式的核心与基础。一方面，国家财力毕竟有限，在对生物遗传资源较为丰富的地区进行补偿时，难以满足实际补偿需求；另一方面，受益人想要获得最佳的补偿数额，可以通过利用者采取的利用方式或者利用数量来确定。

第二，补偿应当注重适度性。对比赔偿，生物遗传资源补偿与之有着一定的差异。赔偿，主要指的是被赔偿者受到赔偿者侵害后利益受损，赔偿者需要为被赔偿者赔偿全部损失；补偿则是补偿损失部分。另外，生物遗传资源涉及面非常广，所以，想要精准计算出具体的补偿数额，难度不言而喻，因此，围绕着生物遗传资源建立的补偿制度必须具备一定的适度性，不但要满足资源地提出的补偿要求，而且更要对国家或者企业在补偿环节拥有的能力进行充分考虑。

第三，在特定区域中，应当明确补偿的具体损失数额。所谓地区补偿，主要指的是资源地补偿，补偿范围上必须得到严格的控制，防止因补偿范围过大，损害被补偿者的合法利益。一般资源地拥有的生物遗传资源可能在某些小地方，也可能是整个省市；因此，补偿环节必须明确区域范围。生物遗传资源补偿所面对的具体补偿对象是一个值得深思的问题。正常情况下，生物遗传资源涉及的拥有者复杂度较高，以动物类型的遗传资源而言，其不仅在范围上有着一定的不确定性，而且资源上涉及的基金信息群也非常复杂，想要精准确定具体范围，难度非常高；以植物遗传资源而言，其相比动物遗传资源有着一定的固定性，且范围明确较为简单。基于此，以损失为核心，以补偿为原则，哪些利益主体的利益受到损害，则补偿对象即为这些利益主体。同时，在生物遗传资源保护上，所有保护主体在法律允许范围内均能享受到相应补偿,具体补偿比例还需进行深入的探讨与商谈来确定。此外,补偿环节需要重视补偿数额。补偿环节虽然注重点放在适度上,但是适度补偿也应当拥有一定的补偿依据,只有明晰依据,才能计算出具体的补偿数额。

第四,补偿目标的设置应当围绕着生物遗传资源保护来进行。之所以需要对资源地进行有效补偿,是因为生物遗传资源地在生物遗传资源保护上贡献了巨大的力量,当资源地遭受损失后,其应当获得相应补偿。

(三)生物遗传资源补偿的方式

一般情况下,生物遗传资源补偿常见的补偿方式主要有三种:一是货币补偿方式,这种补偿方式非常简单。在生物遗传资源受到影响后,国家作为资源利用者可以利用财政拨款的方式进行补偿,补偿环节要注重专款专用。二是技术补偿,是指科研机构或者企业等可以为资源地提供一定的技术帮助,这种帮助即可视为"技术补偿"。目前,此补偿方式无论是在国际公约中,还是在我国现行法律中均有所提及。如相关机构在利用生物遗传资源时,需要承担资源地人才培养的责任,利用人才培养为资源地输送源源不断的顶端技术人才。三是知识产权补偿,利用者在对生物遗传资源进行有效开发或者利用所获得的各项科研成果,该地区有权分享。

以国家补偿而言,在向资源地进行有效补偿时,仅仅依靠国家财政来实现补偿,显然不足以满足实际补偿需求。所以,为了提高补偿效果,技术和知识产权等类型的补偿模式相继诞生。部分特殊国家或地区甚至采取政策补偿方式,所谓政策补偿,主要指为一些经济发展较为滞后的区域提供生物遗传资源补偿。例如,利用政策来引导相关产业或者知名企业在这些地区进行发展,利用这种方式变相向生物遗传资源地提供相应的经济或技术补偿等利益补偿。

二、完善生物遗传资源惠益分享信息管理制度

生物遗传资源惠益分享信息管理制度的建立主要是以信息交换

平台为核心，利用此平台实现对资源获取和资源利用等相关行为的有效监督和监测。惠益分享主体作为生物遗传资源信息的重要提供者，其所提供信息的准确性和可信度，很大程度上会影响到其他利益主体对生物遗传资源的了解情况。因此，只有提高信息质量，防止信息出现缺失或者不完整等情况，才能为各方主体在信息上实现互享和互用提供保障。

生物遗传资源惠益信息，是指生物遗传资源在开发或者利用环节所产生的各项信息，如数据或者资源等基础信息，同时，还涉及提供方和利用方等多方利益主体的各项主体信息。[1] 从本质上而言，与生物遗传资源有关的惠益分享信息主要涉及三方面，一是资源的详细信息，二是提供者所提供的信息，三是利用者利用信息，主要包括研发信息或者商业化信息等。由于此项资源的惠益分享信息涉及面非常广，所以围绕其建立相应的管理制度，显然对提高生物遗传资源的监督和管理能力等有着重大意义。

（一）完善生物遗传资源惠益分享信息管理体系

目前，与生物遗传资源有关的惠益分享数据信息系统尚未得到健全和完善，且该系统在实际运用中经常会出现数据单一或者数据分散等现象，因此，为了提高各项信息的完整性，防止由信息缺陷或者信息不对称等引起的不利影响，建立健全信息管理体系必然是当下亟待解决的重要问题。

从本质上而言，生物遗传资源由于涉及的惠益分享信息内容非常多且复杂度较高，所以在管理工作上必然会有较为明显的综合性等特性。在生物遗传资源中，惠益分享信息管理工作长期以来在我国发展存在诸多问题，为了将这类问题妥善解决，建议国务院围绕着生物遗传资源为各部门搭建完善的议事协调机制。另外，此项机制中需要参与的部门涉及政府众多职能部门，包括水利部门、卫生部门、农业部门和教育部门等。首先，部级协调机制需要对与惠益分享

---

〔1〕 王灿发、于文轩：《生物安全国际法导论》，中国政法大学出版社2006年版，第142页。

信息共享有关的申请资料作出有效审查；其次，寻求各主管部门给出合理的批准意见；再次，由主管部门负责最终的批准决定；最后，将资源保护部际联席会议拥有的作用充分展现，利用其来统筹协调生物遗传资源的各项活动。

生物遗传资源惠益分享的信息管理由于涉及的领域非常多，所以在信息管理时，对管理拥有的科学性等提出的要求非常高。基于此，为了提高管理作用和管理效果，防止管理决策工作出现问题，在制定管理决策时，需要邀请各领域专家或者研究者参与其中。例如，以资源保护部际联席会议机制为核心，专门为生物遗传资源设立专家委员会[1]，让其以咨询机构的身份，为惠益分享信息管理出谋划策。

（二）构建生物遗传资源惠益分享信息系统

生物遗传资源惠益分享信息系统建设，主要指的是从信息获取到信息公布的全流程的系统建设。围绕着现有信息搭建完善的信息数据库，并利用数据库将各项信息进行汇总整合，通过信息统一收发来减少资源利用者和提供者两者出现的信息孤岛或者信息不对称等情况，这对于实现惠益分享利益平衡有着非常大的帮助。我国作为重要缔约国，应当严格按照相关规定，遵循《生物多样性公约》的要求，逐步将惠益分享数据信息从国家层面传递到国际层面，实现国内国际信息的双向互通和高效共享；同时根据《名古屋议定书》的要求，设置国家级联络点，委派专员负责协调和谈判关于生物遗传资源有关的惠益分享信息。此外，应当以生物遗传资源作为核心，以生物数据信息共享作为导向，为其设置相应的保藏机构，并在机构下设多个不同的数据平台，搭建完善的数据库机制，利用该机构来对现有资源进行统筹管理。

---

〔1〕 徐靖：《全球遗传资源多边惠益分享机制模式与中国策略研究》，中央民族大学 2016 年博士学位论文，第 116 页。

(三)实现生物遗传资源惠益信息类型化

在针对生物遗传资源惠益信息进行有效类别划分与管理时,需要综合考虑多项因素,如战略安全价值因素、经济价值因素、社会价值因素等,同时,还需遵循保密标准提出的相关要求。通过对这些因素进行考核,进而明晰不同信息具体的公开方式和公开范围等。通常而言,可按照信息特性或者信息价值来对惠益信息进行划分,可将其分为基础信息、研发信息、商业化信息三类。为了防止信息保护出现问题,现行法律中需要明确规定这些信息的具体发布主体和发布流程等,通过这种方式来提高信息管理的能力和效果。第一,基础性信息实现共享。所谓基础信息主要指的是生物遗传资源中的四种信息,包括主体信息、采集信息、来源信息和能力建设信息。由于这些信息本质上有着明显的广泛性特性,故此类信息管理应当由生物遗传资源提供国下设的主管部门来负责,建构完善的公共数据库,将信息向惠益分享信息交换所进行上传,以此提高信息的连续性和公共性等特性。第二,研发信息实现共享。所谓研发信息主要指的是科研机构或者非营利性类型的机构在资源开发或者资源利用时获取的信息,这些信息关乎到科研成果。此外,拥有者在对此类信息进行发布时,应当保障信息的准确性和可信度,防止公开发布的信息出现失真而引起诸多不必要的问题。第三,商业化信息实现共享。所谓商业化信息主要指的是,营利性类型的机构在对资源进行开发和利用后,借助资源创造效益,其间涉及的信息非常多,如生产信息和经营信息、科研成果信息、商业机密信息等。由于这类信息拥有一定的特殊性,所以需要为其建立完善的资料信息库,并对该信息库进行加密处理,以防信息库出现信息泄露或者信息丢失等风险。

三、健全生物遗传资源惠益分享基金制度

目前,诸多国家和地区在进行生物遗传资源惠益分享立法时均建立了生物遗传资源惠益分享基金制度。例如,2000 年东盟拟定了生物遗传资源获取具体的框架和协定;巴西政府早在 2001 年便正式

印发了《保护生物多样性和遗传资源暂行条例》；同样，秘鲁在1999年至2002年相继印发了《遗传资源获取管制法》和《关于建立保护与生物多样性相关的土著社区集体知识产权保护制度的法律》等一系列立法；印度早在2002年便正式印发了《生物多样性法》的立法。其中，根据东盟在2000年针对生物遗传资源拟定的政策条例，建立相应的共同基金必须围绕生物多样性来开展。此资金来源是由各成员国利用商业化方式带动生物遗传资源产出价值，通过资源惠益分享方式来获得相应的利益份额，同时，各成员国使用者向提供国递交资源利用或者开发申请时需要缴纳部分费用，这些费用同样可以作为共同基金。[1] 巴西政府在2001年发布的《保护生物多样性和遗传资源暂行条例》规定，将传统知识和遗传资源两者进行融合，通过融合产出相应的产品，并利用这些产品创造价值，而这些价值便成为巴西政府获得收入的重要来源；同时，此条例中还对资金利用环节出现的问题设置了相应的赔偿金制度与罚款制度等，由此赔偿金和罚款等获得的收益便能提交到国家设置的环境基金和发展基金等相关基金会中。[2] 秘鲁在2002年便正式下发了《关于建立土著人生物资源集体知识保护制度的法律》，同样对发展基金制度制定了详细的解释与说明。[3] 此项立法还表示，该基金主要的使用对象是土著人，目的是为其实现综合发展提供相应的资金支持；该立法明确了发展资金主要的来源渠道涉及多个领域，包括国家预算和捐赠、侵犯土著人享有权利后缴纳的处罚金等。印度在2002年正式颁布的《生物多样性法》，详细告知了地方生物多样性基金成立的初衷和具体资金来源等，根据该法制定的要求得知，成立该基金主要的初衷是对生物多样性提供有效的保护，防止生物多样性发展遭受影响；而关于资金来源，该法明确了资金来源涉及多方面，如捐赠和资源使用费、贷

---

〔1〕 秦天宝编译：《国际与外国遗传资源法选编》，法律出版社2005年版，第130页。

〔2〕 秦天宝编译：《国际与外国遗传资源法选编》，法律出版社2005年版，第298页。

〔3〕 秦天宝编译：《国际与外国遗传资源法选编》，法律出版社2005年版，第375、377、381页。

款等。[1]

综上所述,建立生物遗传资源惠益分享基金,我国可参考其他国家的经验。结合我国国情,本书认为,此基金来源应当出自两点,第一,数据库利用者在利用数据库来获取相关资源时需要支付一定的费用,而这些费用可以归纳到此基金中;第二,利用者通过利用资源形成的知识产权,国家可征收专利许可费,这些费用同样可以作为基金费用。生物遗传资源惠益分享基金中积累的各项资金,不仅可用于完善与生物遗传资源有关的数据库建设或者资源地建设等工作,还能为进一步开展生物遗传资源研究所使用。同时,信托基金的设立更能为推动与生物遗传资源有关的知识产权制度和惠益分享制度深度融合的实现提供一定的帮助。

〔1〕 李一丁:《论遗传资源相关传统知识获取和惠益分享中的利益平衡》,武汉大学 2013 年博士学位论文,第 98 页。

结　论

确保公平公正地分享生物遗传资源惠益，保护生物多样性的同时能够实现持续利用，很大程度上影响着生物安全法律体系的制定。尽管一直以来国内生物遗传资源都能够充分满足需求，可是在惠益分享方面却缺乏有效分享和利用体系，导致大量资源未得以合理分配而流失。同时，我国对于生物遗传资源的保护力度仍显不足，导致一些先进国家利用自身的技术优势掠夺大量资源，以此获得巨大收益，致使我国面临严重的惠益损失。只有加强相关法治建设，同时重视惠益分享活动，建立健全生物遗传资源获取机制，才能发挥有效的保护作用，避免国家利益受损。本书通过对国外相关较为成功的实践经验进行汲取，并结合惠益分享所面临的现状等展开深入的理论研究，以期构建出科学健全的利益平衡优化机制，强化法治建设，从而为后续的相关研究奠定良好的理论和实践基础。

首先，必须厘清生物遗传资源的具体含义；其次，还应当知晓何为惠益分享，如此才能从根本上对相关法治体系的构建予以明确。前者在本书中表述的是由于其特殊性与一般自然资源存在很大的差异性，其遗传材料是有形材料与无形信息的相互结合，除了这种特征，其还具有明显的地域差异等，相关法律机制的有效制定受到了严重影响。该项法治建设是指，对生物遗传资源以及相关传统知识所产生货币惠益、非货币惠益和知识产权等进行分享时，促使提供者、使用者和管理者等各利益主体实现公平公正分享的一系列法律法规。通过深入分析该法律界定，可知其所要实现的主要宗旨是通过对相关利益分配进行合理调整，确保各利益主体的惠益分享得到有效协调。但是，生物遗传资源在实际利用过程中面临越来越多的潜在威胁，加之全球矛盾日益恶化、新事物的持续出现等，利益相关者之间的矛盾越来越突出，出现这些问题主要是因为现阶段生物遗传资源保护法治的不完善。

从价值理念角度而言，主要基于以下三方面予以实现：一为正义价值，即利用法律的权威性保障各利益相关者之间所享受的福利、机会以及地位等都是平等的；二为秩序价值，即生物遗传资源及相关传统知识所产生的利益在实际利用过程中风险因素还未出现时，就能依照科学的法律机制提前把控；三为效率价值，集中于通过有效的策略保障相关资源得到充分利用，最大限度地避免资源流失。然而，价值判断以及矛盾等是实施法治建设时必定会遇到的难题，因此需要在以上几种价值的基础上进行合理调整。在保障惠益分享的公平性以及系统性评估价值的前提下，应当按照平等协商、正当程序、遵循公平公正、全过程监管、统筹兼顾与倾斜保护相结合原则等多项原则来对惠益分享的相关法律制度进行构建。

在确保各利益主体能够享受平等权益的过程中，不可避免会面临公私法结合的情况，这是当前形势的急切需要，具有存在的合理性。由于惠益分享涉及的相关者较多，同时各方的权益也有很大的差异性，而公私法竞合可以实现各相关主体及其权益的有效平衡，因此在构建相关法律的过程中除了涉及公法因素之外，还包含私法。但是两种法律在调整范围上具有本质上的差异性，前者表示的是针对各利益相关者在对所产生的惠益进行利用的过程中借助公法手段进行管控，从而促使遗传资源能够在其再生速率的承受范围内得到合理利用，满足后代需求。而后者是基于对利益相关者的权益作出界定的前提下，通过设立具有法律效力的合同方式对相互权益进行保障。公私法共治表示的是协调利益实现平衡的过程中不仅要依赖于公法，同时还应当借助于私法，实际上就是利用两种法律的不同优势相互融合发挥最佳协调作用，充分确保利益平衡，在能够对生态环境起到有效保护实现可持续发展的同时,还能实现经济利益的最大化,同时有利于社会和谐发展。

具言之,基于我国生物遗传资源现状,对相关价值矛盾以及利益相关者在惠益使用过程中需要遵守的特定准则进行合理调整的基础上,对权益归属作出明确的界定。实际上,只有先从理论体系上明确了权属规则才能确保利益平衡得以合理实施,为避免各利益主体和公众利益产生冲突,促使其达到合理化状态是相关法律制度建设所要实现的一个关键性目标。尽管是借助于私法对各主体行为进行协调,并且都是在平等自愿的前提下实施的,可是因为调整主体具有一定的特殊性,除了考虑到个人利益之外,同时还要保障公众利益。除此之外,还要借助三方利益主体通过合同确立关系精诚合作才能更好地实现利益平衡。生物遗传资源惠益分享利益平衡法律机制牵涉三方的紧密协作。于私而言,需要生物遗传资源的提供者与使用者双方共同努力;于公而言,需要各国携手合作相互促进实现共同繁荣。私法自治是公法的有益补充,公私法共治是实现利益平衡不可或缺的一项重要举措。

通过惠益分享形成的法律关系,是指围绕惠益分享活动,将相关资源利用方以及提供方的主观意识及具体行为作为指引,对相关利益方相互间的权益调整而产生的不同法律关系总称,权利义务涉及各平等主体和国家各管理主体多方关系。通过对惠益分享在实际运用过程中所面临的现状进行分析,可将其存在的法律关系划分成公法和私法两种,前者法律关系以国家为主,后者是对资源供应的权责进行调整产生的法律关系,重点涉及的是国家和持有方基于法律层面所形成的关系、参照行政许可为国家和资源提供方建立的法律关系,围绕供应方通过与相关科研组织合作产生的合同关系,对提供主体和使用主体双方基于遗传资源所产生的非货币性利益进行保障的一种法律关系机制。

基于保护生物遗传资源的目标,我国正在实施的法律制度对调整利益平衡的主体结构进行了初步明确。现有一系列的相关法律可以作为立法依据,于此之中明确了权利。其中,《宪法》第 9 条对遗传资源主权进行了更深层次的说明,《生物安全法》对我国单位参与国际合作获得的权益作出了强调。除此之外,还有一系列的自然资源立法作为生物遗传保护法律体系不可或缺的重要组成部分,针对生物资源保护、畜禽遗传资源的进出口等程序性原则作出非常具体的说明,确保惠益分享在实践过程中有具体的法律可依。在相关法律框架的设立方面,《生物安全法》虽然作出了针对性的明确规定,可是其并未对资源所形成的货币性和非货币性惠益的运用产生高度重视,只侧重于管控资源获取环节的相关活动,并且还缺乏健全的监管体系等多方面的不足,现阶段难以确保相关管理需求得到有效满足,在这方面仍有较长的一段路程要走。

综上所述,我国应从法治理念、监管体制、合同机制和保障机制等四个方面入手,完善我国生物遗传资源惠益分享利益平衡法律机制。在优化法治理念层面,应当明确以惠益分享利益平衡为中心的价值理念,明确生物遗传资源属于国家所有,不因其所依附载体的所有权和呈现形态的不同而发生改变,加强对生物遗传资源开发利用活动的管理,规范生物遗传资源惠益分享活动,实现公平公正地分享由生物遗传资源利用所产生的惠益。在价值选择层面,着重协调价值体系中的内在冲突,应首要考虑正义价值,根据现有立法的相关约束,对秩序价值内容进行科学调整,协调效率价值追求,从而满足正义价值的规定,以实现秩序化发展。在健全监管体制层面,应从明确生物遗传资源惠益分享的监管部门及其职权、调整生物遗传资源惠益分享利益平衡法律机制的规制范围、健全生物遗传资源惠益分享利益平衡监管监督机制三方面健全我国生物遗传资源惠益分享利益平衡监管体制。在完善合同机制层面,应明确生物遗传资源惠益分享利益平衡合同法律关系及其表现形式、厘清生物遗传资源惠益分享利益平衡合同的法律性质,进一步确定生物遗传资源惠益分享利益平衡合同权利义务。在构建保障机制层面,可以从建立生物遗传资源惠益分享补偿法律制度,确立生物遗传资源惠益分享信息管理制度和建立生物遗传资源惠益分享基金制度等方面做出努力。概言之,优化生物遗传资源惠益分享利益平衡的法治理念、健全生物遗传资源惠益分享利益平衡监管体制、完善生物遗传资源惠益分享利益平衡合同机制和保障机制,是进一步健全和完善我国生物遗传资源惠益分享利益平衡法律机制的必由之路。

参考文献

一、中文著作类

1. 陈自强:《契约之成立与生效》,法律出版社 2002 年版。
2. 陈慈阳:《环境法总论》(修订版),中国政法大学出版社 2003 年版。
3. 陈泉生:《环境法哲学》,中国法制出版社 2012 年版。
4. 钭晓东等:《遗传资源知识产权法律问题研究》,法律出版社 2016 年版。
5. 季卫东:《法治秩序的建构》,中国政法大学出版社 1999 年版。
6. 金瑞林、汪劲:《20 世纪环境法学研究评述》,北京大学出版社 2003 年版。
7. 柯坚:《环境法的生态实践理性原理》,中国社会科学出版社 2012 年版。
8. 吕忠梅:《沟通与协调之途:公民环境权的民法保护》,法律出版社 2021 年版。
9. 梁慧星:《民法总论》(第 4 版),法律出版社 2011 年版。
10. 梁上上:《利益衡量论》(第 2 版),法律出版社 2016 年版。
11. 穆治霖:《环境立法利益论》,武汉大学出版社 2017 年版。
12. 秦天宝:《遗传资源获取与惠益分享的法律问题研究》,武汉大学出版社 2006 年版。
13. 秦天宝:《国际与外国遗传资源法选编》,法律出版社 2005 年版。
14. 史学瀛:《生物多样性法律问题研究》,人民出版社 2007 年版。
15. 汪劲:《环境法学》,北京大学出版社 2018 年版。
16. 王灿发、于文轩:《生物安全国际法导论》,中国政法大学出版社 2006 年版。
17. 韦贵红:《生物多样性的法律保护》,中央编译出版社 2011 年版。
18. 吴汉东:《知识产权制度国际化问题研究》,北京大学出版社 2010 年版。

19. 杨仁寿:《法学方法论》,中国政法大学出版社 1999 年版。
20. 姚文胜:《利益均衡——推进社会公平的路径建议》,法律出版社 2012 年版。
21. 叶金强:《公信力的法律构造》,北京大学出版社 2004 年版。
22. 于文轩:《生物安全立法研究》,清华大学出版社 2009 年版。
23. 于文轩:《生物多样性政策与立法研究》,知识产权出版社 2013 年版。
24. 晏辉:《现代性语境下的价值与价值观》,北京师范大学出版社 2009 年版。
25. 张宝:《环境规制的法律构造》,北京大学出版社 2018 年版。
26. 张海燕:《遗传资源知识产权保护法律问题研究》,法律出版社 2012 年版。
27. 张文显:《法哲学范畴研究》(修订版),中国政法大学出版社 2001 年版。
28. 赵富伟:《生物遗传资源获取与惠益分享协议研究》,科学出版社 2021 年版。
29. 卓泽渊:《法的价值论》,法律出版社 2006 年版。
30. 张小勇:《遗传资源国际法问题研究》,知识产权出版社 2017 年版。

二、译著类

1. [奥]凯尔森:《法与国家的一般理论》,沈宗灵译,中国大百科全书出版社 1996 年版。
2. [德]菲利普·黑克:《利益法学》,傅广宇译,商务印书馆 2016 年版。
3. [德]Thomas Greiber、[哥伦比亚]Sonia Peña Moreno 等:《遗传资源获取与惠益分享的〈名古屋议定书〉诠释》,薛达元、林燕梅校译,中国环境出版社 2013 年版。
4. [美]E. 博登海默:《法理学:法律哲学与法律方法》,邓正来译,中国政法大学出版社 2017 年版。
5. [美]罗斯科·庞德:《通过法律的社会控制——法律的任务》,沈宗灵、董世忠译,商务印书馆 2019 年版。
6. [美]彼得·S. 温茨:《环境正义论》,朱丹琼、宋玉波译,上海人民出版社 2007 年版。
7. [美]约翰·罗尔斯:《正义论》(修订版),何怀宏、何包钢、廖申白译,中国社会科学出版社 2009 年版。
8. [美]约翰·罗尔斯:《作为公平的正义——正义新论》,姚大志译,上海三联书店 2002 年版。
9. [美]罗纳德·德沃金:《认真对待权利》,信春鹰等译,上海三联书店 2008 年版。
10. [美]丹尼尔·H. 科尔:《污染与财产权:环境保护的所有权制度比较研究》,严厚福、王社坤译,北京大学出版社 2009 年版。
11. [美]迈克尔·D. 贝勒斯:《法律的原则——一个规范的分析》,张文显等译,中国大百科全书出版社 1996 年版。
12. [美]凯斯·R. 孙斯坦:《风险与理性:安全、法律及环境》,师帅译,中国政法大学出版社 2005 年版。
13. [瑞典]理查德·斯威德伯格:《利益》,周明军译,中央编译出版社 2020 年版。
14. [日]美浓部达吉:《公法与私法》,黄冯明译,中国政法大学出版社 2003 年版。
15. [日]宫本宪一:《环境经济学》,朴玉译,生活·读书·新知三联书店 2004 年版。
16. [意]彼德罗·彭梵得:《罗马法教科书》,黄风译,中国政法大学出版社 1992 年版。
17. [英]安东尼·吉登斯:《现代性的后果》,田禾译,译林出版社 2000 年版。

三、中文期刊类

1. 陈景辉:《比例原则的普遍化和基本权利的性质》,载《中国法学》2017 年第 5 期。
2. 程信和:《公法、私法与经济法》,载《中外法学》1997 年第 1 期。
3. 邓海峰:《生态法治的整体主义自新进路》,载《清华法学》2014 年第 4 期。
4. 董正爱、王璐璐:《迈向回应型环境风险法律规制的变革路径——环境治理多元规范体系的法治重构》,载《社会科学研究》2015 年第 4 期。
5. 何平:《论遗传资源的财产属性和权利构造》,载《法学评论》2019 年第 2 期。
6. 蒋志刚:《生物遗传资源的元所有权、衍生所有权和修饰权》,载《生物多样性》2005 年第 4 期。
7. 金自宁:《作为风险规制工具的信息交流——以环境行政中 TRI 为例》,载《中外法学》2010 年第 3 期。

8. 柯坚、吴隽雅:《环境公私协作:契约行政理路与司法救济进路》,载《重庆大学学报(社会科学版)》2017 年第 2 期。
9. 李启家:《环境法领域利益冲突的识别与衡平》,载《法学评论》2015 年第 6 期。
10. 李玲玲、李长健:《农业知识产权制度中利益冲突的识别与衡平》,载《科技管理研究》2021 年第 4 期。
11. 李庆钧:《社会利益关系的法律控制与和谐社会的构建》,载《南京社会科学》2005 年第 11 期。
12. 梁上上:《利益的层次结构与利益衡量的展开——兼评加藤一郎的利益衡量论》,载《法学研究》2002 年第 1 期。
13. 刘思竹:《论国家管辖范围外海洋遗传资源的惠益分享制度》,载《政法论丛》2020 年第 5 期。
14. 刘权:《比例原则适用的争议与反思》,载《比较法研究》2021 年第 5 期。
15. 刘卫先:《环境法学中的环境利益:识别、本质及其意义》,载《法学评论》2016 年第 3 期。
16. 吕忠梅、陈虹:《论物权法的生物多样性保护制度功能》,载《法学杂志》2008 年第 3 期。
17. 吕忠梅:《论环境法的沟通与协调机制——以现代环境治理体系为视角》,载《法学论坛》2020 年第 1 期。
18. 马俊驹:《国家所有权的基本理论和立法结构探讨》,载《中国法学》2011 年第 4 期。
19. 牟桐、于文轩:《我国生物遗传资源惠益分享法律机制的优化路径》,载《生态与农村环境学报》2021 年第 9 期。
20. 秦天宝:《生物遗传资源法律保护的多元路径》,载《江汉论坛》2014 年第 6 期。
21. 孙佑海:《利益平衡原则是土地制度建设的根本原则》,载《中州学刊》2009 年第 6 期。
22. 史玉成:《生态补偿制度建设与立法供给——以生态利益的保护与衡平为视角》,载《法学评论》2013 年第 4 期。
23. 史学瀛、仪爱云:《遗传资源法律问题初探》,载《政法论丛》2005 年第 5 期。

24. 沈岿:《软法概念之正当性新辨——以法律沟通论为诠释依据》,载《法商研究》2014 年第 1 期。
25. 宋华琳:《论政府规制中的合作治理》,载《政治与法律》2016 年第 8 期。
26. 王灿发、于文轩:《生物安全的国际法原则》,载《现代法学》2003 年第 4 期。
27. 王曦:《环保主体互动法制保障论》,载《上海交通大学学报(哲学社会科学版)》2012 年第 1 期。
28. 王涌:《所有权概念分析》,载《中外法学》2000 年第 5 期。
29. 王涌:《自然资源国家所有权三层结构说》,载《法学研究》2013 年第 4 期。
30. 王明远:《美国生物遗传资源获取与惠益分享法律制度介评——以美国国家公园管理为中心》,载《环球法律评论》2008 年第 4 期。
31. 王明远、金峰:《科学不确定性背景下的环境正义——基于转基因生物安全问题的讨论》,载《中国社会科学》2017 年第 1 期。
32. 吴汉东:《知识产权国际保护制度的变革与发展》,载《法学研究》2005 年第 3 期。
33. 徐靖等:《国家管辖范围外海域海洋遗传资源获取和惠益分享机制构建建议》,载《生物多样性》2016 年第 1 期。
34. 杨明:《传统知识的法律保护:模式选择与制度设计》,载《法商研究》2006 年第 1 期。
35. 于文轩、牟桐:《论生物遗传资源安全的法律保障》,载《新疆师范大学学报(哲学社会科学版)》2020 年第 4 期。
36. 易军:《无因管理制度设计中的利益平衡与价值调和》,载《清华法学》2021 年第 1 期。
37. 张海燕:《遗传资源权权利主体的分析——基于遗传资源权复合式权利主体的构想》,载《政治与法律》2011 年第 2 期。
38. 张小勇:《我国遗传资源的获取和惠益分享立法研究》,载《法律科学》2007 年第 1 期。
39. 张璐:《环境司法专门化中的利益识别与利益衡量》,载《环球法律评论》2018 年第 5 期。
40. 郑少华:《论环境法上的代内公平》,载《法商研究》2002 年第 4 期。

四、英文文献

1. Arianna Broggiato & Sophie Arnaud – Haond et al. , *Fair and Equitable Sharing of Benefits from the Utilization of Marine Genetic Resources in Areas beyond National Jurisdiction: Bridging the Gaps between Science and Policy*, Marine Policy, Vol. 49, p. 176 – 185 (2014).

2. A. Ansari et al. , *A Review of the International Framework for Access and Benefit Sharing of Genetic Resources with Special References to the Nagoya Protocol*, 16 Asia Pacific Journal of Environmental Law 105 (2013).

3. Charles Lawson & Michelle Rourke, *Open Access DNA, RNA and Amino Acid Sequences: The Consequences and Solutions for the International Regulation of Access and Benefit Sharing*, Journal of Law and Medicine, Vol. 16: 12, (2016).

4. Carlos M. Correa, *Access to and Benefit Sharing of Marine Genetic Resources beyond National Jurisdiction: Developing a New Legally Binding Instrument*, 79 South Center Research Paper 18(2017).

5. Rosemary J. Coombe, *The Properties of Culture and the Politics of Possessing Identity: Native Claims in the Cultural Appropriation Controversy*, Canadian Journal of Law & Jurisprudence, Vol. 6:2, p. 249 – 285(1993).

6. Caroline Milne, *Winter v. Natural Resources Defense Council: The United States Supreme Court Tips the Balance Against Environmental Interests in the Name of National Security*, Tulane Environmental Law Journal, Vol. 23: 1, p. 187 – 201(2009).

7. Santiago, Carrizosa, Stephen B. Brush, Brian D. Wright&Patrick E. McGuire, *Accessing Biodiversity and Sharing the Benefits: Lessons from Implementing the Convention on Biological Diversity*, 54 IUCN Environmental Policy and Law Paper xiv + 316 (2004).

8. Chetan Gulati, *The "Tragedy of the Commons" in Plant Genetic Resources: The Need for a New International Regime Centered Around an International Biotechnology Patent Office*, 4 Yale Human Rights and Development Journal 63 (2001).

9. Charles R. McManis, *Intellectual Property, Genetic Resources and Traditional*

Knowledge Protection: Thinking Globally, Action Locally, 11 Cardozo Journal of International and Comparative Law 547 (2003 - 2004).

10. Daniel M. Putterman, *Model Material Transfer Agreement for Equitable Biodiversity Prospecting*, Colorado Journal of International Environmental Law and Policy, Vol. 7:1, p. 149 - 177 (1996).

11. Elisa Morgera, Elsa Tsioumani & Matthias Buck, *Unraveling the Nagoya Protocol: A Commentary on the Nagoya Protocol on Access and Benefit - sharing to the Convention on Biological Diversity*, Brill Press, 2014, p. 65 - 71.

12. Eliana Torelly de Carvalho, *Protection of Traditional Biodiversity - Related Knowledge: Analysis of Proposals for the Adoption of a Sui Generis System*, Missouri Environmental Law and Policy Review, Vol. 11: 1, p. 38 - 69 (2003 - 2004).

13. François Blais, *The Fair and Equitable Sharing of Benefits from the Exploitation of Genetic Resources: A Difficult Transition from Principles to Reality*, in Philippe G. Le Prestre ed., Governing Global Biodiversity: The Evolution and Implementation of the Convention on the Biological Diversity, Aldershot, Ashgate, 2002.

14. Greg K. Venbrux, *When Two Worlds Collide: Ownership of Genetic Resources under the Convention on Biological Diversity and the Agreement on Trade - Related Aspects of Intellectual Property Rights*, 6 Pittsburgh Journal of Technology Law and Policy 1 (2006).

15. H. Harden - Davies, *Deep - sea Genetic Resources: New Frontiers for Science and Stewardship in Area beyond National Jurisdiction*, Deep Sea Research Part 2: Topical Studies in Oceanography, Vol. 137, p. 504 - 513 (2017).

16. John Bernhard Kleba, *Fair Biodiversity Politics with and beyond Rawls*, 9 Law, Environment and Development Journal 211 (2013).

17. Alvin Chandra, Anastasiya Idrisova, *Convention on Biological Diversity: A Review of National Challenges and Opportunities for Implementation*, Biodiversity and Conservation, Vol. 20, p. 3295 - 3316 (2011).

18. Yvonne Cripps, *Patenting Resources: Biotechnology and the Concept of Sustainable Development*, Indiana Journal of Global Legal Studies, Vol. 9:1, p. 119 – 133(2001).

19. National Research Council, *Conserving Biodiversity: A Research Agenda for Development Agencies*, National Academy Press, 1982, p. 105 – 106.

20. Sands P., Fabra A. & MacKenzie R., *Principles of International Environmental Law*, 4th ed., Cambridge University Press, 2018, p. 112 – 115.

21. Kim, Rakhyun E. & Mackey, Brendan, *International Environmental Law as a Complex Adaptive System*, International Environmental Agreements: Politics, Law and Economics, Vol. 14:1, p. 5(2014).

22. UNU/IAS, *Biodiversity Access and Benefit – sharing Policies for Protected Areas: An Introduction*, UNU/IAS Report (2003).

23. Vivienne Solís Rivera & Patricia Madrigal Cordero, *Costa Rica's Biodiversity Law: Sharing the Process*, Journal of International Wildlife Law and Policy, Vol. 2:2, p. 239 – 251(1999).

24. Michael J. Miller, *Biodiversity Policy Making in Costa Rica: Pursuing Indigenous and Peasant Rights*, The Journal of Environment and Development, Vol. 15:4, p. 359 – 381(2006).

25. Fisher, William W., *Theories of Intellectual Property*, in Stephen Munzer ed., New Essays in the Legal and Political Theory of Property, Cambridge University Press, 2001, p. 133 – 135.

26. Oberthür, S., & Rosendal, G. eds., *Global Governance of Genetic Resources: Access and Benefit Sharing after the Nagoya Protocol*, 1st ed., Routledge, 2013, p. 20.

27. M. Mc Graw, *The Story of the Biodiversity Convention from Negotiation to Implementation*, in Philippe G. Le Prestre ed., Governing Global Biodiversity: The Evolution and Implementation of the Convention on Biological Diversity, Ashgate Publishing Ltd., 2002, p. 7 – 38.

28. L. Glowka & V. Normand, *The Nagoya Protocol on Access and Benefit – sharing: Innovations in International Environmental Law*, in E. Morgera eds., The 2010 Nagoya Protocol on Access and Benefit – sharing in Perspective,

Martinus Nijhoff Publishers, 2013, p. 23.

29. A. Ansari & Lekha Kunju Pillai Laxman, *A Review of the International Framework for Access and Benefit Sharing of Genetic Resources with Special References to the Nagoya Protocol*, 16 Asia Pacific Journal of Environmental Law 105 (2013).

30. Sarah Laird & Rachel Wynberg, *Access and Benefit – sharing in Practice: Trends in Partnerships Across Sectors*, Secretariat of the Convention on Biological Diversity, 2008, p. 54 – 64.